광 야 를　　살 다

광야를 살다

지은이 | 이진희
초판 발행 | 2019. 7. 24
17쇄 발행 | 2025. 4. 15
등록번호 | 제1988-000080호
등록된 곳 | 서울특별시 용산구 서빙고로 65길 38
발행처 | 사단법인 두란노서원
영업부 | 2078-3352   FAX | 080-749-3705
출판부 | 2078-3331

책값은 뒤표지에 있습니다.
ISBN 978-89-531-3535-2 03230

독자의 의견을 기다립니다.
tpress@duranno.com   www.duranno.com

두란노서원은 바울 사도가 3차 전도여행 때 에베소에서 성령 받은 제자들을 따로 세워 하나님의 말씀으로 양육하던
장소입니다. 사도행전 19장 8-20절의 정신에 따라 첫째 목회자를 돕는 사역과 평신도를 훈련시키는 사역, 둘째 세
계선교(TIM)와 문서선교(단행본·잡지) 사역, 셋째 예수문화 및 경배와 찬양 사역, 그리고 가정·상담 사역 등을 감당하고
있습니다. 1980년 12월 22일에 창립된 두란노서원은 주님 오실 때까지 이 사역들을 계속할 것입니다.

광 야 를 살 다

광야의 삶을 버티고 견디고 이겨 내는 방법 　이진희 지음

두란노

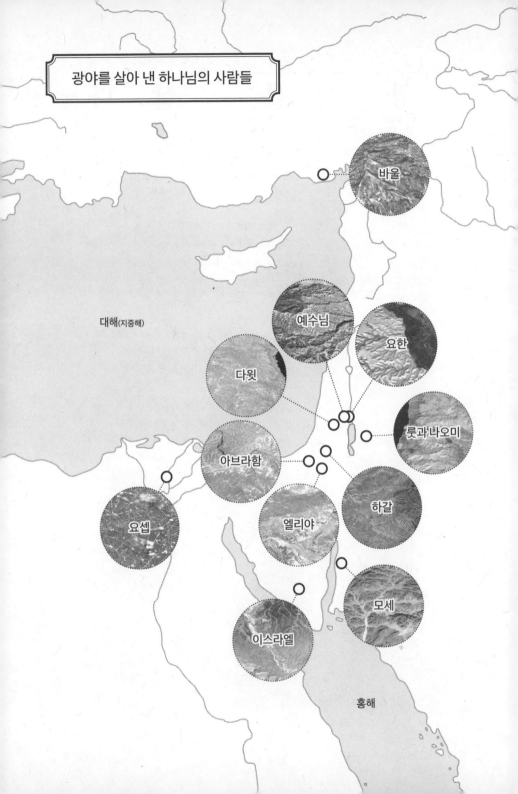

광야를 살아 낸 하나님의 사람들

바울

예수님

요한

다윗

롯과 나오미

아브라함

하갈

요셉

엘리야

대해(지중해)

모세

이스라엘

홍해

카스피 해

가인

포로기

페르시아 만

목차

추천사

예수님과 동행하는 광야 인생

이진희 목사님이 《광야를 읽다》를 출간한 후 4년 만에 새 책을 냈습니다. 《광야를 읽다》는 많은 사람들에게 인생이 무엇인지에 대해 영적인 눈을 열어 주었습니다. 인생이 산을 정복하는 것인 줄 알고 방황하는 사람들이 너무나 많습니다. 그 많은 사람들이 인생이 광야를 지나는 것인 줄 깨닫고 인생을 보는 눈이 완전히 달라졌다고 고백했습니다. 광야를 지나간다고 생각하니 삶의 모든 과정이 이해되었고, 올바로 사는 지혜가 생겼다고 했습니다.

이번에 출간한 《광야를 살다》는 그 후속편인데, 영적으로 좀 더 깊고 실제적인 광야 안내서라고 할 수 있습니다. 성경 전체를 아우르는 내용이 한층 더 깊어졌습니다. 우리가 경험하는 광야에 대해 이처럼 잘 정리하고, 광야 같은 우리의 삶을 이처럼 잘 드러내어 깨닫게 해 주는 책도 흔치 않을 것입니다. 저자인 이진희 목사님의 해박한 성경 지식과 그간의 집필 활동이 완숙한 인생에 대한 깊은 통찰력과 맞닿아 씌어졌기 때문입니다. 처음에는 독자들에게 이 책의 유익을 깨닫게 해 주고 싶어서 어느 장 하나를 추천하고 싶었습니다. 그러나 결국 포기했습니다. 모든

장이 다 유익했기 때문입니다.

광야를 살지 않는 그리스도인은 없습니다. 그러나 광야를 정확히 이해하고 살아가는 이들은 너무나 드뭅니다. 이것이 우리의 불행입니다. 이 책을 통해 성경에 나오는 광야는 다 같은 광야가 아님을 알 수 있습니다. 우리가 걸어가는 광야도 누구 하나 동일하지 않습니다. 그러면서도 모든 광야 길에는 동일한 메시지가 담겨 있습니다. 하나님이 함께하시고 친히 인도하신다는 것입니다. 어떤 광야에도 길은 있습니다. 예수 그리스도가 길이십니다. 그러므로 우리는 광야를 걷되 광야를 보기보다 주님을 바라보아야 합니다. 주님과 함께 걷고 주님과 친밀히 동행하는 것이 광야에서 살길입니다.

성경에 나오는 믿음의 사람들은 모두 광야를 통과한 사람들입니다. 이들에게 있어서 광야는 결코 고통과 형벌의 장소가 아니었습니다. 이들에게 있어서 광야 세월은 결코 허비하는 시간이 아니었습니다. 이들 모두는 다 광야가 만든 사람들이었습니다.

이 책을 펴 든 여러분도 지금 광야에 들어와 있습니다. 언제 어떻게 그 광야에 들어왔나요? 지금 어떤 광야를 지나고 있나요? 하나님이 왜 당신을 그 광야에 들어오게 하셨나요? 지금 그 광야를 어떻게 지나고 있나요? 그 광야에서 하나님이 당신을 어떻게 다루고 계신가요? 그 광야는 언제 끝날까요? 그리고 당신은 어떤 모습으로 광야에서 나오게 될까요? 저자의 도움을 받아 이 책에서 그 답을 찾아보기 바랍니다. 어느덧 광야의 축복으로 인해 하나님에게 감사하고 있을 것입니다.

유기성(선한목자교회 담임목사)

늘, 처음 같은 광야

광야는 늘 변화무쌍하다. 예측 불가능하다. 같은 광야를 지나지만 어제의 광야가 아니다. 늘 지났던 익숙한 광야지만 언제나 처음 지나는 광야처럼 느껴진다. 생소하다. 한 번도 지나 본 적이 없는 곳처럼 느껴진다.

《광야를 읽다》 때문에 얻은 별명이 있다. '광야 전문가'라는 것이다. 어느 분야에 전문가가 되었다는 것은 일종의 성취다. 그래서 광야 전문가라는 별명이 싫지 않았다. 전문가라고 하는데 싫을 사람이 누가 있겠는가?

그러나 이 책을 쓰기 시작하면서 광야 전문가는 없다는 생각을 많이 하게 되었다. 어느 분야든 전문가는 그 분야에 있어서만큼은 자신 있을 것이다. 그러나 광야는 그렇지 않다. 광야 전문가라고 광야가 쉬운 것은 아니다. 광야를 피해서 갈 수 있는 것도 아니다. 광야 전문가이기 때문에 자신 있게 광야를 지날 수 있는 것도 아니고, 광야를 남보다 더 잘 알고 남보다 더 광야 경험이 많다고 해서 그만큼 수월하게 광야를 지날 수 있는 것도 아니다.

모세는 미디안 광야 40년을 통해서 광야 전문가가 되었다. 광야를 손바닥 보듯 빤하게 다 알게 되었다. 출애굽할 때 모세는 바로 그 광야를 지났다. 그러나 그렇다고 해서 첫 번째 광야보다 수월하게 지난 것은 아니었다. 모세가 얼마나 힘들었으면 하나님에게 죽기를 간구했겠는가?

어떤 광야를 지나든 광야는 다 어렵다. 쉬운 광야 같은 것은 없다. 살아오면서 수많은 광야를 지나 이제는 익숙해질 만도 한데, 그런데도 언제나 처음 지나는 것처럼 어렵고 두렵고 생소하게 느껴지는 것이 인생의 광야다. 새로운 광야를 맞닥뜨릴 때마다 두려움이 앞선다. '이깟 광야 정도야…' 하고 여길 만도 한데, 광야가 자신 있는 사람은 아무도 없을 것이다. 그래서 언제나 광야 앞에 서기만 하면 작아지는 우리의 모습을 보게 된다.

이 광야가 끝나면 저 광야를 만나고, 저 광야가 끝나면 가나안에 들어갈 줄 알았는데 아직도 광야가 끝나지 않았음을 발견하게 된다. 광야 끝, 행복 시작을 기대했지만 지금도 우리는 광야를 지나고 있다. 광야는 군대처럼 한 번 들어갔다 나오면 되는 곳이 아니다. 하나의 광야가 끝나면 또 다른 광야가 시작된다. 그 광야가 끝나면 또 다른 광야에 들어가게 된다. 광야가 끝났다고 가나안이 바로 우리 앞에 나타나는 것은 아니다. 광야는 훈련장이 아니라 삶의 현장이기 때문이다.

광야는 나만 지나고 있는 것이 아니다. 누구나 다 광야를 살아 내고 있다. 성경에 나오는 믿음의 인물들은 모두 광야를 살아 낸 사람들이다. 위대한 믿음의 사람들 가운데 광야를 지나지 않은 사람은 한 명도 없다 (아, 두 사람이 있다. 하나님에게 버림받은 사울 왕과 하나님을 버린 솔로몬 왕이다.).

아브라함, 하갈, 요셉, 모세, 이스라엘 백성, 룻과 나오미, 다윗, 엘리야, 세례자 요한, 예수님 그리고 바울. 이들의 공통점이 있다. 이들은 자의든 타의든 다 하나님에 의해 광야로 들어가게 된 사람들이다. 이들이 광야에 들어가게 된 데는 하나님의 섭리와 목적과 뜻이 있었다 (그런데 그것은 광야에서 나온 다음에야 알게 되는 경우가 대부분이었다.). 그리고 이들을 광야로 들어가게 하신 하나님의 목적과 뜻이 이루어졌을 때 비로소 그 광야에서 나오게 되었다.

이들은 모두 광야에서 하나님을 만났다. 이들이 광야에서 살아남을 수 있었던 것은 100퍼센트 하나님의 은혜였다. 이들은 모두 광야에서 나온 다음 하나님에게 귀하게 쓰임 받았는데, 그 이유는 이들에게 광야 시절이 있었기 때문이다. 이들에게 있어 광야는 결코 고통과 형벌의 장소가 아니었다. 이들에게 있어 광야 세월은 결코 허비하는 시간이 아니었다. 이들은 모두 광야가 만든 사람들이었다.

이들이 광야에 들어가게 된 사연은 저마다 다르다. 통과한 광야도 다르고, 통과한 방법도 다르다. 광야가 끝난 뒤의 이야기도 다르다. 우리도 마찬가지다. 우리는 살아가면서 다양한 광야를 만나게 된다. 지금 아브라함처럼 기다림의 광야를 지나는 이들도 있을 것이고, 모세처럼 잊힘의 광야를 지나는 이들도 있을 것이고, 엘리야처럼 영적 침체의 광야를 지나는 이들도 있을 것이다. 아니면 룻처럼 상실의 광야를 지나는 이들도 있을 것이고, 하갈처럼 버림받음의 광야를 지나는 이들도 있을 것이고, 바울처럼 장하의 광야를 지나는 이들도 있을 것이다.

우리가 어떤 광야를 지나고 있든, 그 광야는 나 혼자만 지나가는 광야가 아니다. 이미 믿음의 선배들이 지났던 광야다. 우리도 그들처럼 광야를 잘 살아 내야 한다. 믿음으로 잘 견뎌 내야 한다. 하나님의 은혜로 잘 버텨 내야 한다. 하나님이 원하시는 모습으로 잘 빚어져야 한다. 나를 이 광야로 들어오게 하신 하나님의 뜻과 목적을 이루어 드려야 한다. 그때 우리는 이 광야에서 나가게 될 것이다. 우리보다 먼저 광야를 통과한 믿음의 사람들의 삶의 이야기가 오늘날 광야를 통과하는 독자들의 삶에 도움이 되기를 바라는 마음으로 이 책을 펴낸다.

2019년 7월
이진희

하나님도 우리와 함께
광야로 나가신다

"네가 땅에서 저주를 받으리니 네가 밭을 갈아도
땅이 다시는 그 효력을 네게 주지 아니할 것이요
너는 땅에서 피하며 유리하는 자가 되리라"

(창 4:11-12).

에덴의 동쪽

가인, 광야에서 유리방황하며 살다

아담과 하와가 에덴동산에서 실낙원 한 후에 어떤 일이 일어났는가?

> "땅은 너로 말미암아 저주를 받고 너는 네 평생에 수고하여야 그 소산을 먹으리라 땅이 네게 가시덤불과 엉겅퀴를 낼 것이라 … 네가 흙으로 돌아갈 때까지 얼굴에 땀을 흘려야 먹을 것을 먹으리니"(창 3:17-19).

인류 문화사적으로 볼 때 농경 문화는 수렵 채취 문화에서 진화된 단계다. 인류는 농경 문화를 통해 훨씬 많은 것을 거두어들이며, 이동하지 않고 한 군데 정착해서 훨씬 안정된 삶을 살 수 있게 되었다. 그러나 성경은 다르게 말씀한다. 실낙원 이후 죄에 대한 징벌로 이마에 땀을 흘리며 씨를 뿌리고 경작하며 살아가게 되었다는 것이 성경의 관점이다.

아담과 하와가 지은 죄에 대한 형벌로 인간은 농사를 지어야만 살 수 있게 되었다. 그런데 문제는 농사를 지어야 할 땅이 저주를 받게 된 것이다. 그 저주받은 땅에서는 가시덤불과 엉겅퀴만 자랐다. 인간이 지은 죄 때문에 땅이 저주를 받아 못 쓰게 된 것이다. 바로 광야가 된 것이다. 그 광야 같은 땅에서 인간은 땀 흘려 농사를 지어야만 했다. 더 이상 죄로 말미암아 에덴동산에서 살지 못하고 '광야'에서 살아야만 했다. '광야'가 삶의 터전이 된 것이다. '광야'를 벗어날 수 없게 된 것이다.

에덴동산에서의 삶을 '낙원'에 비유한다면 실낙원 이후의 삶은 '광야'라 할 수 있다. 앞의 성경 구절에 나타나는 저주, 수고, 가시덤불, 엉겅퀴, 땀은 모두 '광야'를 상징하는 표현들이다. 죄를 범한 인간이 에덴동산에서 쫓겨나 '광야'의 삶을 살아가게 된 것이다.

동생 아벨을 돌로 쳐 죽인 가인에게 주어진 형벌도 광야였다.

"땅이 그 입을 벌려 네 손에서부터 네 아우의 피를 받았은즉 네가 땅에서 저주를 받으리니 네가 밭을 갈아도 땅이 다시는 그 효력을 네게 주지 아니할 것이요 너는 땅에서 피하며 유리하는 자가 되리라"(창 4:11-12).

가인은 농사를 짓는 사람이었다. 그런데 땅이 그가 흘린 피로 말미암아 더럽혀졌다. 그 결과 땅이 저주를 받게 되었다. 씨를 뿌려도 소산이 나지 않았다. 소산을 거둬도 얼마 되지 못했다. 아무리 수고하고 노력해도 소용이 없었다. 땅이 소산을 내주지 않는 것이었다. 그는 이렇게 광야와 같은 저주받은 땅에서 농사를 지으며 살아가야만 했다.

성경에 제일 먼저 나오는 광야는 이와 같은 형벌의 장소다. 죄로 인해 땅이 저주를 받고 그 땅(광야)에서 저주받은 삶을 살아가야 하는 것이 죄인 된 우리에게 주어진 운명이라는 것이다.

창세기 11장까지에 나오는 실낙원, 아벨을 쳐 죽인 가인의 이야기, 노아의 홍수 심판, 바벨 탑 사건을 주제로 그린 성화들을 보면 한결같이 배경이 거칠고 암울한 광야로 되어 있다. 그 그림들의 공통점은 푸른색이 없다는 것이다. 암갈색 톤이 화폭 전체를 지배한다. 앞의 사건들의 실제 배경이 광야라기보다는, 그 이야기들이 전해 주는 메시지를 표현하기 위해 광야를 배경으로 설정한 것이다. 지리적인 광야가 아니라 상징적인 광야를 그린 것이다. 척박한 광야를 통해 인간의 죄를 고발한 것이다. 죄를 짓고 고통당하는 인간의 모습을 '광야'로 표현한 것이다. 죄를 짓고 난 후 이 세상은 더 이상 에덴동산이 아니라 척박한 광야가 되

▶ 〈최초의 애도〉(레옹 보나[Leon Bonnat, 1833-1922])

었음을 표현한 것이다. 그 척박한 광야에서 고통스럽게 '광야의 삶'을 살아가야 하는 인간 실존을 그렇게 거칠고 암울하게 표현한 것이다.

아담과 하와는 죄로 인해 에덴동산을 잃어버리게 되고, 그곳에서 추방되어 광야에서 살아가게 되었다. 가인도 죄를 짓고 평생 저주받은 땅에서 유리방황한 채 농사를 지으며 살아야 했다. 그러나 땅이 효력을 발휘하지 못했다. 아무리 씨를 뿌려도 거둘 것이 없었다. 그런 광야에서 농사를 지으며 살아야 했다. 열심히 노력해도 소용이 없었다. 땅이 그를 받아 주지 않았기 때문이다. 그는 적대적인 환경 속에서 살아가야 했다. 땅에서 버림받고 살아가야 했다. 창조 시에는 하나님으로부터 이 땅을 잘 다스리도록 위임 받았으나 죄를 범한 후 인간은 더 이상 땅의 주인이 될 수 없었다. 오히려 땅에 의해 다스림을 받는 존재가 되고 말았다. 죄로 인해 에덴동산을 잃어버리고 저주받은 땅(세상)에서 광야와 같은 삶을 살 수밖에 없게 된 것이다.

그러나 창세기 12장에 가서는 새로운 역사가 시작된다. 하나님이 아브라함을 부르시면서 그에게 땅을 주겠다고 약속하신다. 인간의 죄 때문에 저주를 받아 황폐하게 된 땅(광야) 대신에 젖과 꿀이 흐르는 땅을 주겠다고 약속하신다. 땅을 주신다는 것은 죄의 형벌로부터 벗어나게 해 주신다는 의미다. 더 이상 땅이 없어서 그리고 땅으로부터 버림을 받아 유리방황하는 삶을 살지 않아도 됨을 의미하는 것이다.

마침내 이스라엘 백성은 하나님이 아브라함에게 약속하신 땅 가나안에 들어가게 된다. 그러나 그 땅에서 그들은 다시 한 번 쫓겨난다. '땅 없음'의 상태로 다시 돌아가게 된다. 약속의 땅 가나안에서 쫓겨나 광야로 들어가게 된다. 포로 생활을 하게 된다. 그리고 가나안은 사람이 살지 않는 적막강산이 된다. 폐허가 된다. 황폐한 곳이 되고야 만다(사 1:7, 6:11, 64:10; 렘 4:27, 44:6; 겔 33:28-29, 36:33-35).

아담과 하와가 에덴동산에서 쫓겨나고, 가인이 땅에서 쫓겨나 유리방 황하는 자가 되고, 땅이 저주를 받아 광야가 되어 소산의 능력이 사라졌 던 것같이, 이스라엘은 하나님과의 언약을 파기하고 우상을 숭배함으 로 결국 나라가 망하게 되어 바벨론에 포로로 끌려가게 된다. 그러나 하 나님은 땅 없이 유리방황하며 살던 가인의 후예들에게 아브라함을 통 해 다시 땅을 약속해 주셨듯이, 이스라엘 백성에게도 다시 고국으로 돌 아오게 해 주겠다고 약속하셨다. 그리고 황폐한 땅(광야)을 다시 회복시 켜 주겠다고 말씀하셨다.

"주 여호와께서 이같이 말씀하셨느니라 내가 너희를 모든 죄악에서 정결하게 하 는 날에 성읍들에 사람이 거주하게 하며 황폐한 것이 건축되게 할 것인즉 전에는 지나가는 자의 눈에 황폐하게 보이던 그 황폐한 땅이 장차 경작이 될지라 사람이 이르기를 이 땅이 황폐하더니 이제는 에덴동산같이 되었고 황량하고 적막하고 무너진 성읍들에 성벽과 주민이 있다 하리니"(겔 36:33-35).

땅의 회복에 대해 이사야 선지자는 광야가 꽃처럼 피어나고(사 35:1), 광야에 꽃이 피며(사 35:2), 광야에 강이 넘쳐흐르고(사 35:6, 43:19-20), 광야 에 대로가 생기고(사 35:8, 43:19), 광야에 샘이 솟고(사 41:18), 광야에 백향 목과 소나무가 자라며(사 41:19), 광야에 이리와 늑대가 없고(사 35:9), 광 야가 기뻐 노래하며(사 35:2), 광야가 춤을 추며, 광야가 아름다운 동산같 이 될 것이며, 광야가 여호와의 영광을 보게 될 것이라고(사 35:2) 예언했다. 다시 회복되어질 땅은 에덴동산 같고 여호와의 동산 같게 될 것이다 (사 51:3; 겔 36:35).

아담과 하와는 에덴동산에서 광야로 축출당했는데, 하나님은 광야로 축출당한 이스라엘 백성을 다시 에덴동산으로 들어가게 해 주겠다고 약속하신다. 또한 그 땅에 대해 "다시는 네 땅을 황무지라 부르지 아니하고 오직 너를 헵시바라 하며 네 땅을 뿔라라 하리니 이는 여호와께서 너를 기뻐하실 것이며 네 땅이 결혼한 것처럼 될 것"(사 62:4)이라고 말씀하신다.

이렇게 성경은 땅을 구원과 연관해서 상징적인 의미로 사용하고 있다. 인간은 죄로 인해 에덴동산을 상실하게 되었다. 에덴동산에서 내어쫓긴 인간은 그들을 받아 주지 않는 저주받은 땅(광야)에서 유리방황하며 살아가야 했다. 이것이 죄를 범한 인간의 운명이다. 인간은 죄의 문제를 해결해야 광야를 벗어나 에덴동산으로 돌아갈 수 있다. 죄의 문제를 해결하지 않는 이상 인간은 광야를 벗어날 수 없다. 성경은 '모든 죄악에서 정결하게 되는 날' 황폐한 이 땅이 에덴동산같이 될 수 있다고 말씀한다(겔 36:33-35). 땅이 회복될 수 있다는 것이다. 그러면 어떻게 '모든 죄악에서 정결하게' 될 수 있는가?

"내 이름으로 일컫는 내 백성이 그들의 악한 길에서 떠나 스스로 낮추고 기도하여 내 얼굴을 찾으면 내가 하늘에서 듣고 그들의 죄를 사하고 그들의 땅을 고칠 지라"(대하 7:14).

악한 길에서 떠나 스스로 낮추고 기도하며 하나님의 얼굴을 찾아야 한다. 바로 회개하는 것이다. 그러나 가인은 회개하지 않았다. 회개하는 대신 저주받은 땅에서 살아가기 위해 도시를 세웠다. 가인은 "여호와 앞을 떠나"(창 4:16) 에덴의 동쪽 놋으로 가서 그곳에서 아이를 낳고 이름을 에녹이라 지었다. 그러고는 성을 쌓고 그 성 이름을 아들 이름을 따서 에녹이라 지었다(가인의 아들은 죽음을 보지 않고 하늘로 올리어 간 그 에녹이 아니다.).

하나님 앞을 떠난 가인, 도시를 만들다

가인은 왜 도시(성)를 건설했을까? 그가 하나님을 떠나 더 이상 보호해 줄 자가 없었기 때문이다. 더군다나 그는 살인자가 아닌가? 그러니 생명의 위협을 항상 느끼며 살아갈 수밖에 없었을 것이다. 가정을 이룬 후에는 가족을 지키기 위해 성을 쌓고 그 안에서 살았던 것이다. 인류가 왜 도시를 만들었는가? 왜 성을 쌓고 살았는가? 외부의 적으로부터 스스로를 안전하게 지키기 위해서였다. 도시가 탄생한 가장 큰 이유는 바로 안전이었다.

하나님을 떠난 인간이 죄를 짓고 최초로 한 일은 도시를 건설하는 것이었다. 타락한 인간이 최초로 만든 것, 하나님을 떠나 더 이상 하나님의 보호를 받을 수 없게 된 인간이 스스로를 방어하기 위해 만든 것, 유리방황하던 가인이 더 이상 그렇게 살지 않기 위해 만든 것이 바로 도시다.

창세기에는 에덴동산이 나온다. 그리고 거기서 쫓겨난 인간들이 살아가는 광야가 나온다. 그리고 그 광야에 인간들이 건설한 도시가 나온다. 첫 번째 건설한 도시는 에녹이었고, 두 번째 건설한 도시는 바벨이었다.

에덴동산과 광야 그리고 도시, 이것이 창세기 1-11장의 무대다. 광야는 하나님이 지으신 자연(에덴동산)과 대치되는 개념이다. 그리고 또 하나의 대치되는 개념이 도시다. 하나님은 자연을 만드셨고, 인간은 도시를 만들었다. 하나님은 인간을 만드셨고, 인간은 도시를 만들었다.

하나님의 창조 계획 속에서 인간은 에덴동산(자연)에서 살게 되어 있었다. 그러나 죄를 짓고 타락하게 되자 광야로 쫓겨나게 되었다. 광야에서 유리방황하며 살아가던 인간들은 정착할 곳을 만들기 위해 도시를 세웠다. 그렇게 해서 최초로 세운 도시가 가인이 만든 에녹 성이었다. 가인의 후예들은 도시 문명을 발전시켜 나갔다.

하나님은 홍수를 통해 이 땅에서 인간을 멸절하셨다. 그때 인간이 만든 도시도 사라졌다. 그러나 홍수 후에 인간은 다시 한 번 도시를 건설한다. 그것이 바로 바벨이다. 바벨은 원래 탑이 아니라 도시의 이름이다. 바벨이라는 도시 안에 탑을 세운 것이다(창 11:4). 도시를 만든 목적은 흩어짐을 면하고자 함이었다. 그리고 기념탑을 세운 목적은 그들의 이름을 내기 위해서였다.

우리는 흔히 하나님이 바벨 탑을 무너뜨리셨다고 생각한다. 그러나 하나님은 바벨 탑을 무너뜨리신 적이 없다.

"여호와께서 거기서 그들을 온 지면에 흩으셨으므로 그들이 그 도시를 건설하기를 그쳤더라"(창 11:8).

성경에 나오는 세 번째 도시 이야기는 그 유명한 소돔과 고모라다. 첫 번째 도시는 노아의 방주로도 유명한 하나님의 홍수 심판으로 사라졌

▶ 〈바벨 탑〉(피터르 브뤼헐[Pieter Bruegel, 1525-1569])

다. 두 번째 도시 바벨도 하나님에 의해 중단되었다. 그리고 세 번째 도
시도 하나님의 진노의 심판을 받아 유황으로 멸망되고 말았다.

장망성(將亡城, 장차 망하게 될 성)에 머물러 살던 롯은 천사의 재촉으로 그
곳에서 가까스로 빠져나와 죽음을 면할 수 있었다. 왜 그곳에서 나오라
고 하신 것일까? 그곳은 죄가 가득한 곳이었다. 하나님 보시기에 악한
곳이었다. 의인이 열 명도 없는 곳이었다. 죄가 문 앞에 엎드려 있는 곳
이었다.

도시는 성경에서 죄의 상징으로 나타난다. 최초의 도시 자체가 하나
님을 떠난 인간의 작품이었다. 바벨도 하나님에 대항해서 지어진 것이

었다. 소돔과 고모라도 그 죄악이 하늘에까지 사무쳐 유황으로 심판을 받았다. 니느웨 성을 무너뜨리려 하셨던 이유도 그들의 죄악 때문이었다. 죄의 화신으로 상징되어지는 음녀 바벨론도 결국은 최후의 심판을 맞이하게 될 것이다(계 14:8).

성 어거스틴(St. Augustine)은 《하나님의 도성》에서 지상 도성과 천상 도성에 대해 논했다. 최초의 도시 에녹은 하나님을 떠난 인간이 세웠다. 하나님 없는 도시였다. 하나님 없는 문화, 하나님 없는 세상, 그것이 가인이 세운 도시였고, 그의 후예들이 만든 문화였다. 이 도시가 바로 어거스틴이 말하는 지상 도성이다. 반면에 이와 반대되는 도시는 천상 도성이다. 어거스틴은 이 두 도시가 서로 적대 관계 속에 존재하고 있음을 잘 보여 준다. 그는 가인이 인간의 도시를, 아벨이 천상의 도시를 상징한다고 이야기한다.

창세기 첫 부분은 가인의 지상 도성에 대해 자세히 언급하고 있다. 반면 천상 도성은 창세기 12장, 다시 말해 아브라함 이야기에서부터 본격적으로 전개된다. 지상 도성의 대표자인 가인은 현세에서의 쾌락과 영광을 추구하는 인간형이다. 천상 도성의 대표자인 아벨은 이 세상에 집착하지 않고 나그네로서 영원한 도성을 바라보며 살아가는 인간형이다. 지상 도성은 육신의 정욕을 따라 살아가는 사람들로 구성되어 있으며, 천상 도성은 영을 좇아 살아가는 사람들로 이루어져 있다. 가인의 후손들은 지상 도성에 속하며, 아벨과 셋의 후손들은 천상 도성에 속한다. 지상 도성에 속한 사람들은 하나님을 섬기지 않고 심지어는 하나님을 경멸한다. 그리고 우상을 숭배한다. 그러나 천상 도성에 속한 사람들은 하나님만을 경배한다. 지상 도성에 속한 사람들은 쾌락을 추구하지만, 천상 도성에 속한 사람들은 하나님의 영광을 구한다. 지상 도성은 죄와 탐욕이 지배하나, 천상 도성은 사랑과 은혜로 충만하다. 지상 도성에 속한 사람들은 최후의 심판 때 지옥에 던져지나, 천상 도성에 속한 사람들은 영원한 구원을 받는다.

성경은 도시 이야기로 시작해서 도시 이야기로 끝을 맺는다. 처음 도시는 가인이 세운 에녹이고, 마지막 도시는 하늘에서 내려오는 거룩한 성(도시) 새 예루살렘이다. 성경은 마지막 지상의 도시인 바벨론(사탄 마귀가 지배)이 무너지고 하늘에서부터 새 예루살렘이 내려와 하나님이 통치하시는 나라가 임하는 것으로 끝을 맺고 있다. 에덴동산에서 추방된 인간이 어떻게 도시를 만들게 되었는가 하는 이야기로 시작해서, 지상의 도시가 어떻게 멸망하고 하나님의 도성이 어떻게 승리하는가를 보여주고 있는 것이다.

가인의 후예들이 만든 도시 문화와 유목 문화

요한계시록은 바벨론이라는 도시가 멸망당하고 하나님 나라가 임하는 것으로 끝을 맺는다. 그 도시는 음녀라고도 표현된다.

이런 도시를 이끌어 가는 문화는 근본적으로 하나님을 부정하는 가인의 문화다. 가인의 후예들이 인류 최초 문명의 창시자들이었다. 가인이 하나님을 떠나 도시를 세우고 그의 후손들이 문명을 발전시켜 나갔듯이, 지금도 인간은 하나님을 떠나 도시를 세우고 그들의 문화를 만들어 나가고 있다. 우리는 가인의 문화, 곧 하나님을 부정하고 하나님을

▶ 시리아의 고대 도시 팔미라(Palmyra)의 모습

대적하는 문화 가운데 살아가고 있다. 도시는 이런 가인의 문화가 지배하고 있다. 도시는 모든 죄악의 온상이 되었다. 죄가 도시를 지배하고 있는 것이다.

문명(civilization)이라는 말은 도시(civic)라는 말에서 나왔다. 문화와 문명은 인간이 도시에 모여 살면서 시작되었다. 도시에 모여 살기 시작하면서 물질문명, 빈부 격차, 소외, 공해, 오염, 자연 파괴 등 엄청난 문제들이 발생하게 되었다. 그래서 루소(J. J. Rousseau)는 "도시는 인류의 가래침"이라고 말했다. 사회가 도시화되어 가면서 더 많은 범죄를 저지르게 되었고, 더 많은 죄악이 성행하게 되었기 때문이다.

아담과 하와를 유혹한 사탄의 화신인 뱀은 아담과 하와와 함께 에덴동산 밖으로 축출당했다. 실낙원 한 인간은 '광야'에서 살게 되었다. 그러면 사탄은 어떻게 되었을까? 공생애를 시작하기 전 예수님은 성령님의 강력한 이끌림에 따라 광야로 들어가셨다. 광야에 들어가니 누가 기다리고 있었는가? 사탄이었다. 사탄이 광야를 거점으로 삼고 있었던 것이다. 예수님은 그곳에서 사탄과의 한판 승부를 겨루셨다. 사탄이 에덴동산에서 아담을 유혹했던 것처럼 두 번째 아담으로 오신 예수님을 유혹했던 것이다.

사탄은 이제 광야가 아니라 도시 한가운데서 우리를 유혹하고 있다. 탐욕, 욕망, 욕정, 욕심, 세속주의, 물질주의, 개인주의, 소비주의, 향락주의의 유혹을 받으면서 우리는 사탄이 접수한 도시 한가운데서 살아가고 있다.

예수님의 십자가 사건을 그린 성화들을 보면 예루살렘이 현대 도시처럼 고층 빌딩 숲을 이루고 있다. 이렇게 예루살렘을 마치 현대 도시처럼 그린 데는 이유가 있다. 십자가 사건은 구원 사건이다. 그 배후에 도시를 그려 넣은 것은 도시가 죄를 상징하기 때문이다. 죄와 구원을 대비시키기 위해 한 화폭 안에 도시와 십자가를 같이 그려 넣은 것이다(임석재, 《광야와 도시》[태학사]).

창세기 12장이 시작되면서 하나님은 새로운 구원 역사를 이루기 위해 아브라함을 택하신다. 이 아브라함은 유목민이었다. 여기에서 중요한 것은 아브라함이 유목민이었다는 사실이다. 이삭, 야곱, 요셉도 광야에서 양을 치는 유목민이었다. 그들은 도시에 살지 않고 문명을 등진 채 광야에서 평생 양을 치며 살아갔다. 애굽에 내려가서도 양을 치며 살았다. 출애굽 후에도 광야에서 40년 동안 양을 치며 유목민으로 살았다. 가나안 땅에 들어가서도 이스라엘 사람들은 계속 양을 치며 살았다.

성경이 지향하는 문화는 도시 문화가 아니라 유목 문화다. 성경이 지향하는 가치는 정착 문화나 도시 문화가 아니라 유목 정신(가치)이다. 그렇다고 해서 도시에 살지 말라는 이야기가 아니다. 중요한 것은 왜 성경이 도시 문화를 거부하고 유목 문화를 지향하고 있는가 하는 것이다. 그것은 유목 정신 때문이다. 유목민의 가치관 때문이다.

유목민은 한 곳에 오래 머물지 않는다. 평생을 나그네로 살아간다. 노마드(nomad)로 살아간다. 그러다 보니 그들은 소유에 관심이 없다. 필요한 만큼만 소유한다. 그래서 창고를 만들거나 미래를 대비해서 저축해 놓는 법이 없다. 욕심을 부리지 않는다. 이스라엘 백성이 광야를 지날 때 하나님은 "먹을 만큼만"(출 16:16, 18, 21) 거두라고 하셨다. 그러나 가나안에 들어가서는 농사를 짓게 되었다. 소유가 무엇인지를 알게 되었다. 창고를 짓고 축적하기 시작했다. 빈부의 격차가 생기기 시작했다. 광야에서와는 달리 노력한 만큼 더 많이 모을 수 있게 되었다. 더 많이 모으

▶ 와디 럼(Wadi Rum) 광야에서 양을 치는 베두인

기 위해 더 열심히 일했다. 그러다 결국 탐욕에 사로잡혀 살게 되었다. 급기야는 그 탐욕으로 인해 하나님을 떠나 바알 신을 섬기게 되었다. 바알은 풍요의 신으로, 비를 관장하는 신이었다.

가나안에서의 이스라엘은 탐욕 때문에 바알을 따라갔다. 그리고 그 바알 신앙 때문에 결국은 가나안에서 쫓겨나게 된다. 에덴동산에서 아담과 하와도 탐욕 때문에 죄를 짓고 그곳에서 축출당하지 않았는가? 가나안에서도 똑같은 일이 일어난 것이다. 이스라엘은 가나안에 들어가서도 광야의 유목 문화가 주는 가치를 가지고 살아야 했다. 하지만 이들은 정착 문화(정착 가치)에 매몰되어 버렸다. 그래서 풍요를 가져다준다고 하는 바알을 따라갔던 것이다. 결국 이들은 다시 한 번 하나님에게서 축출당하고 만다.

우리는 지금 가나안에 살고 있다. 정착 가치를 추구하며 살아가고 있다. 더 많이 소유하고, 더 많이 쌓아 놓고, 더 많이 누리기를 원한다. 좋은 집을 짓기 위해, 은금을 증식시키기 위해 그리고 우양(牛羊)이 번성하도록 하기 위해 애를 쓴다. 가나안에 살면서도 광야에서 사는 것처럼 살아가는 사람은 많지 않다. 도시 문화 속에 살면서도 유목 문화 가치를 추구하는 사람 또한 많지 않다. 모두가 탐욕을 따라간다. 도시에 죄가 넘쳐나는 이유가 바로 여기에 있다. 성경은 그런 도시를 빨리 탈출하라고 요구하고 있다.

한국 교회에 왜 그렇게 '가나안 교인'들이 많은가? 기독교가 가나안 종교에 물들었기 때문이다. 교회가 바알 종교를 따라가고 있기 때문이다. 교인들이 가인의 문명을 따라 살아가고 있기 때문이다.

심판이 아닌 은혜의 증표

아담과 하와는 선악과를 범하고 실낙원 한 다음 가시와 엉겅퀴만을 내는 광야에서 살아가야 했다. 출애굽할 때 이스라엘 백성은 광야를 지나면서 하나님에게 불순종하고 원망, 불평한 것에 대한 징벌로 광야에서 38년의 세월을 더 보내야만 했다. 바벨론에 포로로 끌려간 유대인들은 가나안에서 지은 죄에 대한 형벌로 광야 70년을 지나야 했다.

가인도 동생 아벨을 쳐 죽인 죄로 평생을 광야에서 방황하며 살아가야 했다.

"네가 땅에서 저주를 받으리니 네가 밭을 갈아도 땅이 다시는 그 효력을 네게 주지 아니할 것이요 너는 땅에서 피하며 유리하는 자가 되리라"(창 4:11-12).

그러자 가인은 이렇게 호소한다.

"내 죄벌이 지기가 너무 무거우니이다"(창 4:13).

형벌이 너무 무겁다는 이야기인지, 아니면 죄과가 너무 크다는 이야기인지 모호하게 번역해 놓았다. '죄벌'로 옮겨진 히브리어 '아본'(avon)은 '형벌'이라는 의미도 있고 '죄'라는 의미도 있다. 70인 역 헬라어 성경이나 라틴어 성경(불가타), 그리고 시리아 성경(탈굼)에서는 '나의 죄가 용서받기에는 너무 큽니다'라는 의미로 번역을 했다. 가인의 이 말을 어떻게 해석하느냐에 따라 가인이 회개했는지 안 했는지를 판단할 수 있다. 가인이 자신의 죄가 너무 크다고 탄식한 것이라면 그가 회개했다고 볼 수 있다. 그러나 받은 형벌이 너무 크다고 호소한 것이라면 가인이 회개했다고 보기는 어렵다.

가인이 죄를 짓고 하나님으로부터 쫓겨나게 되었다. 광야로 들어가게 되었다. 이제 그는 누구의 보호도 받을 수 없게 되었다. 누가, 언제 죽일지 모른다. 늘 생명의 위협을 받으면서 살아갈 수밖에 없게 되었다. 가인은 하나님에게서 쫓겨나는 것보다 그가 죽임당하게 될 것을 두려워했다.

"무릇 나를 만나는 자마다 나를 죽이겠나이다"(창 4:14).

그러자 하나님은 이렇게 약속하셨다.

"그렇지 아니하다 가인을 죽이는 자는 벌을 칠 배나 받으리라 하시고 가인에게 표를 주사 그를 만나는 모든 사람에게서 죽임을 면하게 하시니라"(창 4:15).

하나님은 가인에게 표(mark)를 만들어 주셨다. 이것이 그 유명한 '가인의 표'다. 흔히 그 표를 보고 '아 저 사람은 살인자이구나'라고 알아챌 수 있도록 하기 위해 주신 것으로 생각한다. 가인의 표를 '주홍 글씨' 같은 것으로 생각하는 것이다. 그러나 그렇지 않다. 가인의 표는 살인자라는 낙인이 아니었다. 그를 벌하기 위해 만들어 주신 것이 아니라, 그를 보호하기 위해 만들어 주신 것이었다. '이 사람은 살인자이다'라는 것을 모든 사람들에게 알리기 위해 가인에게 표를 만들어 주신 것이 아니라,

'누구든 이 사람을 해하면 죽임을 당할 것임'이라는 보호 마크였다. 가인의 표는 하나님의 보호의 표식이었던 것이다.

가인은 하나님에게서 쫓겨나 광야에서 방황하며 살아야 했다. 그러다 가족이 생기자 그는 성(도시)을 쌓고 그 안에서 살기 시작했다. 하나님의 보호를 받지 못하게 된 가인이 스스로를 보호하기 위해 만든 것이 도시였다. 우리는 가인의 최후에 대해서는 아는 바가 없다. 그러나 한 가지만은 분명하다. 그가 하나님에게서 쫓겨나 광야에서 무사히 살아갈 수 있었던 것은 그가 만든 도시(성) 때문이 아니라 하나님이 그에게 만들어 주신 표 때문이라는 것이다.

하나님은 그를 자신에게서 떠나게 하셨다. 광야로 쫓아내셨다. 누구나 하나님을 떠나게 되면 그때부터 광야를 살기 시작하게 된다. 하나님 없는 삶이 곧 광야가 아니겠는가? 하나님은 가인을 광야로 쫓아내시면서도 그를 염려하셔서 그에게 표를 주셨다. 가인에게 표를 주신 것은 하나님의 심판이 아니라 하나님의 은혜였다. 하나님은 가인에게 형벌만 내리신 것이 아니었다. 광야로 쫓겨난 가인이 광야에서 살아남도록 하기 위해 그에게 표를 주어 그를 지키셨다. 바로 이 표 때문에 가인은 광야에서도 하나님의 보호를 받으며 살아갈 수 있었던 것이다. 우리도 가인처럼 죄에 대한 형벌로 광야로 내몰릴 때가 있다. 그때에도 하나님은 우리를 지키시기 위해서 가인의 표를 해주신다. 하나님이 주신 표 없이 광야에서 살아남을 수 있는 사람은 아무도 없다. 하나님은 가인 같은 사람에게도 표를 주시는 분이다. 은혜의 표를 주시는 것이다. 그것이 우리가 죄의 형벌로 인해 광야에 들어가게 되더라도 그 광야를 살아 내고 견뎌 낼 수 있는 은혜가 되는 것이다.

가인

광야에 들어가기 전	
광야에 들어가게 된 동기	하나님이 자신의 제물은 받지 않고 동생 아벨의 제물만 받으신 것에 분개해서 아벨을 돌로 쳐 죽임
광야가 어떻게 시작되었는가?	하나님의 징벌을 받아 유리방황하는 자가 됨
광야에서 무엇을 했는가?	하나님을 떠나 도시를 건설
광야를 지나는 동안 하나님이 어떤 일을 하셨는가?	그에게 표를 만들어 주셔서 그를 보호해 주심
어떤 광야를 통과했는가?	하나님 없이 살아가는 광야
광야를 어떻게 살아냈는가?	자신을 보호하기 위해 도시를 건설
언제 광야가 끝나게 되었는가?	끝나지 않음
광야에서 나온 후 어떻게 되었는가?	나오지 못함
왜 하나님이 광야에 들어가게 하셨는가?	그에 대한 징벌로 광야에 들어가게 하심

광야는 하나님의 시작을
기다리는 곳이다

"사래는 임신하지 못하므로 자식이 없었더라"

(창 11:30).

브엘세바

가나안에 들어오자마자 기근을 만나다

아브라함은 가나안 땅에 들어오자마자 기근을 만났다. 그것도 아주 심한 기근이었다.

"그 땅에 기근이 들었으므로 아브람이 애굽에 거류하려고 그리로 내려갔으니 이는 그 땅에 기근이 심하였음이라"(창 12:10).

가나안이 어떤 곳인가? 하나님이 주시겠다고 한 땅이 아닌가? 약속의 땅이 아닌가? 젖과 꿀이 흐르는 땅이 아닌가? 그런데 그 땅에 기근이 들었다. 그것도 아주 심한 기근이었다. 그래서 아브라함은 먹고살기 위해서 가나안에 들어오자마자 그곳을 떠나야 했다.

성경에서 가나안에 대해 맨 처음 언급하는 곳은 창세기 12장 5절이다. 그리고 12장 10절은 그 땅에서 일어난 일에 대해 기록하고 있다. "그 땅에 기근이 들었으므로." 이것이 가나안에 대한 첫 번째 언급이다. 아이러니하지 않은가? 어떻게 가나안에 기근이 드는가? 가나안은 기근 같은 것이 없는 곳 아닌가? 우리가 알고 있는 가나안은 그런 곳이 아니지 않은가?

아브라함에 이어 그 아들 이삭 때에 또 흉년이 들었다.

"아브라함 때에 첫 흉년이 들었더니 그 땅에 또 흉년이 들매"(창 26:1).

'또' 흉년이 찾아왔다는 것이다. 어디에? 가나안에. 그리고 야곱 때에

▷ 아브라함의 여정

'또다시' 흉년이 찾아왔다. 그래서 결국 다 애굽으로 이민을 가지 않았는가? 가나안에서 살 수 없어 애굽으로 이민을 간 것이다.

아브라함은 하나님의 지시대로 가나안 땅에 들어왔는데, 들어오자마자 기근 때문에 가나안을 떠나야 했다. 이삭, 야곱, 요셉 때에도 기근은 계속 찾아왔다. 한두 번이 아니라 또, 또, 또 기근이 찾아왔던 것이다. '이것이 약속의 땅인가? 젖과 꿀이 흐르는 땅인가? 이런 땅을 주시려고 가나안으로 오게 하신 것일까?'

이들은 가나안에 기근이 들 때마다 어디로 양식을 구하러 갔는가? 애굽으로 갔다. 그런데 애굽은 사막이고 가나안은 젖과 꿀이 흐르는 땅이다. 그렇다면 기근이 들어도 애굽에 들어야 하는 것 아닌가? 애굽에 기근이 들어서 양식을 구하러 가나안에 왔다고 해야 맞는 것 아닌가? 그런데 성경은 가나안에 기근이 들어서 양식을 구하러 애굽으로 내려갔다고 말씀한다. 이유가 무엇일까?

애굽에는 나일 강이 있다. 이는 세계에서 두 번째 긴 강으로 사막을 관통한다. 나일 강 지대는 네 달 동안 홍수가 나는데, 이때 쓸려온 기름진 토사에 씨를 뿌리기만 하면 풍년을 이룬다. 그래서 홍수가 신의 축복으로 여겨졌다. 애굽에서는 나일 강으로 인해 목축을 하지 않아도 되었다. 그래서 농사를 지었다. 부유하게 살았다. 그러다 보니 상업과 함께 문화와 문명도 발달하게 되었다. 그래서 애굽이 강국이 되었던 것이다.

이런 나일 강이 있었기에 애굽에는 기근이 찾아오지 않았다. 가나안에는 흉년이 들어도 애굽에 가면 양식이 있었다. 그래서 가나안에 흉년이 들 때마다 양식을 구하러 애굽으로 내려갔던 것이다.

그러면 왜 가나안에는 그렇게 자주 기근이 찾아왔는가? 가나안에는 강이 요단 강 하나밖에 없기 때문이다. 요단 강을 한강처럼 생각해서는 안 된다. 우리나라의 개울처럼 생각해야 한다. 하늘에서 비가 내리면 물이 흐르고, 비가 내리지 않으면 말라 버리는 그런 개울 말이다.

이스라엘은 비가 오지 않으면 흉년이 들고, 그러면 죽게 되기에 하늘만 바라보며 살아갈 수밖에 없는 곳이다. 그래서 하나님이 순종하지 않으면 하늘 문을 닫고 비를 내려 주지 않겠다고 경고하셨던 것이다. 그것이 이스라엘 민족에게는 가장 큰 징벌이었다.

이처럼 하나님의 약속의 땅 가나안에도 기근은 찾아온다. 약속의 땅 가나안에 살아도 인생의 기근은 찾아오게 되어 있다. 이상한 것이 아니다. 살다 보면 인생의 흉년, 기근은 누구에게나 다 찾아오게 되어 있다. 그런 것 없는 가나안은 없다.

사람들은 대개 광야를 지나서 가나안에 들어가면 고생 끝, 행복 시작일 것이라 생각한다. 아니다. 가나안에 들어간다고 다 축복을 누리는 것은 아니다. 그런 가나안은 이 세상에 없다. 가나안에 살아도 우리에게 기근이 찾아올 수 있다. 인생의 흉년이 찾아올 수 있다.

'하나님, 저는 언제쯤 가나안에 들어갈 수 있습니까? 어서 속히 이 지긋지긋한 광야를 벗어나 가나안에 들어가고 싶습니다.' 우리 각자가 바라는 가나안이 있을 것이다. 그러나 가나안은 결코 우리가 상상하는 그런 이상적인 세계가 아니다. 가나안은 아무 부족함이 없는, 모든 것이 풍성한 풍요의 땅이 아니다. 그 가나안에 들어가도 문제는 여전하고, 그 가나안에 들어가도 기근이 찾아올 수 있다. 가나안은 절대로 천국이 아니다. 가나안은 하나님 나라의 모형도 아니고 모델도 아니다. 하나님 나라를 만들기 위해 택하신 땅이지 결코 하나님 나라가 아니다.

가나안에서 광야를 살다

아브라함은 하나님의 약속을 믿고 고향과 친척과 아버지의 집을 떠나 가나안으로 왔다. 하나님이 주겠다고 하신 땅, 하나님이 가라고 지시하신 땅이니 얼마나 좋은 곳이겠는가? 하나님은 벧엘에서 "이 땅을 네 자손에게 주리라"(창 12:7) 약속하셨다. 하나님이 약속하신 땅을 바라보면서 아브라함은 얼마나 감격했겠는가? 하지만 아니다. 그곳은 그가 생각했던 가나안이 아니라 문자 그대로 광야였다.

벧엘은 800미터의 산이지만 제대로 된 나무 한 그루 없는 광야다. 돌무더기밖에 없는 곳이다. '젖과 꿀이 흐르는 땅'이 아니다. 농사지을 수 있는 비옥한 땅이 아니다. 하나님은 그런 '광야'를 보여 주면서 이곳이 '내가 네게 줄' '가나안'이라고 하셨다. '어, 이게 아닌데…. 여기가 가나안이라고? 여긴 광야잖아….' 아브라함은 엄청 실망했을 것이다. 아마 아브라함은 가나안의 절반이 광야라는 사실을 전혀 모르고 왔을 것이다.

가나안은 그가 떠나온 하란에 비교하면 '광야'다. 하란이 가나안보다 훨씬 비옥하다. 하나님이 그에게 좋은 땅을 주시려고 했다면 하란에서 남쪽으로 내려오게 하지 않고 서쪽으로 가게 하셨을 것이다. 터키 서부에 비옥한 땅이 얼마나 넓은가? 이뿐만이 아니다. 아브라함이 가나안에 들어오자마자 기근이 들었다. 몇 년이 지난 후가 아니라 들어오자마자 가뭄이 들었다. 그것도 그냥 가뭄이 아니라 심한 가뭄이었다. 성경은 '심한'을 강조하고 있다. 아브라함이 먹고살기 위해 애굽으로 떠날 수밖에 없었던 상황을 설명해 주는 것이다. '아니, 이게 뭐야? 오자마자 기근이라니?'

▶ 아브라함과 그의 가족이 머물던 하란(Haran)

아브라함은 큰 기대 속에서 낯선 신의 약속 하나만 붙잡고 가나안 땅으로 왔다. 그런데 이런 일이 생긴 것이다. 엄청난 결단을 하고 가나안에 왔는데 와서 보니 굶어 죽게 된 것이다. 잘못 온 것이었다. 아브라함을 기다리고 있었던 것은 '젖과 꿀이 흐르는' '가나안'이 아닌 계속 기근이 드는 땅이었다. 살기 정말 어려운 곳이었다. '이런 곳에 목숨을 걸고 찾아왔단 말인가? 아니, 이런 곳을 주시려고 나를 이곳으로 인도하셨단 말인가?' 그래서 그는 '젖과 꿀이 흐르는' 나일 강이 있는 '가나안' 애굽으로 내려갔다. 살아남기 위해 어쩔 수 없는 선택이었다.

아브라함은 가나안에 와서 하나님에게 세 번 실망했다. 첫 번째는, 와서 보니 젖과 꿀이 흐르는 땅이 아니었기 때문이다. 두 번째는, 기근 때문이다. 세 번째는, 하나님이 나타나실 때마다 자손을 번성하게 해 주겠다고 하시면서 5년이 지나도, 10년이 지나도, 20년이 지나도 감감무소식이었기 때문이다. 그가 75세에 와서 몇 살에 이삭을 낳았는가? 100세다. 25년을 기다린 것이다. 25년이 지나서야 약속을 이루어 주신 것이다. 가나안에 들어와서도 25년이 지나서야 좋은 일이 생겼던 것이다.

가나안에서의 25년 동안은 좋은 일이 거의 없었다. 기근이 들어 애굽으로 내려가야 했고, 소돔과 고모라 성이 멸망하는 것을 보았으며, 끌려간 롯을 구해 내야 했다. 또 아들을 주시지 않아 하갈을 통해 이스마엘을 보았는데, 그것 때문에 가정불화가 일어나 아브라함은 결국 피눈물을 흘리며 아들 이스마엘을 내보내야 했다. 이런 고통의 시기를 거친 후 비로소 하나님이 아들을 주시며 그 이름을 이삭이라고 지어 주셨다. 이는 '웃음'이라는 뜻이다. 아마 아브라함은 이삭을 낳고서야 비로소 처음 웃었을지도 모른다. 그동안에는 좋은 일이 거의 없었기 때문이다.

그런데 웃음도 잠시. 하나님이 그 이삭을 제물로 바치라고 하셨다. 그가 어떤 아들인가? 그 아들을 바쳐야 하는 아버지 아브라함의 심정은 어떠했을까? 모리아 산으로 가는 사흘 길은 지옥이었을 것이다. 하지만 다행히도 하나님은 아브라함의 마음만을 받으셨다. 그리고 그는 집에 돌아와 자초지종을 사라에게 이야기해 주었을 것이다. 그런데 바로 그 일 후에 성경은 사라가 죽었다고 말씀한다. 죽을 상황이 아닌데도 갑자기 죽은 것이다. 랍비들은 사라가 아들 이야기를 듣고 충격을 받아서 죽었을지도 모른다고 한다. 그러고 보면 아브라함은 가나안에 들어와 그리 행복하게 살지는 않았던 것 같다.

아브라함이 누구인가? 그는 복의 근원이 된 사람이다. 하나님은 아브라함에게 엄청나게 많은 약속들을 해 주셨다. 창세기에 복 주시는 이야기가 얼마나 많이 나오는가? 그것들이 다 아브라함과 그의 후손들에게

▶ 〈이삭의 희생〉(렘브란트[Rembrandt Harmenszoon van Rijn, 1606-1669])

주신 것이 아닌가? 사실 하나님은 아브라함에게 나타나실 때마다 복을 주겠다고 약속하셨다. 그래서 우리는 아브라함이 참 복이 많은 사람이라고 생각한다.

하나님이 아브라함에게 주겠다고 하신 복은 크게 두 가지다. 가나안 땅을 주겠다고 하신 것과 아브라함의 후손들을 번성하게 해 주시겠다는 것이 그것이다. 하나님은 아브라함에게 나타나실 때마다 이 두 가지 복을 주겠다고 계속 약속하셨다. 그런데 문제는 복을 주겠다고만 계속 이야기하시지, 실제로 주시지는 않았다는 것이다. 가나안 땅을 다 주시겠다고 했을 때 아브라함은 '장지로 쓸 땅 몇 평이라도 먼저 주시지요' 그러고 싶었을 것이다. 자손을 하늘의 별만큼 번성하게 해 주겠다고 약속하실 때마다 '하나님, 됐고요, 친자식 하나만이라도 주시면 감사하겠습니다' 그랬을 것이다. 아브라함은 하나님이 날리는 공수표만 받는 기분이었을 것이다. 가나안에 들어온 지 20년이 지났는데도 아들을 주시지 않았으니 그렇게 생각할 수밖에 없지 않겠는가?

사라 또한 마찬가지다. 그녀는 가나안에 들어가면 금방 태의 문이 열리고 아들을 주실 거라 생각했을 것이다. 그런데 가나안에 들어왔는데도 여전히 태의 문은 열리지 않았다. 사라가 25년 동안 어떻게 살았는가? 하나님이 주겠다고 하신 자식은 안 주시지, 서자로 낳은 이스마엘은 무럭무럭 자라지, 남편도 밉고 하갈도 미웠을 것이다.

타향에 와서, 아는 사람이라고는 아무도 없는 곳에서, 일가친척도 없는 곳에서 이방인으로 25년을 살았다. 가족이라고 해야 남편과 자신 둘뿐이다. 무슨 재미가 있었겠는가? 사라가 웃고 산 날이 며칠이나 되겠는가? 사라도 어쩌면 이삭을 낳고서야 비로소 처음 웃었을지도 모른다.

2. 아브라함, 기다림의 광야 **43**

'하나님이 저에게 웃음을 주셨네요.' 그래서 이름을 이삭이라고 붙이지 않았는가? 이처럼 아브라함과 사라는 우리가 생각하는 것만큼 하나님의 축복을 차고도 넘치게 받아 행복하게 살았던 사람들이 아니다.

가나안에 들어왔음에도 아브라함은 가나안이 아니라 광야의 삶을 살았다. 살기는 가나안에 살았지만 그의 삶은 광야였던 것이다. 가나안에 살아도, 믿음 가운데 살아도, 하나님의 돌보심 가운데 살아도, 하나님의 축복 가운데 살아도, 하나님 말씀에 순종하며 살아도, 기도하며 살아도, 하나님과 동행하는 삶을 살아도 인생의 흉년이나 기근을 만날 때가 있다. 인생의 흉년이나 기근은 누구에게나 다 찾아오게 되어 있다. 눈물도 없고 슬픔도 없고 아픔도 없고 고통도 없는 그런 가나안은 이 세상에 존재하지 않는다.

우리는 가나안에 대한 환상에서 벗어나야 한다. 가나안에도 기근이 찾아온다는 사실을 인정해야 한다. 가나안에 들어가면 자동적으로 고생 끝, 행복 시작이 아니라는 것이다.

가나안은 축복의 땅이라기보다 축복해 주기 위해 주신 땅이다. 가나안에 들어갔어도 하나님이 축복해 주시지 않으면, 비를 내려 주시지 않으면 광야와 같은 곳이 되고 만다.

성경은 사라를 이렇게 소개하고 있다.

"사래는 임신하지 못하므로 자식이 없었더라"(창 11:30).

이것이 사라에 대한 최초의 언급이다. 성경은 사라를 소개하면서 그녀가 아이를 낳지 못하는 석녀(石女)였다고 밝힌다. 사라가 아이를 낳지 못한다는 사실은 누구나 알고 있다. 그런데 한번 생각해 보자. 아브라함이 자기 아내를 우리에게 소개하면서, "제 아내는 아이를 낳지 못하는 석녀입니다. 그래서 저희 식구는 단둘입니다" 한다면 사라의 기분이 어떻겠는가? 얼마나 자존심이 상하겠는가? 그런데 성경은 사라를 소개하면서 다른 것은 한마디도 언급하지 않고 아이를 낳지 못하는 사람이라는 것만을 이야기하고 있다. 사라에 대한 엄청난 무례가 아닌가? 더군다나 당시 아이를 낳지 못하는 것은 칠거지악(七去之惡) 같은 것이었다. 그러니 사라는 얼마나 많은 날들을 눈물로 보냈겠는가?

아브라함은 우상 숭배자였다. 전설에 따르면 아버지가 우상을 만들어서 파는 사람이었다고 한다. 그러면 아브라함에 대해 소개할 때 '아브라함은 우상 장수의 아들'이었다고 했어야 하지 않는가? 왜 아브라함에 대해서는 아무런 소개도 하지 않고 그의 아내 사라에 대해서만 아이를 낳지 못하는 여인이라고 소개하고 있는가? 왜 성경은 사라를 소개하면서 그녀가 아이를 낳지 못한다는 사실만을 강조하고 있는가?

성경 기자는 이 구절을 통해 복선을 깔고 있다. 독자들에게 이 문제로 인해 어떤 사건이 일어날 것임을 암시해 주는 것이다. 아브라함 이야기를 시작하

▶ 수메르 문명이 섬기던 신 이난나(Inanna)

면서 이런 복선을 깐 것은, 아브라함 이야기의 중심이 어떻게 그의 가정에 아이가 태어나게 되는가를 보여 주는 것임을 미리 알려 주는 것이다. 사실 아브라함 이야기의 주인공은 아브라함이 아니라 이삭이다. 이삭이 어떻게 태어났는가를 보여 주는 것이 아브라함 이야기의 핵심이다. 이삭과 야곱 이야기도 마찬가지다. 이삭 이야기의 주인공은 야곱이고, 야곱 이야기의 주인공은 요셉이다. 아브라함이 이삭을 낳고, 이삭이 야곱을 낳고, 야곱이 요셉을 낳고, 그 요셉을 통해 어떻게 한 민족이 이루어지게 되는가를 보여 주는 것이 창세기의 핵심이다.

만일 사라가 아이를 못 낳는 여인이 아니었다면 그들은 고향과 친척과 아버지 집을 떠나지 않았을 것이다. 아브라함과 사라가 하나님의 지시에 순종한 가장 큰 이유는 자식을 주겠다고 하신 약속 때문이었다. 그런데 사실 하나님이 아브라함과 사라를 택하신 가장 큰 이유 또한 그들에게 자녀가 없었기 때문이다. 자녀가 있었다면 그들을 택하지 않으셨을 것이다. 무슨 말인가? 하나님이 아브라함을 부르실 때 하나님에게는 이미 계획이 있으셨다는 것이다. 한 사람으로 한 민족을 이루어 그 민족을 통해 하나님 나라를 세우시려 했던 것이다. 그런데 아브라함과 이삭과 야곱의 집안 내력을 보면 사라도 아이를 낳지 못하는 여인이었고 리브가도 마찬가지였다. 라헬도 아이를 낳지 못하는 여인이었다. 자녀들을 하늘의 별과 바닷가의 모래알만큼 번성하게 해 주시겠다고 한 가문인데, 그 가문의 여인들을 보면 한결같이 아이를 낳지 못하는 사람들이었다.

하나님은 누구를 선택하셨는가? 우상 장수 아버지를 둔 아브라함과 아이를 낳지 못하는 사라를 택하셨다. 그들을 선택하신 이유는 그들의 믿음이나 성품 때문이 아니라, 그들의 결정적인 약점 때문이었다. 사라가 아이를 순풍순풍 잘 낳았다면 하나님은 아브라함 부부를 선택하지 않으셨을 것이다.

그들이 선택받을 수 있었던 것은 아이러니하게도 사라가 아이를 낳지 못하는 여인이었기 때문이다. 하나님은 그런 여인을 택하셔서 하늘의 별만큼, 바닷가의 모래알만큼 그의 후손들이 번성하도록 축복하셨다. 이처럼 하나님은 어떤 일을 하시고자 할 때 그 일을 잘할 수 있는 사람만을 택하시는 것이 아니라, 그 일에 전혀 적합하지 않은 사람을 택하기도 하신다. 사람이 하는 것이 아니라 하나님이 하시는 것이기 때문이다. 하나님은 누구를 통해서라도 당신의 일을 하실 수 있기 때문이다.

왜 25년씩이나 기다리게 하셨는가

하나님은 왜 가나안에 들어온 뒤에도 25년 동안이나 아브라함과 사라에게 약속하신 자녀를 주시지 않았던 것일까? 아직 믿음이 없는 아브라함을 영적으로 훈련시키기 위해서? 그들이 믿음의 조상이 되도록 훈련시키기 위해서? 아니다. 더 중요한 이유가 있다. 그들이 0이 될 때까지 기다리셨던 것이다. 그들이 인간적인 방법으로는 절대 아이를 낳을 수 없게 될 때까지 기다리셨던 것이다. 그래서 25년이 걸렸던 것이다.

아브라함이 사라의 몸종 하갈을 통해서 이스마엘을 낳은 것이 86세 정도 되었을 때였다. 그때 이삭을 주셨더라면 그것은 100퍼센트 하나님이 하신 일이 아니다. 아직 아브라함이 아이를 낳을 수 있는 나이였기 때문이다. 하나님은 아브라함에게 약속하신 후손을 아브라함이 남자로서의 능력을 완전히 상실했을 때 주시려고 그가 폭삭 늙을 때까지 기다리게 하셨던 것이다.

> "그가 백 세나 되어 자기 몸이 죽은 것 같고 사라의 태가 죽은 것 같음을 알고도"(롬 4:19).

하나님은 바로 그때를 기다리셨다. 인간적인 방법으로는 아이를 낳을 수 없는 그때까지, 그들이 아이를 낳을 수 있는 가능성이 0퍼센트가 될 때까지 기다리셨다. 그럴 때 아들을 주셔야 확실히 그 아이가 하나님이 주신 아들이라고 고백할 수 있을 테니 말이다. 하나님은 그들이 nothing이 되었을 때 비로소 역사하셨다. 언약을 이루어 주셨다. 광야에서 나오게 하셨다.

이스마엘을 얻을 당시 아브라함과 하갈은 둘 다 생산 능력이 있었다. 그래서 둘이 동침해서 이스마엘을 낳았다(창 16:4). 이스마엘은 하나님이 개입하셔서 낳은 아들이 아니다. 그는 아브라함의 아들이고 하갈의 아들이다.

한나도 사라처럼 태의 문이 닫혔던 여인이다. 그러나 엘가나는 생산 능력이 있었다. 하나님이 한나의 기도를 들으시고 그의 태의 문을 열어 주셨다. 그래서 "엘가나가 그의 아내 한나와 동침하매"(삼상 1:19) 사무엘을 낳게 된 것이다.

사라는 원래부터 아이를 낳지 못하던 석녀였다. 아브라함도 나이가 많아서 생산 능력이 없었다. 그런데 그들을 통해서 이삭이 나오게 되었다. 성경은 아브라함이 사라와 동침했다고 말씀하지 않는다. 둘 다 아이를 낳을 수 없는 사람들이었기 때문에 아이를 낳기 위해 동침할 이유가 없었던 것이다. 성경은 이렇게 말씀하고 있다.

"여호와께서 말씀하신 대로 사라를 돌보셨고 여호와께서 말씀하신 대로 사라에게 행하셨으므로 사라가 임신하고"(창 21:1-2).

이스마엘은 아브라함과 하갈의 아들이다. 그러나 이삭은 아브라함의 아들도 사라의 아들도 아니다. 하나님이 낳게 해 주신 아들이기 때문이다. 그래서 하나님이 이삭을 바치라고 하셨을 때 '예, 알겠습니다'라고 대답할 수밖에 없었다.

하갈과 이스마엘은 남편과 아버지에게 버림받고 광야로 쫓겨났다. 광야에서 그들은 물마저 떨어지고 말았다. 이제 죽은 목숨이다. 0이 되게 된 것이다. 그들은 그때 거기서 하나님을 만나게 된다. 그리고 생명을 구한 후 나중에 한 민족을 이루게 된다. 0에서 시작해서 한 민족을 이루게 된 것이다.

요셉은 구덩이에 던져지고, 애굽에 팔려가고, 보디발의 집에서 종노릇을 하다가 억울한 누명을 쓰고 감옥에 던져졌다. 집에서 아버지의 사랑을 독차지했던 그때를 10이라고 한다면 그는 9, 8, 7, 6, 5, 4, 3, 2, 1 그리고 0이 되게 된 것이다. 하나님은 그런 다음에야 그를 인생의 정상의 자리로 올라가게 하셨다.

모세는 그야말로 바로의 궁중에서 'somebody'였다. 그러나 하루아침에 도망자가 되어 광야로 들어가 그곳에서 40년 동안 장인의 양을 치며 살게 되었다. 궁중에 있던 사람이 광야에서 양을 치는 신세로 전락하고 만 것이다. somebody가 nobody가 되어 모든 사람들에게 잊힌 존재가 된 것이다. 40년 후에 하나님이 그에게 출애굽 사명을 맡기실 때 그는 이렇게 말했다.

"내가 누구이기에 바로에게 가며 이스라엘 자손을 애굽에서 인도하여 내리이까"(출 3:11).

하나님은 모세가 0이 되었을 때 그를 부르셔서 출애굽의 사명을 맡기셨다.

나오미는 베들레헴에 기근이 들어 모압 지방으로 갔다가 남편 잃고, 큰아들 잃고, 막내아들마저 잃은 뒤 빈손으로 베들레헴으로 돌아왔다. 나오미(기쁨)가 마라(슬픔)가 되어 돌아온 것이다.

"내가 풍족하게 나갔더니 여호와께서 내게 비어 돌아오게 하셨느니라"(룻 1:21).

룻도 남편을 잃고 청상과부가 되어 시어머니를 따라 베들레헴으로 왔다. 그들에게 남은 것은 아무것도 없었다. 그런데 하나님은 0이 되어 돌아온 그들을 통해서 다윗이 나오게 하시고, 그 후손을 통해서 메시아이신 예수 그리스도가 이 땅에 태어나게 하셨다.

다윗도 0에서 시작해서 왕이 되었다. 왕으로 기름부음을 받았으나 그는 곧 광야로 내몰려 무려 13년 동안이나 사울에게 쫓기며 살아야 했다. 광야에서 그는 0이 되었다. 그리고 광야에서 나온 후 왕이 되었다. 하나님은 다윗을 먼저 0으로 만드신 다음 왕이 되게 하셨다.

엘리야도 갈멜 산에서는 somebody였다. 위대한 하나님의 예언자로서 명성을 떨쳤다. 온 천하에 하나님이 참신인 것을 증명해 보였다. 그러나 이세벨이 죽이겠다고 하자 줄행랑을 쳐 광야로 들어갔다. 그러고는 이렇게 탄식했다.

"지금 내 생명을 거두시옵소서 나는 내 조상들보다 낫지 못하니이다"(왕상 19:4).

갈멜 산에서 10이었던 엘리야는 로뎀 나무 아래에서 0이라고 고백했다. '나는 아무것도 아닙니다. 죽고 싶습니다.' 그러나 죽고 싶다고 했던 엘리야는 죽음을 보지 않고 하늘로 올리어갔다.

가말리엘 문하생이었던 사울(바울)은 최고의 엘리트 랍비를 꿈꾸며 예루살렘으로 향했다. 그러던 그가 다메섹 도상에서 부활하신 예수님을 만나 회심하게 되었다. 그는 아라비아 광야와 다메섹에서 3년을 보낸 뒤 예루살렘에 올라가 베드로를 만났다. 그러나 베드로는 그를 받아들이지 않았다. 그는 유대인에게는 변절자라는 낙인이 찍혔고, 그리스도인들은 그를 의심하며 경계했다. 목숨의 위협을 당하기도 했다. 그는 할 수 없이 고향 다소로 내려가 13년의 광야 세월을 보냈다. 다소는 그의 유배지나 다름없었다. 그곳에서 바울은 0이 되었다. 그런 후에 하나님은 그를 다시 불러 사용하셨다.

때로 하나님은 우리가 완전한 0이 되도록 하기 위해 광야로 들어가게 하신다. 광야에 들어가면 누구나 0이 된다. 할 수 있는 것이 하나도 없다. 자신의 무능을 철저히 깨닫게 된다. 그런 후에 하나님은 우리를 광야에서 나오게 하시고 0이 된 우리를 사용하신다. 우리를 통해서 하나님의 위대한 일을 행하게 하신다.

하나님은 우리가 너무 약해서 쓰지 못하실 때보다 우리가 너무 강해서 쓰지 못하실 때가 더 많다. 부족할 경우 채워 주면 되지만 강한 사람은 내려놓게 해야 하는데, 그것이 쉬운 일은 아니기 때문이다. 우리가 너무 강할 때, 하나님은 우리를 광야로 들어가게 하셔서 더 내려놓고, 더 비우고, 더 죽이고, 더 무릎 꿇게 하신다.

이삭은 믿음으로 기도해서 얻은 아들이 아니었다

"그가 백 세나 되어 자기 몸이 죽은 것 같고 사라의 태가 죽은 것 같음을 알고도 믿음이 약하여지지 아니하고 믿음이 없어 하나님의 약속을 의심하지 않고 믿음으로 견고하여져서 하나님께 영광을 돌리며"(롬 4:19-20).

정말 그랬는가? 정말 '믿음이 약하여지지 아니하고!' '믿음이 없어 하나님의 약속을 의심하지 않고!' 오히려 '믿음으로 견고하여져서!' '하나님께 영광을' 돌렸는가? 가나안에 들어온 때부터 100세가 되기까지 아브라함은 항상 하나님을 굳게 믿고 신뢰했는가? 그래서 마침내 이삭을 얻게 된 것인가? 아니다.

가나안에 들어온 지 10년이 훨씬 넘었는데도 하나님에게서 감감무소식이자 사라는 아브라함에게 이렇게 말했다. '하나님이 우리에게 아들을 안 주시려나 봅니다. 그러니 다른 방법으로라도 후사를 세워야 할 것

같습니다. 당신에게 여종 하갈을 줄 테니 그녀를 통해서라도 후손을 보십시오.' 아브라함도 그 제안에 전적으로 동의했다. 그래서 이스마엘을 낳게 된 것이 아닌가? 하나님이 사라를 통해 자식을 주실 것이라 믿었다면 그런 방법을 사용했겠는가? 이삭은 믿음으로 얻은 아들이 아니었다. 기도해서 얻은 아들이 아니었다. '저 정도 믿음이면, 저런 간절한 기도라면 이제 이삭을 주어도 되겠구나' 해서 주신 아들이 아니었다.

아브라함이 백 세가 되기 1년 전, 하나님은 그에게 두 번씩이나 1년 후에 아이를 주겠다고 약속하셨다. 그때 아브라함은 처음에는 믿지 못했지만 두 번째 말씀하실 때는 믿게 되었다. 앞의 구절은 바로 그런 사실을 이야기하고 있는 것이지, 아브라함이 백 세가 될 때까지 하나님의 약속을 의심하지 않고 믿었다는 뜻이 아니다.

하나님은 우리의 믿음을 보시고, 우리의 기도를 들으시고, 우리의 열심을 보시고, 우리의 중심을 보시고 우리에게 은혜와 축복과 기도 응답을 주실 때가 있다. 한나에게 그러셨던 것처럼 말이다. 그러나 때로는 우리의 믿음이 부족해도, 우리가 열심히 기도하지 못해도, 우리가 하나님 앞에 은혜나 축복을 받을 만한 어떤 모습을 보여 드리지 못해도 우리에게 은혜로 주실 때가 있다. 아브라함에게 그러셨던 것처럼 말이다.

하나님은 우리에게 약속하신 것을 우리의 믿음과는 상관없이 반드시 이루어 주신다. 하나님은 우리의 믿음과는 상관없이 당신의 뜻을 이루어 가신다. 하나님은 당신이 하시고자 하는 일을 반드시 행하신다. 하나님의 계획이 우리의 믿음에 달려 있다면 그 계획은 하나도 이루어질 수 없을 것이다.

아브라함 이야기에서 성경이 우리에게 전하고자 하는 메시지는 아브라함의 믿음이 아니라 하나님의 무조건적인 선택, 은혜, 축복, 하나님의 주권, 하나님의 역사, 하나님의 계획, 하나님의 신실하심과 같은 것들이다. 아브라함이 얼마나 위대한 믿음의 사람이었는가를 보여 주는 것이 아니라, 그의 믿음을 본받으라는 것이 아니라, 하나님이 얼마나 신실하신가를 보여 주는 것이다.

기다림의 광야

"아브라함이 그의 아들 이삭이 그에게 태어날 때에 백 세라"(창 21:5).

아브라함에게 자식을 주겠다고는 하셨지만 하나님은 언제, 어떻게 주실 것인지에 대해서는 한마디도 없으셨다. 처음부터 25년 후에 아들을 주겠다고 하셨다면 실망스럽기는 하겠지만 25년 동안 안달복달하면서 지내지는 않았을 것이다. 그런데 그런 약속이 없었다. 하나님은 언제 그들의 광야가 끝날지, 언제 아들을 주실지 알려 주지 않으셨다. 아브라함이 99세가 되어서야 처음으로 천사를 통해 내년에 그 집에서 아이의 울음소리가 들릴 것이라고 알려 주셨다.

10년형을 받고 감옥 생활을 하는 사람은 10년만 참고 견디면 이곳에서 나갈 수 있다는 희망이 있다. 그러나 무기징역을 받은 사람은 감형을 받아서 나가게 될지 아니면 평생을 감옥에 있게 될지 알 수가 없다. 그런 사람들에게 기다림은 고문이다. 젊은이들은 군대에 입대하는 순간부터 제대를 기다린다. 18개월만 참고 견디면 제대할 수 있다는 것을 알기에 참고 기다릴 수 있는 것이다. 그러나 인생을 살아가면서 기다리는 기다림은 끝을 알 수 없을 때가 많다. 언제까지 기다려야 하는지, 얼마나 더 기다려야 하는지, 이 기다림이 어떻게 끝나게 될지 모르기 때문에 기다림이 힘든 것이다.

출애굽해서 가나안을 향해 가는 히브리인들의 40년 광야 생활은 물론 힘들었을 것이다. 하지만 그들은 언제 광야가 끝나는지 알고 있었다. 광야의 끝을 알고 있었다. 결국은 가나안에 들어가게 될 것임을 알고 있었다. 그랬기에 그나마 그 광야를 견뎌 낼 수 있었던 것이다.

사무엘은 사울에게 7일 후에 오겠다고 했다. 하지만 7일 동안 기다려도 오지 않자 사울이 대신 제사를 드렸던 것이다. 그런데 제사를 드리자마자 사무엘이 나타났다. 사무엘은 며칠 늦게 온 것이 아니다. 한 시간도 채 되지 않았다. 한 시간만 더 기다렸더라면 사울은 하나님에게 버림받지 않았을 텐데, 참으로 안타까운 일이다.

바울은 고향 다소에 돌아가서 10년 넘게 초야에 묻혀 지냈다. 그는 베드로가 다시 찾아 줄 때까지 기다렸다. 마침내 기다리고 기다리던 끝에 바나바가 그를 부름으로써 바울의 광야가 끝나게 되었다. 그리고 그렇게 해서 무대 뒤에서 기다리고 있던 바울이 본격적으로 무대에 등장하게 된 것이다. 하지만 그 10년의 세월 동안 얼마나 힘들었겠는가? 베드로가 바울에게 10년 후를 약속했다면 그는 초조하지 않았을 것이다. 그 광야에서 나올 때까지 기다리면서 차분하게 잘 준비했을 것이다. 그러나 그는 그곳에 얼마만큼 머물러야 하는지를 몰랐기 때문에, 끝을 알 수 없는 기다림 속에 살아야 했기 때문에 그 기다림의 광야가 더 힘들고 고통스러웠을 것이다.

바울처럼 변방에서 하염없이 칼만 갈고 있는가? 변방에서 칼 갈다 중앙으로 뽑혀 올라간 사람은 많지 않다. 그렇기에 변방에서 칼을 갈면서도 불안하다. '이렇게 칼만 갈다 마는 것 아닌가?' 기다림의 끝을 알 수 없기에 기다리는 내내 힘든 것이다.

우리는 이미 충분히 기다렸다고 생각할지 모른다. 그랬을 수도 있다. 그러나 어쩌면 우리는 더 기다려야 할지도 모른다. 그것이 광야에서의 기다림이다.

12시 기차를 타려고 9시에 역에 도착했다. 3시간만 기다리면 된다. 그러나 광야에서의 기다림은 그런 기다림이 아니다. 역에 헐레벌떡 도착했다. 그런데 이미 기차는 떠나 버리고 말았다. 하지만 다음 기차를 기다리면 된다. 그러나 광야에서의 기다림은 그런 기다림이 아니다. 기차가 언제 올지 모른다. 아니, 안 올지도 모른다. 그래도 기다려야 한다. 광야에서의 기다림은 그런 기다림이다.

광야에서의 기다림은 결코 낭만이 아니다. 설렘이 아니다. 고통이요, 인고의 시간이다. 속이 시커멓게 타들어 가는 시간이다. 아브라함이 그랬다. 사라가 그랬다. 모세가 그랬다. 다윗이 그랬다.

기대를 갖고 기도하며 기다리라

19세기 미국 최고의 설교자로 알려진 필립스 브룩스(Phillips Brooks) 목사에게 어느 날 한 친구가 찾아왔다. 그런데 그가 서재에서 몹시 서성거리면서 초조해하는 것이었다. 평소 온화하고 잘 참는 사람이 평상시답지 않게 행동하는 것을 보고 왜 그렇게 초초해하는지를 물었다. 그러자 이런 대답이 돌아왔다. "나는 지금 몹시 급하다네. 그런데 하나님은 안 그러신 것 같단 말일세." 우리도 이렇게 느껴질 때가 얼마나 많은가? 하나님이 충청도 하나님처럼 느껴질 때가 너무도 많다.

나치 수용소에 한 젊은이가 갇혀 있었다. 그 사람은 어느 날 우연히 땅바닥에 떨어진 유리 조각을 발견하고는 매일 그것으로 면도를 했다. 나치들은 노인들, 힘이 없고 병들어 일할 수 없는 사람들을 먼저 가스실로 끌고 갔다. 그런데 이 사람은 매일 면도를 하다 보니 건강하게 보여 가스실로 끌려가지 않았고, 결국 살아서 죽음의 수용소를 빠져나오게 되었다. 이 사람이 바로 전 세계적으로 유명한 정신분석학자 빅터 프랭클(Viktor Frankl)이다. 그는 그때의 경험을 토대로 《죽음의 수용소에서》(청아출판사 역간)라는 책을 출간했다. 그가 한 유명한 말이 있다. "하나님의 도움은 결코 늦는 법이 없습니다. 다만 우리가 너무 성급할 뿐입니다." 기다림의 광야를 지날 때는 서두르지 말라. 조급해하지 말라. 서두른다고 더 빨리 광야에서 벗어날 수 있는 것은 아니다.

아브라함은 하나님의 자식을 주시겠다는 약속 하나만 붙들고 75세의 나이에 고향과 친척과 아버지의 집을 떠났다. 그러나 아무리 기다려도 감감무소식이었다. 이러다가는 안 되겠다 싶어 여종 하갈을 통해 이스마엘을 낳았다. 그는 아마 이렇게 생각했을 것이다. '기다릴 만큼 기다렸어. 그런데도 하나님의 약속이 이루어지지 않고 있잖아? 이젠 다른 방법을 생각해 봐야겠어.'

아브라함은 왜 하나님의 약속을 믿지 못했는가? 하나님의 말씀을 붙잡기보다는 자신이 처한 상황을 더 많이 바라봤기 때문이다. 상황을 보니 더 이상 하나님의 약속을 붙들고 기다리면 안 될 것 같았기 때문이다. 상황을 바라보니 믿음이 흔들렸던 것이다. 마음이 급해진 것이다. 그러므로 기다림의 광야를 지날 때는 기도하면서 기다려야 한다.

기도하는 사람은 낚시하는 사람들에게서 배워야 할 것이 있다. 기다리는 것이다. 이블린 언더힐(Evelyn Underhill)은 "그리스도인의 기도에는 언제나 애씀보다 기다림이 더 많아야 한다"고 했다. 기도하는 것보다 더 어려운 것은 바로 기다리는 것이다.

기도에는 유효기간이 없다. 응답이 없다고 쓰레기통에 버려졌거나 폐기 처분된 것이 아니다. 다 쌓아 놓고 계신다. 때가 되면 다 이루어 주실 것이다. 기다림의 광야를 지날 때는 희망을 갖고 기다려야 한다.

앞서 살펴본 빅터 프랭클은 어떻게 홀로코스트에서 살아남을 수 있었는가? 그는 수용소에서 나와 자유의 몸이 되어 수많은 학생들 앞에서 강의하게 될 날이 오기를 기다리면서 그 안에서 열심히 운동하며 주어진 일들을 감당했다. 다른 사람들은 모두 죽음을 생각하고 있을 때 그는 살아서 나갈 생각을 하고 있었던 것이다. 그리고 마침내 그의 생각은 현실이 되었다.

그가 수용되어 있던 곳에서 1944년 크리스마스가 지난 후 두 주 사이에 많은 유대인들이 죽었다고 한다. 가스실로 끌려가서 죽은 것이 아니라 그냥 죽은 것이다. 이유가 무엇일까? 이번 성탄절에는 풀려나겠지 하는 막연한 기대와는 달리 아무런 일도 일어나지 않았기 때문이다. 이로 인해 희망을 잃은 많은 사람들이 정신력이 약해져 삶의 의미를 잃어버린 채 그렇게 죽어 나갔던 것이다. 그런데 안타까운 것은, 그 일이 있고 나서 4개월 후에 독일이 패망하게 되면서 죽음의 수용소에 갇혀 있던 유대인들이 다 풀려나게 되었다는 사실이다. 그들이 조금만 더 참고 견디며 희망을 포기하지 않았더라면….

빅터 프랭클은 포로수용소에서 한 작곡가를 만났다. 그는 꿈 이야기를 하면서 한 달 후면 살아서 나가게 될 것이라고 좋아했다고 한다. 한 달 뒤인 3월 30일에 독일 군이 항복하는 꿈을 꾼 것이었다. 그러나 3월 30일이 되었지만 아무런 일도 일어나지 않았다. 그리고 그 작곡가는 바로 다음 날인 1945년 3월 31일에 숨을 거두었다고 한다. 희망의 끈을 놓아 버리는 순간 죽고 만 것이다. 우리를 어려움 가운데서 버티게 해 주는 것은 바로 희망이다. 희망의 끈을 놓아 버릴 때 더 이상 버틸 수 없게 되고 만다. 무너지고 만다. 희망은 현실을 이겨 낼 수 있게 해 주는 힘이다. 어떤 절망적인 상황 가운데서도 희망을 포기하지 않고 기다리는 사람은 버텨 낼 수 있다. 견뎌 낼 수 있다.

"내가 여호와를 기다리고 기다렸더니 귀를 기울이사 나의 부르짖음을 들으셨도다"(시 40:1).

어떻게 했더니 하나님이 응답해 주셨는가? '기다리고 기다렸더니' 응답해 주셨다. 기다리고 기다리다 보면 하나님이 우리에게 '이삭'을 주실 날이 올 것이다. 지금까지 기다렸는데도 감감무소식인가? 한 달만 더 기다리면 될지도 모른다. 물론 1년을 더 기다려야 할지도 모른다. 어쩌면 10년을 더 기다려야 할지도 모른다. 아브라함은 이삭을 얻기 위해 25년을 기다렸다. 기도한다고 해서 그 시간이 줄어드는 것은 아닐 것이다. 그러나 기도하면 25년이라도 기다릴 수 있다. 아니, 기도해야 25년을 기다릴 수 있다. 이렇게 여호와를 기다리고 기다리면 마침내 '이삭'을 주실 것이다.

"여호와 앞에 잠잠하고 참고 기다리라"(시 37:7).

'이삭'을 주실 때까지 믿음으로 기도하며 기다리라. 눈물을 닦아 주고 웃음을 주실 때까지 기다리고 기다리라. 늦어지는 것 같아도 조급해하지 말고 잠잠히 참으며 기다리라. 하나님은 당신의 정하신 때에 우리에게 이삭을 주셔서 우리로 하여금 반드시 웃게 해 주실 것이다.

새벽 기도를 하려고 집을 나설 때는 사방이 컴컴하고 어둡다. 그러나 기도를 마치고 나오면 세상은 환히 밝아 있다. 우리가 어둠 속에서 기도하는 동안에 하나님은 아침을 만들고 계셨던 것이다. 인생의 한밤중에 기도할 때, 하나님은 우리를 위해 아침을 만들고 계신다. 인생의 어두운 환난과 고난과 좌절과 절망의 밤에 날이 밝아 오기를 기도하며 기다리는 사람들에게 하나님은 아침을 가져다주신다. 야곱처럼 얍복 강 나루터에서 밤새며 기도하다 보면 찬란한 브니엘의 새 아침이 동터 올 것이다. 기도하면 어둔 밤이 지나고 새 날이 밝아 올 것이다. 하나님은 침묵 가운데서 아무것도 하지 않고 가만히 계시는 것이 아니라 무엇인가를 준비하고 계신다. 인생의 어두운 밤을 걷고 있는 우리를 위해 하나님은 새 아침을 만들고 계신다.

하나님은 결코 서두르지 않으신다. 서두르지 말라. 조급해하지 말라. 광야는 서두른다고 빨리 빠져나올 수 있는 곳이 아니다. 광야에서는 누구나 오래 참고 기다려야 한다.

아브라함

광야에 들어가기 전	하란에서 하나님과 관계없이 살고 있었음
광야에 들어가게 된 동기	하나님의 약속을 받고 가나안에 가기 위해 들어옴
광야가 어떻게 시작되었는가?	기다려도 기다려도 아들을 주시지 않음
광야에서 무엇을 했는가?	믿음으로 기다리다 포기함
광야를 지나는 동안 하나님이 어떤 일을 하셨는가?	약속만 계속 하시고 그 약속을 지키지는 않으심
어떤 광야를 통과했는가?	기다림의 광야
광야를 어떻게 살아냈는가?	
언제 광야가 끝나게 되었는가?	마침내 아들 이삭을 주심
광야에서 나온 후 어떻게 되었는가?	믿음의 사람이 됨 아들 이삭을 바치라고 했을 때 순종함
왜 하나님이 광야에 들어가게 하셨는가?	그를 0으로 만드시기 위해서 아들 이삭을 주신 것은 100퍼센트 하나님이 하신 일임을 깨닫게 하기 위해서

기도로 흘린 눈물은
응답의 강물이 된다

"아이가 죽는 것을 차마 보지 못하겠다 하고
… 마주 앉아 바라보며 소리 내어 우니"

(창 21:16).

네게브 광야

이스마엘은 태어나지 말았어야 할 사람이었는가

사라가 하갈을 통해서라도 자식을 보자고 했을 때 아브라함은 어떻게
했는가?

"아브람이 사래의 말을 들으니라"(창 16:2).

우리는 아브라함이 사라의 말을 듣지 말았어야 했다고 생각한다. 그
러나 랍비들은 아브라함이 사라의 제안을 받아들인 것을 잘한 일이라
고 생각한다. 사라가 성령의 지시에 따라 그렇게 말한 것이라고 생각하
기 때문이다. 그리고 사라의 제안을 받아들인 것은 실로 위대한 결단이
었다고 생각한다. '하나님의 뜻이라면 종을 통해서라도 자식을 보겠소'
하면서 사라의 제안을 받아들였다는 것이다.

하갈은 임신을 하자 사라를 무시했고, 사라는 하갈을 못살게 굴었다. 그러자 견딜 수 없게 된 하갈은 임신한 몸으로 광야로 도망을 갔다. 하갈이나 배 속에 있는 이스마엘이 죽는 것은 시간문제다. 그런데 하나님은 하갈에게 집으로 돌아가서 아이를 낳으라고 지시하셨다.

이스마엘은 태어나지 말았어야 한다고 생각하는 사람들이 있다. 그러나 하나님의 뜻이 이스마엘이 세상에 태어나는 것이 아니었다면 왜 그런 지시를 하셨겠는가? 하나님은 이스마엘의 후손이 한 민족을 이룰 것이며 그들은 강대한 나라가 될 것이라고 약속하셨다.

"이스마엘에 대하여는 내가 네 말을 들었나니 내가 그에게 복을 주어 그를 매우 크게 생육하고 번성하게 할지라 그가 열두 두령을 낳으리니 내가 그를 큰 나라가 되게 하려니와"(창 17:20).

하나님은 아브라함의 자손으로 하여금 큰 민족을 이루게 해 주겠다고 약속하셨는데, 똑같은 약속을 이스마엘에게도 주신 것이다.

이스마엘이 자란 후 그는 사라에 의해 하갈과 함께 브엘세바 광야로 쫓겨나게 되었다. 그 이후 이스마엘의 삶에 대해 성경은 이렇게 말씀한다.

"하나님이 그 아이와 함께 계시매 그가 장성하여 광야에서 거주하며 활 쏘는 자가 되었더니"(창 21:20).

이스마엘은 아버지 아브라함과 사라에게 버림받았지만 하나님은 그를 버리지 않으셨다. 하나님은 아버지에게 버림받은 이스마엘과 함께 계셨다.

이스마엘의 탄생에 대해 성경은 어디에서도 부정적으로 말하고 있지 않다. 이스마엘을 버린 것은 아브라함이지 하나님이 아니시다. 하나님은 오히려 버림받은 이스마엘을 거두어 주셨다. 그런데 우리는 이삭은 택함 받고 이스마엘은 버림받았다고 생각한다. 하갈이 임신하자 사라가 하갈을 학대했기 때문이다.

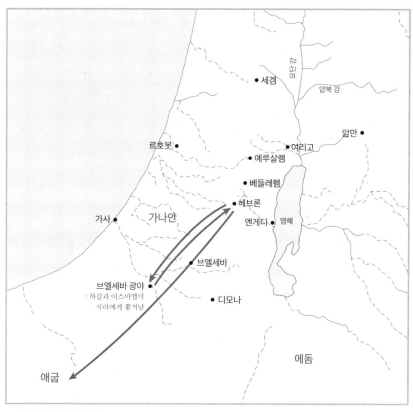

▷ 하갈과 이스마엘의 여정

"사래가 하갈을 학대하였더니 하갈이 사래 앞에서 도망하였더라"(창 16:6).

요셉을 알지 못하는 바로가 나타나 히브리인들을 학대했다. 히브리인들은 애굽 사람들의 학대에 못 이겨 결국 애굽에서 도망쳐(?) 나오게 되었다. 바로가 히브리인들을 학대했던 것처럼, 그래서 노예로 전락시키고 아들을 낳으면 다 죽였던 것처럼, 사라도 하갈을 그렇게 모질게 학대했다. 결국 하갈도 그 학대에 못 이겨 도망쳐 나오게 되었다. 종이 도망쳤다가 붙잡히면 죽임을 당한다. 하갈은 죽음을 각오하고 도망쳐 나온 것이다. 사라가 얼마나 심하게 학대했으면 죽을 각오를 하고 도망쳐 나왔겠는가? 더군다나 홀몸도 아닌데 말이다. 그렇다면 사라는 왜 하갈을 학대했을까?

"그가 자기의 임신함을 알고 나를 멸시하니"(창 16:5).

하갈이 임신하자 사라를 대하는 태도가 달라졌을 것이다. 이에 사라는 자존심이 상했을 것이고, 그래서 하갈을 학대했을 것이다. 물론 하갈도 잘못은 했다. 그러나 우리가 생각하는 것처럼 주인인 사라를 그렇게까지 멸시하지는 않았을 것이다. 주인의 아이를 갖게 되었지만 하갈은 여전히 종이기 때문이다. 하갈은 사라를 안하무인으로 대할 수 있는 신분이 아니었다. 다만 예전과는 다르게 사라를 대했을 것이다.

'멸시하다'로 번역된 '칼랄'(qalal)이라는 단어는 '저주하다'라는 뜻도 있지만 '가볍게 여기다, 경홀히 여기다, 중시하지 않다, 덜 존중하다'라는 뜻도 있다. 개역개정 성경은 이 단어를 '멸시하다'로 옮겼지만, 실제로 무시까지는 아닌, 예전보다 덜 존중하고 덜 고분고분한 정도였을 것이다. 그렇지 않아도 하갈이 남편의 아이를 잉태해서 마음이 심란한데 그녀가 자기를 무시하는 것처럼 느껴지니 사라가 하갈을 학대했던 것으로 보인다. 실제로 하갈이 사라를 무시했다기보다는 사라 자신이 그렇게 느낀 것으로 보아야 할 것이다.

우리는 여기서 하갈의 고충을 생각해 봐야 한다. 아이를 잉태한 것까지는 너무 좋았는데, 배가 불러 갈수록 마음이 심란해졌을 것이다. 하갈은 종이었기에 아이를 낳아도 엄마 소리를 들을 수 없었다. 아이를 낳아도 내 아이가 아닌 것이다. 그러니 얼마나 기가 막혔겠는가? 그러다 보니 하갈도 예민하게 되어 사라에게 고분고분하게 굴지 못했을 것이다. 그리고 그것이 사라의 눈에 자기를 멸시하는 것처럼 비쳤을 것이다.

하나님은 하갈에게 "네 여주인에게로 돌아가서 그 수하에 복종하라"(창 16:9)고 하셨다. 사라는 주인이고 하갈은 종이니 그 수하에 복종하는 것이 당연하지 않은가? 그러나 이 말씀은 주인의 권위에 순복하고 순종하라는 이야기가 아니다. 히브리어를 직역하면 '여주인에게로 돌아가서 그녀의 손아래서 계속 학대를 당하라'이다. 사라가 마음을 고쳐먹어 다시는 학대하지 않을 테니 안심하고 돌아가라는 것이 아니라, 사라가 계속 학대할 것이지만 그래도 돌아가서 학대를 참고 견디라는 것이다.

하갈은 하나님의 지시대로 돌아갔다. 그리고 사라에게 계속 학대를 받으며 살아야 했을 것이다. 그래도 하갈은 참고 견뎠다. 15년도 훨씬 넘게 그렇게 살아야 했다. 얼마나 어렵고 힘든 세월이었겠는가? 그래도 이스마엘 때문에 힘을 얻고 참으며 견딜 수 있었을 것이다. 하지만 결국은 사라가 하갈과 이스마엘을 내어 쫓았다.

"사라가 본즉 아브라함의 아들 애굽 여인 하갈의 아들이 이삭을 놀리는지라"

(창 21:9).

'놀리다'는 히브리어로 '차하크'(zaachach)인데, '웃다'라는 뜻을 함께 갖고 있다. 이삭이라는 이름도 여기에서 나왔다. 천사가 사라에게 아들을 낳을 것이라고 하자 사라가 '웃었다'. 이때 사용된 단어와 같은 단어다. 위의 본문에서는 피엘형 동사가 사용되었는데, 이렇게 되면 '놀다, 즐기다'라는 뜻이 된다. 그리고 이 단어 앞에 '베트'(bet)라는 히브리 알파벳이 붙으면 '조롱하다'라는 뜻이 된다. 따라서 위의 본문에서는 이스마엘이 이삭과 노는 것을 본 것이지, 이스마엘이 이삭을 조롱하는 것을 본 것은 아니다. 공동번역에는 이렇게 번역되어 있다.

"그런데 사라는 애굽 여자 하갈이 아브라함에게 낳아 준 아들이 자기 아들 이삭

과 함께 노는 것을 보고"(창 21:9).

RSV에서도 "playing with her son Isaac"으로 옮겼다. 70인역 헬라어 성경에서도 "이삭과 사냥을 하면서 노는 것을 보고"로 옮겼다. 유대인들의 성경에도 '놀다'로 번역되어 있다. 하지만 대부분의 성경에서는 '조롱하다'로 옮겨졌는데, 이는 바울이 갈라디아서에서 이스마엘이 이삭을 학대했다고 한 구절을 염두에 두고 번역한 것으로 보인다(갈 4:29). 그러나 본문에서 이스마엘의 행동은 '조롱'의 의미로 볼 수 없다.

이스마엘은 이삭을 희롱한 것이 아니라 이삭과 함께 놀고 있었다. 하지만 백번 양보해서 희롱했다고 하자. 그것이 그렇게 심각한 문제인가? 사실 이스마엘과 이삭은 열네 살 차이가 난다. 놀리고 말고 할 게 뭐가 있겠는가? 이스마엘이 이삭과 함께 놀아 주는 것만도 사라가 고마워해야 할 일이다. 그렇다면 사라는 왜 노는 모습을 보고 그를 내쫓을 생각을 한 것일까? 사라가 진짜 걱정했던 것은 상속 문제 때문이었다.

"이 여종과 그 아들을 내쫓으라 이 종의 아들은 내 아들 이삭과 함께 기업을 얻지 못하리라"(창 21:10).

이스마엘과 이삭은 나이 차이가 있으니 이삭은 늘 형 이스마엘을 졸졸 따라다니며 형이 하라는 대로 했을 것이다. 그게 사라의 눈에는 곱게 보였을 리가 없다. '이러다가 내가 죽으면 내 아들은 어떻게 될까?' 덜컥 걱정이 생긴 것이다. 이삭이 아브라함의 뒤를 이어야 하는데 잘못하면 이스마엘이 뒤를 이을지도 모른다는 생각이 든 것이다. 그래서 내쫓을 생각을 한 것이다.

이렇게 해서 이스마엘과 하갈은 집에서 쫓겨나게 되었다. 그런데 하루 치 빵과 물만 줘서 내보냈다. 세상에 어떻게 그럴 수 있는가? 아브라함이 얼마나 부자인가? 그 집에 부리는 사람들이 얼마나 많은가? 최소한 나귀에 한 달 치 양식은 실어서 내보내야 하는 것 아닌가? 더군다나 광야로 들어가는데 나귀 한두 마리는 줘서 내보내야 하는 것 아닌가? 그런데 달랑 물과 빵만 줘서 내보냈다. 그냥 내보낸 것이 아니라 나가 죽으라고 쫓아낸 것이다. 실제 브엘세바 광야로 하룻길쯤 걸어 들어가

▶ 하갈과 이스마엘이 쫓겨난 브엘세바(Beersheba) 광야

자 물이 떨어져 하갈과 이스마엘이 죽을 뻔하지 않는가?

아브라함과 사라가 한 일을 보라. 필요할 때는 대리모로 들이더니 필요가 없어지자 첩으로 학대하고 종 부리듯 하다가 내어 쫓기까지 했다. 성경에서 가장 큰 갑질을 한 사람들은 바로 아브라함과 사라다. 하갈과 이스마엘은 을로서 당하고만 살았다.

만일 그 광야에서 하나님이 구해 주시지 않았다면, 그래서 하갈과 이스마엘이 죽었다면 누가 죽인 것인가? 사라가 죽인 것이다. 아브라함이 죽인 것이다. 남편이 죽인 것이며, 아버지가 죽인 것이다. 아브라함과 사라가 어떤 사람들인가? 하나님이 선택하신 사람들이다. 하나님이 언약을 맺으신 사람들이다. 하나님이 당신의 나라를 세우기 위해 부르신 사람들이다. 그런데 그런 사람들이 을에게 갑질을 한 것이다. 만일 하나님이 광야로 쫓겨난 하갈과 이스마엘을 찾아오시지 않았다면 그들은 하나님을 영원히 섬기지 않았을 것이다.

사라는 아들을 낳고는 '하나님이 나로 웃게 하셨다'고 해서 아들의 이름을 이삭이라고 지었다. 그러나 사라는 웃었지만 그녀 때문에 하갈과 이스마엘은 피눈물을 흘려야 했다. 자기는 웃으면서 남의 눈에 피눈물을 흘리게 한 것이다. 샤갈(Marc Chagall)의 작품 중에 아브라함이 이삭을 바치는 장면을 그린 〈이삭의 희생〉이라는 그림이 있는데, 그 그림을 보면 아브라함은 이삭 위로 칼을 내리꽂으려 하고 있고, 한 여인은 멀리서 지켜보며 통곡하고 있다. 그 여인이 누구일까? 사라다. 물론 사라는 모리아 산에 가지 않았다. 그러나 샤갈은 사라가 아들의 죽음을 멀리서 지켜보고 있는 것으로 그렸다.

사라는 아들에게 다가갈 수 없었다. 아들이 죽어 가는데 해 줄 수 있는 것이 하나도 없었다. 그저 통곡하며 아들의 죽음을 지켜봐야만 했다. 샤갈은 자신의 그림에 사라가 통곡하는 장면을 그려 넣음으로써 많은 것을 말해 주고 있다. 하갈이 죽어 가는 이스마엘을 바라보면서 통곡했듯이, 사라도 죽을 뻔한 아들 이삭 때문에 통곡해야 했다. 하갈에게 피눈물을 흘리게 한 사라 자신 역시도 피눈물을 흘리게 된 것이다.

아브라함은 어땠는가? 이삭을 위해 이스마엘을 버렸더니 하나님이 그에게 이삭을 달라고 하셨다. 아들 둘 가운데 하나는 버리고 하나만 남았는데 그 하나를 하나님이 바치라고 하시는 것이다. 하나님에게 이삭을 바치려 할 때 그의 심정이 어땠을까? 하갈이 남편에게 버림받고 광야로 쫓겨날 때 죽어 가는 아들을 바라보며 느꼈던 바로 그 심정이 아니었을까?

"아이가 죽는 것을 차마 보지 못하겠다 하고 … 마주 앉아 바라보며 소리 내어 우니"(창 21:16).

아브라함도 이삭을 죽이기 위해 모리아 산으로 올라가면서, 그 아들을 결박시키면서, 그리고 그 아들에게 칼을 내리꽂으려 바라보면서 똑같은 일을 당해야 했다.

광야에서의 탄식을 들으시는 하나님

하나님이 친히 이름을 지어 주신 최초의 사람은 누구인가? 이스마엘이다. 이스마엘은 '하나님이 들으시다'라는 뜻으로 사무엘이라는 이름과 같은 뜻을 갖고 있다. 이 이름은 하갈이 이스마엘을 임신한 후 사라의 학대에 못 이겨 광야로 도망쳤을 때 하나님이 지어 주신 것이다.

"그 이름을 이스마엘이라 하라 이는 여호와께서 네 고통을 들으셨음이니라"(창 16:11).

하나님이 엄마(하갈)의 고통 소리를 들으시고 아들의 이름을 이스마엘이라고 지어 주셨던 것이다.

이삭이 태어나 젖을 뗄 무렵, 이스마엘은 하갈과 집에서 쫓겨나 광야로 들어갔다. 그런데 물이 떨어져 죽게 되었다. 하갈은 이스마엘을 나무 그늘 아래 있게 하고 조금 떨어진 곳으로 가서 통곡했다. 죽어 가는 자식을 눈뜨고 볼 수 없었던 것이다. 자식이 죽어 가는 것을 바라봐야만 하는, 아무것도 해 줄 수 없는 어미의 마음이 어떠했을까? 하나님도 그런 하갈을 그냥 두고 보실 수만은 없었던지 천사를 보내 주셨다. 그런데 성경은 어미의 통곡하는 소리가 아니라 아이의 울음소리를 들으셨다고 말씀한다.

> "하나님이 그 어린 아이의 소리를 들으셨으므로 하나님의 사자가 하늘에서부터 하갈을 불러 이르시되 하갈아 무슨 일이냐 두려워하지 말라 하나님이 저기 있는 아이의 소리를 들으셨나니 일어나 아이를 일으켜 네 손으로 붙들라 그가 큰 민족을 이루게 하리라 하시니라"(창 21:17-18).

바로의 학대에 못 이겨 히브리인들이 탄식하며 못살겠다고 부르짖었다. 그러자 "하나님이 그들의 고통 소리를 들으시고"(출 2:24) 모세를 보내셨다.

> "이제 가라 이스라엘 자손의 부르짖음이 내게 달하고 애굽 사람이 그들을 괴롭히는 학대도 내가 보았으니"(출 3:9).

이렇게 해서 출애굽의 역사가 시작되었다.

하갈도 마찬가지였다. 여주인 사라의 학대에 못 이겨 부르짖었다. 그러자 하나님이 그 고통 소리를 들으시고(창 16:11) 천사를 통해 하갈을 위로하신 후 집으로 돌아가서 이스마엘을 낳게 하셨다. 세월이 흘러 하갈이 아들과 함께 광야로 쫓겨나 물이 떨어져 죽게 되었을 때도 그들은 부르짖었다. 그러자 하나님이 그 소리를 들으시고 그들을 구하시려 천사

▶ 〈광야의 하갈〉(장 밥티스트 카미유 코로[Jean Baptiste Camille Corot, 1796-1875])

를 보내 주셨다. 결국 그들은 샘을 발견하고 살아나게 되었다.

　이삭은 '웃다'라는 뜻이다. 이삭의 하나님은 웃게 하시는 하나님이다. 그러나 하나님은 이삭의 하나님이실 뿐만 아니라 이스마엘의 하나님이시기도 하다. 우리의 기도 소리는 물론이고 고통 소리, 신음 소리, 탄식 소리, 울음소리까지 듣는 하나님이시다.

　장 밥티스트 카미유 코로(Jean Baptiste Camille Corot)의 〈광야의 하갈〉을 보면 아이는 힘없이 누워 죽어 가고 있다. 하갈은 땅바닥에 엎드려 얼굴을 묻고 통곡하는 것이 아니라 하늘을 바라보며 부르짖고 있다. 그렇다. 광야는 하늘 외에는 바라볼 데가 없는 곳이다. 광야에서는 하늘을 바라보아야 산다. 하나님을 바라보아야 산다.

여기 누워 있는 아이의 이름이 무엇인가? 이스마엘이다. 하나님이 들으신다는 뜻이다. 하나님이 그의 소리를 들으셨다. 하나님이 그의 어머니의 소리를 들으셨다. 그래서 광야에서 살아남을 수 있었던 것이다. 광야에서는 부르짖어야 한다. 기도해야 한다. 그래야 살 수 있다.

시편에 나오는 다윗의 거의 모든 시는 기도로 이루어져 있는데, 대부분이 '하나님, 저 좀 살려 주세요'라는 기도다. 다윗은 사울에게 쫓기며 하루하루를 불안하게 살았다. 사울에게 붙잡히면 내일을 장담할 수 없다. 그러니 아침에 일어나고 저녁 잠자리에 들 때마다 '하나님, 살려 주세요'라는 기도를 할 수밖에 없는 것이다.

하나님에게 살려 달라고 기도해 본 적이 있는가? 없다면 감사해야 한다. 하나님에게 살려 달라고 기도할 때, 그때 우리는 깊은 광야 속으로 들어와 있는 것이다.

엘리야는 죽고 싶다고 탄식했다. '하나님, 저 살고 싶지 않아요. 저 좀 데려가 주세요.' 이런 기도는 살려 달라는 기도보다 더 절망적인 상황에서 드리는 기도다. 살려 달라는 기도는 그래도 희망을 가지고 하는 기도다. 그러나 죽고 싶다는 기도는 삶을 포기하고 싶을 정도로 절망적인 상황에 처해 있을 때 나오는 기도다. 살려 달라고 기도하는 사람보다 더 깊은 광야로 들어갈 때 나오는 기도다.

살아가면서 살려 달라는 기도나 죽게 해 달라는 기도를 드리는 일이 없게 되기를 바란다. 그러나 하나님은 우리가 그런 기도를 드릴 수밖에 없는 상황에 처했을 때 우리를 찾아오신다. 임신한 하갈이 광야로 도망쳐 나왔을 때, 그리고 후에 이스마엘과 함께 쫓겨나 광야에서 방황하고 있을 때 하나님은 그들을 찾아오셨다. 엘리야가 광야에 들어가 죽고 싶다고 하소연할 때 하나님이 그를 찾아오셨다. 가장 절박한 순간에 찾아오신 것이다.

하나님의 이름은 하나님의 속성을 잘 말해 준다. 성경에서 가장 먼저 '하나님은 이런 분이십니다'라고 고백한 사람이 누구인가? 아브라함인가? 아브라함은 모리아 산에서 하나님을 '여호와 이레'의 하나님이라고 고백했다. 그런데 그 이전에 고백한 사람이 있다. 바로 하갈이다.

"하갈이 자기에게 이르신 여호와의 이름을 나를 살피시는 하나님이라 하였으니 이는 내가 어떻게 여기서 나를 살피시는 하나님을 뵈었는고 함이라"(창 16:13).

하갈이 만난 하나님은 '나를 살피시는 하나님'이었다. 그는 '나를 살피시는 하나님'을 광야에서 만났다. 히브리어로는 '엘 로이'(El Roy)로서 '보시는 하나님'이라는 뜻이다. '하나님, 내가 학대받는 것을 다 보고 계셨군요. 내가 고통당하는 것을 다 보고 계셨군요. 내 억울한 사정을 다 알고 계셨군요. 하나님이 다 보고 계시다는 것을 저는 몰랐습니다. 하나님이 다 알고 계신다는 것을 저는 몰랐습니다.' 그래서 하나님에게 '엘 로이'라는 이름을 붙여 드렸다. 이것이 성경에 맨 처음 나오는 하나님의 이름이다.

하갈이 광야에서 울부짖는 모습은 엘리야를 연상시킨다. 엘리야는 이세벨을 피해서 브엘세바까지 도망을 갔다. 거기서 광야로 하룻길을 더 들어가 로뎀 나무 아래에 누워 죽고 싶다고 하소연했다. 하갈과 이스마엘은 브엘세바에서 쫓겨나 광야로 들어갔다. 엘리야가 로뎀 나무 아래에 누워 죽고 싶다고 한 곳과 하갈과 이스마엘이 물이 떨어져 죽게 되었다고 탄식한 곳은 브엘세바에서 얼마 떨어지지 않은 네게브 광야로 같은 지역이다. 하갈은 거기 있는 관목 덤불 아래에 이스마엘을 두고 좀 떨어진 곳에 가서 죽어 가는 아들을 바라보며 통곡했다. 그 관목 덤불도 엘리야가 찾아갔던 로뎀 나무와 비슷한 종류의 식물이다.

엘리야는 죽고 싶다고 탄식하며 기도했다. 그러자 하나님이 천사를 통해서 그에게 빵과 물을 공급해 주셨다. 하갈과 이스마엘은 살려 달라고 탄식하며 부르짖었다. 그러자 하나님이 천사를 보내어 물을 공급해 주셨다. 엘리야는 음식을 먹고 힘을 얻어 애굽의 시내 광야에 있는 호렙 산으로 갔다. 하갈과 이스마엘도 물을 마시고 이동해 바란 광야에 정착하게 되었는데, 바란 광야도 시내 광야에 위치하고 있다. 하갈와 엘리야 두 사람의 이야기가 너무나 비슷하지 않은가?

엘리야는 가장 많은 기적을 행한 예언자다. 죽음을 보지 않고 하늘로 올리어 간 사람이다. 그러나 하갈과 이스마엘은 종이며 종의 아들이다. 쫓겨난 사람들이다. 버림받은 사람들이다. 신분으로 말하자면 엘리야와 하갈은 비교할 수 없다. 그런데 하나님은 그들을 똑같이 대해 주셨다. 똑같이 돌보아 주셨다. 똑같이 살려 주셨다. 하갈과 같은 사람도, 그리고 나 같은 사람도 엘리야처럼 대해 주시는 하나님! 공평하신 하나님! 차별 없이 대하시는 하나님! 엘리야의 하나님이 하갈의 하나님이고, 하갈의 하나님이 우리의 하나님이시다.

하갈

	첫 번째 광야	두 번째 광야
광야에 들어가기 전	아브라함의 씨받이가 됨	이스마엘을 낳음
광야에 들어가게 된 동기	사라를 무시함	이스마엘이 이삭을 놀리는 것을 보고 사라가 내어 쫓음
광야가 어떻게 시작되었는가?	집에서 쫓겨남	집에서 쫓겨남
광야에서 무엇을 했는가?	애굽으로 돌아가고 있었다	
광야를 지나는 동안 하나님이 어떤 일을 하셨는가?	천사를 통해 약속을 주심	샘물을 발견하게 하심 하나님이 함께하심
어떤 광야를 통과했는가?	내어 쫓김	내어 쫓김 버림받음
광야를 어떻게 살아냈는가?		울부짖어 기도함
언제 광야가 끝나게 되었는가?		요단 동편에 정착함
광야에서 나온 후 어떻게 되었는가?		한 민족을 이루게 됨
왜 하나님이 광야에 들어가게 하셨는가?		아브라함을 통해 여러 민족이 나오도록 하기 위해

하나님은 이삭의 하나님이실 뿐만 아니라
이스마엘의 하나님이시기도 하다.
우리의 기도 소리는 물론이고 고통 소리, 신음 소리,
탄식 소리, 울음소리까지 듣는 하나님이시다.

하나님은 인생의 함정을
보석함이 되게 하신다

"그를 광야 그 구덩이에 던지고"

(창 37:22).

애굽 고센

빠져나올 수 없는 인생의 구덩이

우리가 잘 알고 있는 요셉 이야기는 요셉이 '구덩이'에 던져지는 사건으로부터 시작한다. 요셉은 형제들에 의해 구덩이에 던져지고, 애굽으로 팔려가고, 보디발의 집에서 노예로 일하다가, 억울한 누명을 쓰고 감옥에 갇혔다가, 바로의 꿈을 해몽해서 애굽의 총리가 된다.

요셉이 던져진 구덩이가 있던 곳은 도단이었다. 도단은 이스라엘에서 가장 비옥한 이즈르엘 평야의 최남단에 위치하고 있다. 그런데 성경은 요셉이 '광야 구덩이'에 던져졌다고 말씀한다(창 37:22). 어떻게 된 것인가? 여기에서 광야는 지리적인 용어가 아니라 상징적인 의미로 사용한 것으로 보인다. 요셉이 구덩이에 던져짐으로 인해 광야로 들어가게 되었다는 사실을 독자들에게 알려 주기 위해 '광야 구덩이'라고 표현한 것 같다.

이런 비슷한 예가 또 하나 있다. 예수님이 오병이어의 기적을 행하신 곳은 갈릴리 호수 북쪽이다. 이곳은 나지막한 산으로 이루어져 있으며 비교적 기름진 곳이다. 그런데 성경은 예수님이 '빈 들'에서 오병이어의 기적을 행하셨다고 기록하고 있다(막 6:35; 눅 9:12). 빈 들로 옮겨진 헬라어는 '에레모스'(eremos)로서 광야를 뜻한다. 오병이어의 기적이 광야에서 행해졌다는 것이다. 지리적으로는 광야가 아닌데 왜 광야라고 했을까? 오병이어의 기적은 광야에서의 만나를 연상시킨다. 실제로 예수님은 오병이어의 기적을 행하신 후에 광야에서 만나를 내려 주신 사건에 대해 설교하셨다. 이는 이 사건을 읽는 독자들이 오병이어의 기적을 광야에서 내려 주신 만나와 연관시킬 수 있게 하려고 의도적으로 이 사건이 '광야'에서 일어났다고 표현한 것으로 보인다.

이스라엘에는 샘이 거의 없다. 지반이 암반층으로 이루어져 있어 비가 와도 물이 다 흘러내려가 버리고 땅에 스며들지 않기 때문이다. 그래서 물을 저장할 수 있는 웅덩이들을 파야 했는데, 요셉이 던져진 구덩이는 바로 이런 웅덩이였다. 천만다행히도 요셉이 던져진 구덩이에는 물이 없었다(창 37:24). 웅덩이는 겨울에 비가 오면 가득 차고 여름이 지나 가을이 다가오면 물을 거의 다 쓰게 되어 비게 되는데, 요셉이 구덩이에 던져진 때는 한여름을 지나 가을로 가는 길목이었을 것이다. 만일 이 일이 봄이나 초여름에 발생했다면 요셉은 웅덩이에 던져지자마자 물에 빠져 죽고 말았을 것이다.

요셉에게 있어 두 번째 구덩이는 보디발의 집이다. 그곳에서 요셉은 10년 넘게 종살이를 해야 했다. 노예나 다름없었다. 노예는 절대 자신의 힘으로는 노예의 신분에서 벗어날 수 없다. 평생 노예로 살다가 죽어야 한다. 요셉은 이렇게 다시 한 번 빠져나올 수 없는 구덩이에 던져지게 된다.

보디발의 집에서 인정받으며 살고 있는 요셉을 보디발의 아내가 날이면 날마다 유혹했다. 그러나 요셉은 매번 단호하게 거절했다. 이에 앙심을 품은 보디발의 아내는 요셉이 자신을 겁탈하려 했다며 누명을 씌웠고, 이 일로 요셉은 감옥에 던져지게 되었다.

보디발은 당장 그 자리에서 요셉을 죽일 수 있었다. 그런데 죽였는가? 아니다. 살려 주었다. 그렇다면 그는 요셉을 왜 죽이지 않고 감옥에 넣었을까? 랍비들은 이렇게 설명한다. 아내가 보여 주는 옷을 살펴본 보디발은 아내가 거짓말을 하고 있다는 사실을 바로 알아차렸다. 그녀 말대로라면 요셉의 옷은 앞에서 찢어져 있어야 했다. 그런데 뒤에서 찢어져 있었다. 도망가는 요셉을 도망가지 못하도록 뒤에서 붙잡다가 옷이 벗겨졌기 때문이다. 보디발은 그녀가 무슨 짓을 했는지 바로 눈치 챘지만 내색할 순 없었다. 사실대로 밝히면 집안 망신에 자기 체면도 말이 아니기 때문이다. 그래서 그는 모든 것을 묻어 두기로 하고 요셉을 감옥에 가두는 선에서 일을 마무리한 것이다.

이렇게 그는 더 깊은 구덩이에 던져졌다. 감옥에 던져진 것이다. 요셉이 갇혔던 감옥은 어떤 곳이었을까? 요셉은 자신이 꿈을 해몽해 준 신하에게 이렇게 말한다.

"나는 히브리 땅에서 끌려온 자요 여기서도 옥에 갇힐 일은 행하지 아니하였나이다"(창 40:15).

앞의 말씀에서 '옥'은 히브리어로 '보르'(bor)인데, 이는 구덩이를 의미하는 단어다. 다시 말해서, 요셉이 갇혔던 감옥은 구덩이였다는 것이다. 고대의 많은 감옥들이 바로 이런 구덩이였다. 예레미야 선지자가 갇혔던 감옥도 구덩이였다(렘 38:6). 요셉은 이 구덩이 감옥에서 바로의 신하의 꿈을 해몽하게 되고, 그를 통해 바로의 꿈을 해몽하게 되어 결국엔 총리의 자리까지 오를 수 있게 된다.

이처럼 요셉은 세 번씩이나 빠져나올 수 없는 구덩이에 던져졌다. 하지만 하나님은 요셉이 구덩이에 던져질 때마다 그를 꺼내 주셨다. 한 번도 아니고 두 번도 아니고 세 번씩이나 말이다.

요셉이 애굽의 총리가 된 후에 아버지를 장사 지내기 위해 가나안으로 잠시 돌아온 적이 있었다. 유대인들의 전승에 따르면, 그때 요셉은

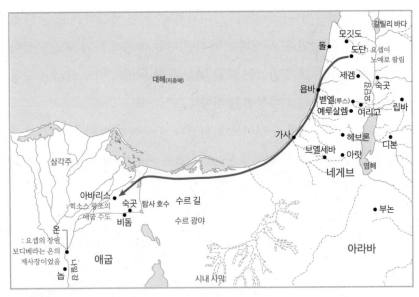

▷ 요셉의 여정

그가 던져졌던 구덩이를 지나가게 되었다고 한다. 요셉은 잠시 가던 발걸음을 멈추고는 그 구덩이에 가까이 가서 생각에 잠겼다. 그 구덩이가 어떤 구덩이인가? 형제들이 그를 죽이려고 던져 넣은 구덩이가 아닌가? 밤마다 꿈속에서 그 구덩이에 빠져 살려 달라고 소리치며 시달리던 그 구덩이가 아닌가? 생각하기도 싫은 과거가 아닌가? 그런데 요셉은 그 구덩이를 향해 축복하고 하나님에게 감사를 드렸다고 한다. 그 구덩이에 던져짐으로써 때문에 결과적으로는 바로의 다음가는 자리까지 올라갈 수 있었기 때문이다.

요셉의 성공 신화

우리는 인생의 밑바닥까지 내려갔다가 정상의 자리로 올라간 요셉 이야기를 좋아한다. 그러나 요셉 이야기의 핵심은 그가 어떻게 꿈을 이루었는가가 아니다. 요셉에 관한 이야기는 창세기 37장부터 50장까지 모두 열네 장에 걸쳐 나오는데, 그중 요셉이 구덩이에 던져져 애굽의 총리가 되기 전까지의 이야기가 네 장에 걸쳐 나오고, 요셉은 창세기 41장에 가서야 총리가 된다. 하지만 요셉 이야기는 거기서 끝나지 않는다. 요셉이 총리가 된 이야기는 결말이 아니라 이야기의 시작일 뿐이다. 그다음 이야기가 아홉 장에 걸쳐 전개되고 있다.

　요셉 이야기는 총 2부로 이루어져 있다.

1부(창 37-41장)

발단 – 형제들의 시기로 구덩이에 던져진다.

전개 – 애굽에 팔려가 노예가 된다.

위기 – 누명을 쓰고 감옥에 갇힌다.

절정 – 바로의 꿈을 해몽한다.

결말 – 애굽의 총리가 된다.

2부(창 42-50장)

발단 – 가나안에 흉년이 든다.

전개 – 요셉의 형제들이 양식을 구하러 애굽에 내려왔다가 요셉을 만난다.

위기 – 아버지 야곱을 모시고 오게 하기 위해 술책을 써서 베냐민을 붙잡아 둔다.

절정 – 야곱의 가족이 애굽으로 모두 내려온다.

결말 – 요셉 덕에 가족이 애굽에 잘 정착해 살게 된다.

　　세월이 흘러 아브라함 가문이 한 민족을 이루게 된다.

　어느 드라마나 소설이든 1부는 도입 부분이다. 결론은 2부에 나온다. 2부를 위해 1부가 있는 것이다. 그런데 우리는 요셉 이야기의 1부만을 계속 이야기한다. 우리의 관심이 요셉처럼 성공하는 데 있기 때문이다.

　요셉으로 하여금 총리가 되게 하신 분은 하나님이시다. 그것이 하나님의 계획이었다. 장차 대기근이 닥칠 것인데, 아브라함과 이삭과 야곱에게 주신 '씨'의 약속(한 민족을 이루게 해 주겠다)을 이루려면 아브라함의 자녀들을 애굽으로 보내야 했다. 그러려면 애굽을 기근에서 구해야 했기에 그 일을 위해 먼저 요셉을 애굽에 보내신 것이다. 결국 요셉이 애굽에서 총리가 되어 기근으로 인해 위기에 처한 가족들을 애굽으로 이민 오게 해 그곳에 잘 정착해 살 수 있게 하고, 훗날 그 씨가 번성해서 한 민족을 이루게 된다. 이렇게 해서 씨에 대한 약속이 이루어지게 된다.

성경은 이것을 이야기하기 위해 요셉 이야기를 기록한 것이다. 요셉 이야기의 주제는 성공이 아니라 구원이다. 우리의 꿈의 성취가 아니라 하나님의 언약의 성취다. 그런데 우리는 노예로 팔려간 요셉이 애굽의 총리가 되었다는, 정상의 자리에 올라가게 되었다는 이야기만 하고 있지는 않은가?

사실 요셉 이야기는 꿈, 성공, 형통과는 별다른 관계가 없다. 요셉이 꿈을 꾸었는가, 아니면 하나님이 그에게 꿈을 주셨는가? 요셉이 노력해서 인생의 정상의 자리에 올랐는가, 아니면 하나님이 그 자리에 올라가게 하셨는가? 요셉이 형통한 자가 되어 잘 먹고 잘 살았는가, 아니면 하나님이 당신의 구원 계획을 이루기 위해 요셉으로 하여금 애굽의 총리가 되게 하셨는가?

수많은 자기 계발서들이 자수성가하는 법을 알려 준다. 그러나 요셉은 신수성가(神手成家)한 사람이다. 하나님 때문에 정상의 자리에 올라간 사람이지, 노력해서 그 자리에 올라간 사람이 아니다. 요셉에게 물어보라. 어떻게 성공할 수 있었는지. 요셉은 별로 할 말이 없을 것이다. 그가 노력해서 얻은 성공이 아니기 때문이다.

요셉은 원래부터 성공하게 되어 있는 인물이었다. 하나님이 그를 성공시키려고 구덩이에 빠지게 하셨던 것이고, 노예로 팔려가게 하셨던 것이고, 감옥에 갇히게 하셨던 것이다. 그래서 애굽의 총리가 되었고, 그래서 가족들 모두 애굽으로 초청해 그곳에서 아브라함의 후손들이

200만 명으로 늘어나 한 나라를 이루게 하셨던 것이다. 이 일을 위해 요셉을 선택하시고, 이 일을 위해 요셉으로 하여금 그 모든 과정을 겪게 하셨던 것이다. 그것을 우리에게 대입시키려 해서는 안 된다. 우리가 요셉처럼 산다고 요셉처럼 성공하게 되는 것은 아니다.

요셉의 형통

"여호와께서 요셉과 함께하시므로 그가 형통한 자가 되어 그의 주인 애굽 사람의 집에 있으니"(창 39:2).

"그의 주인이 여호와께서 그와 함께하심을 보며 또 여호와께서 그의 범사에 형통하게 하심을 보았더라"(창 39:3).

"간수장은 그의 손에 맡긴 것을 무엇이든지 살펴보지 아니하였으니 이는 여호와께서 요셉과 함께하심이라 여호와께서 그를 범사에 형통하게 하셨더라"(창 39:23).

성경은 요셉이 종으로 팔려왔음에도 형통했다고 말씀한다. 억울한 누명을 쓰고 감옥에 갇혀 있는데 형통했다는 것이다. 세상에서는 이런 사람을 보고 형통했다고 말하지 않는다. '형통'은 히브리어로 '찰라흐'(tsalach)인데, 이 말의 원뜻은 이렇다. '모든 막힌 것들을 뚫고 나가는 것(go through), 강을 건너는 것(cross over), 산을 넘어가는 것(go over), 앞으로 나아가는 것(go forward), 장애물을 극복하는 것, 돌진하는 것(rush), 돌파하는 것(break out), 공격하는 것(attack), 잘 마치는 것(to finish well).'

▶ 〈바로의 꿈을 해석하는 요셉〉(폴 구스타프 도레[Paul Gustave Doré , 1832-1883])

"그와 함께하여 요단 강을 밟고 건너 왕 앞으로 나아오니라"(삼하 19:17).

여기에서 강을 '밟고 건너'로 옮긴 히브리어가 '찰라흐'인데, 바로 이
것이 형통을 의미하는 단어다. 강으로 가로막혀 있지 않은 것이 아니라,
가로막혀 있는 강을 건너가는 것이 형통이라는 것이다. 강이 막혀 건너
지 못하면 불통, 그 강을 건너면 형통이라 생각했던 것이다.

요셉은 모든 난관을 돌파해 나갔다. 빠져나올 수 없는 구덩이에 던져
졌으나 살아서 나왔고, 노예로 팔려갔으나 장군의 집에서 총무 일을 보
았고, 보디발의 아내가 누명을 뒤집어씌워 죽이려 했으나 죽지 않고 감
옥에 던져졌으며, 살아서는 나오기 힘든 감옥에 들어갔으나 살아서 나
왔다. 이런 요셉을 성경에서는 형통했다고 말씀한다.

형통은 막힘이 없고, 장애물이 없고, 하는 일마다 잘되고, 계속 파란 신호등이 들어오며, 금수저 인생을 사는 것이 아니다. 고난이나 고통 또는 어려운 일이 없는 것이 아니라, 역경을 극복하고 나아가는 것이다. 장애물이 있어도 그것을 잘 뚫고 헤쳐 나가고 있다면 형통한 것이다. 광야를 지나고 있어도 잘 버티고 있다면 형통한 것이다.

누가 봐도 노예로 팔려간 요셉은 형통한 사람이 아니었다. 억울하게 누명을 뒤집어쓰고 감옥에 갇혀 있는 요셉은 형통한 사람이 아니었다. 하지만 그는 사실 형통함 가운데 있었다. 다 잘되는 가운데 있었다. 구덩이(pit)에서 시작해서 왕궁(palace)으로 가는 중이었던 것이다.

잘되는 것이 하나도 없는 것처럼 보여도 사실은 잘되고 있는 중일 수 있다. "하나님을 사랑하는 자 곧 그의 뜻대로 부르심을 입은 자들에게는 모든 것이 합력하여 선을"(롬 8:28) 이루기 때문이다. 모든 것이 합력해서 선을 이루는 것, 이것이 바로 형통이다. 요셉이 바로 그런 삶을 살았다.

세상 사람들은 '만사형통'(萬事亨通)을 이야기한다. 그러나 성경은 만사형통이 아니라 '만사협통'을 이야기한다. 만사협통이란 모든 것이 협력해서 선을 이루는 것을 말한다. 요셉의 형제들이 요셉을 죽이려고 구덩이에 던져 넣었다. 애굽에 노예로 팔려갔다. 억울하게 누명을 쓰고 감옥에 던져졌다. 그런데 완성되어진 요셉의 그림을 보니 요셉이 어디에 있는가? 아직도 구덩이에 있는가? 아직도 종살이를 하고 있는가? 옥에 갇혀 있는가? 아니다. 바로의 왕궁에 앉아 있다. 누가 이런 그림을 그린 것인가? 하나님이시다. 모든 것이 합력해서 선을 이루게 하시는 하나님이 그런 그림을 그려 주신 것이다.

요나가 하나님을 피해 도망가려고 욥바로 내려갔다가 "마침 다시스로 가는 배를"(욘 1:3) 만난다. '마침' 그 배가 거기 있어서 그 배를 탔다는 것이다. 하지만 '마침'이라는 단어는 히브리 성경에 등장하지 않는다. 한글 성경에만 나온다. 만일 그 배가 한 시간 전에 출발했다고 하자. 그러면 요나는 도망가지 못했을 것이다. 그런데 '마침' 그 배가 떠나려는 찰나에 욥바에 도착해서 무사히 배를 탈 수 있게 된 것이다.

그러나 그 배가 거기에 없었다면 풍랑을 만나지도 않았을 것이고, 바다에 던져지지도 않았을 것이고, 물고기 배 속에 들어가지도 않았을 것이다. 마침 그 배가 거기 있었던 것이 요나에게는 잘된 일이 아니었다. 요나처럼 잘되고 있는 것처럼 보여도 사실은 안 되고 있는 중일 수 있고, 요셉처럼 안 되고 있는 것처럼 보여도 사실은 잘되고 있는 중일 수 있다. 지금 안 되고 있는 것처럼 보인다고 해서 불통한 것도 아니고, 지금 다 잘되고 있는 것처럼 보인다고 해서 형통한 것도 아니다. 형통인지 불통인지는 끝나 봐야 안다. 요셉은 처음부터 끝까지 다 불통한 것처럼 보였으나 사실은 형통하고 있는 중이었다. 그런 의미에서 요셉은 형통한 자였다.

루스 우스터만(Ruth Oosterman)이라는 화가가 있다. 우리는 아이들이 벽에 낙서를 하면 혼내지 않는가? 그런데 이 사람은 그러지 않는다. 마음대로 낙서를 하게 한다. 그러고는 아이가 낙서해 놓은 것에 색을 입힌다. 그러면 아름답고 멋있는 한 폭의 그림이 탄생하게 된다. 화가니까 그럴 수 있는 것이다.

사람들이 요셉의 그림을 망쳐 놓았다. 요셉의 형제들, 미디안 상인들, 보디발과 그의 아내 등, 이들로 인해 요셉의 인생 그림이 엉망이 되었다. 우리도 마찬가지다. 누가 우리 인생의 그림을 엉망으로 만들어 놓았는가? 하나님은 그 사람 때문에 망쳐진 우리 인생의 그림을 멋있는 그림이 되도록 바꿀 수 있는 분이시다. 요셉이 그랬고, 모세가 그랬고, 한나가 그랬고, 다윗이 그랬다.

요셉의 인생과 그의 꿈이 형제들에 의해 산산조각 났다. 보디발 장군의 아내가 그의 꿈을 산산조각 냈다. 그러나 하나님은 그 삶의 조각들을 다 모아서 그의 삶을 아름답고 영롱하게 빛나는 스테인드글라스가 되게 하셨다. 거기에 하나님이 은혜의 빛을 비쳐 주시니 요셉의 생애가 아름답게 빛나게 된 것이다.

세상적인 형통은 내가 원하는 대로 이루어지는 것이다. 그러나 우리의 형통은 내 뜻이 아니라 나를 향하신 하나님의 뜻이 나를 통해서 이루어지는 것이다. 요셉은 13년간 깊은 광야에 들어가 말할 수 없는 고난을 당했다. 그러나 그 광야와 고난을 통해서 그를 향하신 하나님의 뜻이 이루어졌다. 그래서 요셉을 형통한 자라고 부르는 것이다.

잘못한 것이 없는데도 광야에 들어가 있다면 억울할 것이다. 그러나 우리로 하여금 광야에 들어가게 하신 하나님의 뜻과 섭리와 목적이 있다면 오히려 광야에 들어간 것이 축복이다. 우리가 광야를 지나고 있다 할지라도 그곳을 지나는 동안 우리를 향하신 하나님의 뜻과 섭리와 목적이 이루어진다면 우리는 형통한 사람이다. 꼭 가나안에 들어가고, 풍요한 삶을 살고, 인생의 정상의 자리에 올라가고 성공해야 형통한 사람이 되는 것은 아니다.

골목길로 가다 보면 길이 막힐 때가 있다. 그러면 돌아 나와야 한다. 그런데 통(通)이라는 것은 골목길들이 계속 서로 연결되어 있는 것이다. 막힐 것 같은데 또 다른 골목길이 있고, 그 골목길로 가다 보면 또 다른 골목길로 연결되어 길이 이어지는 것이다. 요셉은 계속 막다른 것처럼 보이는 길로만 갔다. 애굽으로 내려가는 길, 보디발의 집으로 가는 길, 감옥으로 가는 길…. 요셉이 갔던 길은 8차선 고속도로가 아니라 골목길이었다. 그러나 그의 길은 막히지 않았다. 통했다. 어디로 통하는 길이었는가? 바로의 궁전으로 가는 길이었다. 하나님의 뜻을 이루는 길이었다. 이런 것을 바로 형통이라고 하는 것이다.

하나님의 뜻을 이루는 형통의 삶

"하나님을 사랑하는 자 곧 그의 뜻대로 부르심을 입은 자들에게는 모든 것이 합력하여 선을 이루느니라"(롬 8:28).

우리는 모든 것이 합력해서 선을 이룬다고 하신 말씀을 '결국은 다 잘될 것이다, 좋은 결과가 있을 것이다, 축복을 받게 될 것이다'라는 뜻으로 받아들이는 경향이 있다. 그러나 선은 그런 것이 아니다. 선은 축복이나 성공, 풍요, 형통, 번영, 내가 바라고 원하는 것, 내가 소원하는 것이 아니라 하나님의 뜻이다. 나를 향하신 하나님의 뜻이 이루어지는 것, 그것이 최고의 선이다.

아브라함이 부러운가? 하나님은 아브라함에게 자녀를 하늘의 별만큼 번성하게 해 주겠다고 하셨다. 그러나 25년 후에 달랑 아들 하나 주셨다. 또 가나안 땅을 주겠다고 하셨다. 그러나 아내가 죽었을 때 장지로 쓸 땅 한 평이 없어 굴을 사야 했다. 그는 평생 집 한 채 없이 살았다.

야곱이 부러운가? 야곱은 집념의 사나이였다. 그는 얻고자 하는 것을 어떻게 해서든지 다 얻고야 말았다. 그러나 그의 인생은 그의 고백대로 험악했다.

"내 나그네 길의 세월이 백삼십 년이니이다 내 나이가 얼마 못 되니 우리 조상의 나그네 길의 연조에 미치지 못하나 험악한 세월을 보내었나이다"(창 47:9).

요셉이 부러운가? 만일 우리 자녀가 아프리카에 노예로 팔려가 10년 넘게 노예 생활하는 것도 모자라 억울한 누명을 쓰고 감옥에 갇혔다가 그곳에서 극적으로 나와 총리가 될 수 있다면 그렇게 하겠는가? 자녀들이 요셉과 같은 인물이 되기를 바라지만 요셉처럼 사는 것을 원하는 사람은 아무도 없을 것이다.

모세가 부러운가? 만델라는 20년 넘게 감옥 생활하다가 풀려나 대통령이 되었다. 그런데 모세는 만델라보다 더했다. 모세는 인생의 3분의 1을 감옥과도 같은 광야에서 숨어 살아야 했다. 그 광야에서 나온 후에는 출애굽의 지도자로 또 40년을 광야에서 살아야 했다.

다윗이 부러운가? 목동이었던 다윗이 왕이 되었다. 개천에서 용 난 것이다. 그러나 그는 왕이 되기 전에 13년 동안 사울을 피해 다니며 광야에서 숨어 살아야 했다. 13년 동안 왕에게 쫓기면서 피 말리는 삶을 살아야 했다. 왕이 된 후에도 세 명의 아들들이 죽고 죽이는 꼴을 봐야 했다. 아들 압살롬은 왕이 되려고 아버지 다윗을 향해 반기를 들고 쿠데타를 일으켰다. 다윗이 경황없이 도망치느라 신발도 신지 못한 채 울면서 감람 산을 넘어간 이야기는 유명하다.

엘리야처럼 능력이 있어 기도하는 대로 다 응답되고 놀라운 기적을 행할 수 있다면 얼마나 좋을까? 그러나 그는 특심을 가지고 하나님의 일을 했지만 열매는 없었다. 백성들이 하나님에게 돌아오지 않았다. 그는 결국 낙심이 되어 광야로 들어가 로뎀 나무 아래서 죽기를 기도했다.

사도 바울처럼 위대한 하나님의 종이 되고 싶지 않은 목사는 없을 것이다. 그러나 사도 바울처럼 살고 싶지는 않을 것이다. 그는 말로 다할 수 없는 수많은 고난을 당했다.

"자기 아들을 아끼지 아니하시고 우리 모든 사람을 위하여 내주신 이가 어찌 그 아들과 함께 모든 것을 우리에게 주시지 아니하겠느냐"(롬 8:32).

우리를 이렇게까지 사랑하시는 하나님이 우리에게 무엇을 주시는가? 성공, 형통, 부귀, 건강, 풍요, 명예인가? 아니다. 성경은 하나님이 사랑하시는 자들에게도 환난과 곤고와 핍박과 기근과 헐벗음과 위험과 죽음의 위협이 가해질 수 있다고 말씀한다.

"누가 우리를 그리스도의 사랑에서 끊으리요 환난이나 곤고나 박해나 기근이나 적신이나 위험이나 칼이랴"(롬 8:35).

항상 성공하고, 형통하고, 잘되고, 건강하고, 풍요한 삶을 사는 것은 아니라는 것이다. 그러나 하나님은 그 모든 고난을 견뎌 내고 이길 수 있는 은혜를 주신다. 그래서 결단코 하나님에게서 떨어져 나가지 않는다.

형통의 복음을 외치는 이들은 믿음으로 축복받고, 믿음으로 형통하고, 믿음으로 성공하고, 믿음으로 인생의 정상의 자리에 오를 수 있다고 말한다. 그렇다면 믿음 장을 들여다보자. 히브리서 11장은 아벨, 에녹, 노아, 아브라함, 이삭, 야곱이 어떻게 믿음으로 살았는지를 이야기하며 그들의 믿음의 삶을 이렇게 요약하고 있다.

"이 사람들은 다 믿음을 따라 죽었으며 약속을 받지 못하였으되"(히 11:13).

하나님이 그들의 믿음을 보고 이 땅에서 잘 살도록 복을 주셨는가? 형통케 하셨는가? 풍요한 삶을 살게 하셨는가? 아니다. 약속을 받지 못했다는 것은 그들이 이 세상에서는 하나님이 약속하신 복을 누리지 못했다는 것이다. 그러나 그들은 더 나은 하늘 본향을 바라보며 살았다 (히 11:10, 16).

요셉의 믿음에 대해서는 뭐라고 언급하고 있는가? '그가 믿음으로 애굽의 총리가 되었으며?' 아니다. 애굽의 총리가 된 것에 대해서는 전혀 언급이 없다. 모세에 대해서는 뭐라고 언급하고 있는가? '모세가 홍해를 믿음으로 갈랐으며?' 아니다. 모세가 홍해를 가른 이야기는 언급하지 않고 있다. 다만 이스라엘 백성들이 홍해를 건넜다는 이야기만 하고 있다. 믿음으로 성공하고, 형통하고, 잘된 것에 대해서 말하지 않고 있다는 사실이 흥미롭다.

기드온, 삼손, 입다, 다윗, 사무엘 선지자의 믿음에 대해서는 어떤가? 성경은 그들이 믿음으로 나라들을 이기고, 사자들의 입을 막기도 하고, 불의 세력을 피하기도 하고, 칼날을 피하기도 했으며, 또 어떤 이들은 더 좋은 부활을 얻고자 심한 고문을 받되 구차히 풀려나기를 원하지 않았다고 말씀한다. 또 조롱과 채찍질과 결박을 당하고, 옥에 갇히기도 하고, 돌에 맞아 죽을 뻔하기도 하고, 톱으로 켜서 죽거나 칼로 죽임을 당했으며, 궁핍과 환난과 학대를 받아 광야와 산과 동굴과 토굴에 유리했다고 한다.

"이 사람들은 다 믿음으로 말미암아 증거를 받았으나 약속된 것을 받지 못하였으니"(히 11:39).

앞에서 언급된 내용이 마지막 부분에 다시 한 번 반복된다. 다시 말해, 히브리서 11장에 나오는 모든 믿음의 사람들은 세상에서는 하나님의 약속을 누리지 못했다는 것이다. 하나님이 그들의 믿음을 보고 축복해 주신 것이 아니라, 오히려 그들은 믿음 때문에 고난을 당했다는 것이다.

자녀들을 믿음으로 키웠더니 하나님이 축복해 주셔서 삼 남매가 모두 전액 장학금을 받고 하버드대학에 갔다는 식의 간증들이 많다. 그런데 불행하게도 히브리서 11장에 나오는 믿음의 사람들 가운데는 그런 간증을 할 수 있는 사람이 없다. 성경에 나오는 믿음의 사람들은 형통의 축복을 받은 사람들이 아니라, 하나님의 은혜로 고난을 견디며 하나님의 일을 한 사람들이었다.

그럼에도 하나님은 함께하신다

하나님은 아브라함과 이삭과 야곱에게 수시로 나타나셨다. 친구를 찾아오듯 찾아오시고, 친구에게 이야기하듯 그렇게 이야기하셨다. 때마다 나타나서 지시하시며, 약속도 주셨다. 야곱에게는 적어도 다섯 번 이상 찾아오셨다. 벧엘에서는 꿈속에서 환상과 음성을 통해 나타나셨다. 밧단아람에서는 음성으로 나타나셨다. 얍복 강 나루터에서는 천사를 통해 나타나셨다. 세겜에서는 다시 음성으로 나타나셨다. 하나님은 야곱이 총리가 된 요셉의 초청으로 온 가족을 데리고 애굽으로 내려가기 전날 밤에도 나타나 말씀하셨다.

그러다 보니 요셉이 아버지 야곱에게서 하나님과 만난 이야기를 얼마나 많이 들었겠는가? 아마 요셉은 하나님이 그에게도 그렇게 나타나실 것이라고 기대했을지 모른다. 그런데 요셉에게는 처음에 한두 번 꿈을 통해 간접적으로 나타나신 것 외에는 한 번도 나타나거나 말씀해 주신적이 없다. 꿈에서도 가족이 그에게 절하는 것이 전부다. 다른 영적인 것은 없었다. 성경에 나오는 웬만한 꿈에는 천사가 나타나는데, 요셉의 꿈에는 천사도 나타나지 않았다. 누구나 꿀 수 있는 그런 꿈이었다. 그 꿈도 요셉 자신이 하나님이 주신 꿈이라고 생각했을 뿐이지, 꿈 자체로 볼 때는 그것이 하나님이 주신 꿈이라는 어떤 증거도 찾을 수 없다. 심리학자들이 읽는다면 늘 형제들에게 미움 받고 왕따 당하고 눌려서 살아왔기에 꿈속에서나마 형제들을 이기는 꿈을 꾼 것으로 이해할 것이다. 요셉의 형제들도 그의 꿈을 전혀 하나님이 주신 꿈이라고 생각하지 않았다.

어느 날 요셉이 형제들에게 자신이 꾼 꿈 이야기를 해 주었다. 그 이야기를 들은 형제들은 더 시기하고 분노했다. '그래, 그 꿈이 어떻게 이뤄지는지 두고 보자.' 결국 그 꿈 때문에 요셉은 구덩이에 던져지는 불

상사를 겪고 말았다. 요셉이 생각 없이 꿈 이야기를 했다가 형제들에게 그런 일을 당했던 것일까? 그는 자랑하고 싶어서 꿈 이야기를 한 것은 아니었을 것이다. 요셉이라고 자신이 꿈 이야기를 하면 형들이 더 시기할 거라는 생각을 왜 하지 않았겠는가?

랍비들에 의하면, 요셉은 그것을 하나님이 주신 꿈이라고 확신했다. 그래서 형제들에게 꿈 이야기를 한 것이다. 자기를 싫어하고 왕따시키는 형제들에게 하나님이 장차 자신을 형들의 지도자로 세워 주실 거라는 꿈을 주셨다고 말하면 그들도 더 이상 그를 미워하거나 시기하지 않을 거라고 생각했던 것이다. 그러나 요셉의 형제들은 그의 꿈을 하나님이 주신 것이라고 믿지 않았다. 그들이 볼 때는 웃기는 이야기였다.

두 신하의 꿈과 바로의 꿈을 해몽할 때도 하나님은 나타나지 않으셨다. 물론 하나님이 주신 지혜로 풀긴 했지만, 아브라함이나 이삭이나 야곱처럼 직접 나타나셔서 꿈의 내용을 알려 주시지는 않았다. 심지어 요

▶ 〈애굽으로 팔려가는 요셉〉(콘스탄틴 플라비츠키[Konstantin Flavitsky, 1830-1866])

섭이 정상의 자리에 오른 다음에도, 다시 말해 꿈이 이루어진 후에도 하나님은 나타나지 않으셨다. '내가 너를 이 자리에 앉게 한 것이다'라고 말씀하실 만도 한데 하나님은 끝까지 나타나지 않으셨다.

아브라함이나 야곱 이야기에서 하나님이라는 단어를 빼면 이야기가 전개되지 않는다. 그러나 요셉 이야기에서는 하나님이라는 단어를 빼도 별 문제가 없다. 이야기의 흐름이 전혀 깨지지 않는다. 창세기는 열네 장에 걸쳐 요셉에 대해 이야기하고 있다. 그런데 그중 하나님이라는 단어는 스물한 번 정도밖에 나오지 않는다. 그중 절반인 일곱 장에서는 하나님이라는 단어가 한 번도 나오지 않는다. 하나님이라는 단어가 나오는 곳도 하나님이 나타나셔서 어떤 일을 행하시는 것이 아니라, '하나님이 요셉과 함께하셨다'는 식으로 언급될 뿐이다. 요셉의 입술을 통해서는 하나님(여호와)이라는 말이 여덟 번 언급되었다. 하나님이라는 단어가 실제적으로 요셉과 관련해서 사용된 것은 열 번도 안 되는 것이다.

요셉 이야기에서 하나님이라는 단어가 처음 등장하는 곳은 요셉이 노예로 팔려가 보디발의 집에서 일할 때였다.

"여호와께서 요셉과 함께하시므로 그가 형통한 자가 되어 그의 주인 애굽 사람의 집에 있으니"(창 39:2).

요셉이 구덩이에 던져져 죽을 고비를 넘기는 장면에서도 하나님이라는 단어는 나타나지 않는다. 노예로 팔려갈 때도 하나님이라는 단어는 나타나지 않는다. 요셉 이야기가 시작되고 일이 한참 진행된 다음, 이미 요셉이 노예가 된 다음에야 하나님이라는 단어가 처음으로 등장한다.

요셉에게 닥친 일들이 아브라함이나 이삭이나 야곱에게 닥쳤다면 하나님은 수십 번도 더 나타나 말씀하시고, 지시하시고, 만나 주시고, 기적을 행해 주셨을 것이다. 아브라함과 이삭과 야곱에게는 하나님이 자신을 대놓고 드러내 주셨다. 그러나 요셉에게는 하나님이 자신을 드러내지 않으신다. 하나님이 직접 개입하거나 말씀하지 않으신다. 요셉은 그런 하나님이 얼마나 원망스러웠겠는가? 아버지 야곱과 할아버지인 이삭과 아브라함에게는 그렇게도 자주 나타나셨던 하나님이 그에게는 어떻게 한 번도 안 나타나실 수 있단 말인가? 그런 하나님이 요셉은 얼마나 야속했겠는가? 하지만 성경은 이렇게 말씀한다.

"여호와께서 요셉과 함께하시므로"(창 39:2).
"그의 주인이 여호와께서 그와 함께하심을 보며"(창 39:3).
"여호와께서 요셉과 함께하시고"(창 39:21).
"이는 여호와께서 요셉과 함께하심이라"(창 39:23).

하나님이 요셉과 계속해서 함께해 오셨다는 것이다. 그리고 요셉 또한 이렇게 고백한다.

"내가 어찌 이 큰 악을 행하여 하나님께 죄를 지으리이까"(창 39:9).
"나는 하나님을 경외하노니"(창 42:18).
"하나님이 큰 구원으로 당신들의 생명을 보존하고 당신들의 후손을 세상에 두시려고 나를 당신들보다 먼저 보내셨나니 그런즉 나를 이리로 보낸 이는 당신들이 아니요 하나님이시라 하나님이 나를 바로에게 아버지로 삼으시고 그 온 집의 주로 삼으시며 애굽 온 땅의 통치자로 삼으셨나이다"(창 45:7-8).

"당신들은 나를 해하려 하였으나 하나님은 그것을 선으로 바꾸사 오늘과 같이 많은 백성의 생명을 구원하게 하시려 하셨나니"(창 50:20).

하나님은 요셉이 어렵고 힘들 때 단 한 번도 나타나지 않으셨지만, 요셉은 하나님이 자신을 애굽의 총리가 되게 하셨다고 고백하고 있다. 자기 앞에 나타나시거나 말씀하신 적이 한 번도 없음에도 하나님이 함께 하셨다고 고백하는 것이다. 요셉은 자신의 생을 마칠 때 이렇게 말했다.

"나는 죽을 것이나 하나님이 당신들을 돌보시고 당신들을 이 땅에서 인도하여 내사 아브라함과 이삭과 야곱에게 맹세하신 땅에 이르게 하시리라"(창 50:24).

우리는 하나님이 함께하시면 문제가 해결되고, 일이 잘 풀리고, 기도가 응답되고, 형통하고, 축복받고, 성공하고, 시온의 대로가 열리고, 놀라운 일들이 생기고, 병이 낫고, 사업이 날로 번창해야 한다고 생각한다. 그렇지 않다면 하나님이 함께하시지 않는 것이다. 하지만 요셉은 기도 응답이 없을 때에도, 상황이 더 악화되어 갈 때에도, 하나님이 멀리 떠나신 것처럼 보일 때에도, 노예 생활을 하면서도, 감옥에 갇혀 있으면서도 하나님이 그와 함께하신다고 믿었다. 한 번도 찾아오지 않으셨지만, 한 번도 말씀해 주지 않으셨지만, 한 번의 기적도, 환상도 없었지만, 그럼에도 불구하고 그는 하나님이 그와 함께 계신다는 사실을 조금도 의심하지 않았다.

미국에 참으로 행복한 인생을 사신 것처럼 보이는 할머니 한 분이 계셨다. 그분에게는 아들 셋이 있었는데 셋 다 젊은 나이에(25세, 29세, 35세) 교통사고와 백혈병으로, 또 골목에서 총에 맞아 죽었다고 한다. 어떤 사람이 "하나님은 당신의 인생 속에 안 계셨군요"라고 말하자 그분은 이렇게 대답했다고 한다. "하나님이 나의 삶 속에 계시지 않았다면 내가 그런 일들을 겪고 어떻게 지금까지 살 수 있었겠소?"

하나님이 함께하셔도 아무 말씀 없으실 때가 있다. 하나님이 함께하셔도 아무것도 보여 주지 않으실 때가 있다. 하나님이 함께하셔도 인생이 꼬일 수 있으며, 하나님이 함께하셔도 억울한 일을 당할 수 있고, 하나님이 함께하셔도 기도 응답을 받지 못할 수 있다. 요셉은 기도했지만 상황은 변하지 않았다. 하지만 요셉이 그런 상황 속에서 버텨 나갈 수 있었던 것은 하나님이 그와 함께하신다는 믿음 때문이었다. 하나님은 보이지 않았지만, 하나님의 손길은 느낄 수 없었지만, 하나님의 음성은 들리지 않았지만, 그러나 그 순간에도 하나님은 요셉과 함께하셨으며, 요셉을 인도하고 계셨다. 그리고 요셉도 그렇게 믿었다.

폴라로이드 카메라는 사진을 찍자마자 바로 현상되어 나온다. 처음에는 아무것도 보이지 않지만 조금 더 기다리면 어떤 형상이 흐릿하게 나타난다. 그러다 점점 뚜렷해지면서 결국엔 모든 형상이 확실하게 드러난다. 하나님도 마찬가지다. 하나님은 당신의 뜻을 처음부터 또렷하게 보여 주시지는 않는다. 살아가면서 조금씩, 조금씩 보여 주실 뿐이다.

나는 내가 어떻게 여기까지 왔는지 모르겠다. 하나님이 '나 여기 있다'고 말씀하신 적도 없고, 어디로 가야 할지, 무엇을 해야 할지 말씀하신 적도 없고, 하나님이 삶 속에 극적으로 개입하신 적도 없었다. 그러나 하나님은 그림자처럼 나와 함께 계시며 여기까지 나를 인도해 오셨다. 요셉의 하나님이 그러셨던 것처럼 말이다.

어렵고 힘든 시기를 지나던 어느 날 기도하는 가운데 이런 감동이 왔다.

"이와 같은 때에도 주님은 나와 함께 계신다.

이와 같은 때에도 주님은 역사하고 계신다.

이와 같은 때에도 주님은 나를 어딘가로 인도하고 계신다."

하나님의 얼굴이 안 보여도, 하나님의 손길이 느껴지지 않아도, 하나님의 음성이 들리지 않아도, 언젠가 오늘을 뒤돌아볼 때 '아, 그때도 하나님이 나와 함께 계셨었구나' 하고 깨닫게 될 날이 올 것이다.

당신이 삶 속에서 체험하는 하나님은 어떤 하나님인가? 부르면 대기하고 있다가 응답하시는, 넘어지면 얼른 달려와 일으켜 주시는 야곱의 하나님인가? 아니면 때마다 일마다 나타나서 약속을 주시는 아브라함의 하나님인가? 아니면 옆에 계시면서 불러도 못 들은 척, 봐도 못 본 척, 넘어져도 혼자 일어나기를 기다리시는 요셉의 하나님인가?

요셉

광야에 들어가기 전	양을 치던 목자
광야에 들어가게 된 동기	형들의 시기와 미움을 받고 떠밀려서 들어감
광야가 어떻게 시작되었는가?	구덩이에 던져짐 노예로 팔려감
광야에서 무엇을 했는가?	노예 생활(13년)
광야를 지나는 동안 하나님이 어떤 일을 하셨는가?	그림자처럼 보이지 않지만 늘 함께하심 합력해서 선을 이루게 하심 형통케 하심
어떤 광야를 통과했는가?	인생의 광야 영적인 광야 - 하나님이 한 번도 나타나지 않으심 정신적인 광야 - 분노, 복수심, 원망, 외로움
광야를 어떻게 살아냈는가?	믿음으로 하나님 경외
언제 광야가 끝나게 되었는가?	애굽의 총리가 되면서
광야에서 나온 후 어떻게 되었는가?	애굽의 총리가 됨 형제들 용서, 화해 가족 모두 애굽으로 이민
왜 하나님이 광야에 들어가게 하셨는가?	하나님의 구원 역사를 이루고 이스라엘 민족을 애굽에서 탄생시키기 위해 그를 먼저 애굽으로 보내심

내려올 때를 알면
더 멋진 무대를 꿈꿀 수 있다

"모세가 그의 장인 미디안 제사장 이드로의 양 떼를 치더니
그 떼를 광야 서쪽으로 인도하여 하나님의 산 호렙에 이르매"
(출 3:1).

미디안 광야

소리 내어 울지 못했던 한 아이의 이야기

사내아이들이 태어나면 다 죽이게 되어 있던 시절에 모세가 태어났다. 모세의 부모는 그를 어떻게 했는가?

"그가 잘생긴 것을 보고 석 달 동안 그를 숨겼으나"(출 2:2).

모세가 잘생겨서 세 달 동안 숨겨 가며 키웠다는 말인데, 잘생기지 않았으면 어떻게 되었을까? 히브리어 '토브'(tov)를 개역개정 성경은 '잘생기다'로 옮겼는데, 토브는 'good'이라는 뜻이다. 잘생긴 것도 좋은 것이니까 그렇게 번역할 수도 있겠지만, 이 말에는 건강하다는 뜻도 들어 있다. 따라서 이렇게 해석할 수 있다. '그가 건강한 것을 보고 석 달 동안 그를 숨겼으나.'

왜 건강한 것을 보고 세 달 동안 숨겨서 키웠는가를 설명해야 이 구절이 이해될 것이다. 앞에서도 말했듯이, 아이가 태어나면 산파가 달려와서 확인한 후 남자아이면 다 죽여야 하는 시대였다. 그런데 어떻게 모세는 세 달 동안이나 집에서 숨겨 키울 수 있었을까? 가능성은 하나밖에 없다. 아이가 세 달 먼저 태어난 것이다. 그렇기 때문에 모세의 어머니는 모세를 세 달 동안 집 안에 숨겨 키울 수 있었던 것이다. 놀랍게도 모세는 미숙아로 태어났지만 건강했다. 그것은 기적이다. 랍비들에 의하면, 모세의 어머니가 바로 그런 모습을 보고 그 아이는 하나님이 보내신 특별한 아이라고 생각해 몰래 숨겨서 키웠다고 한다.

아이는 무럭무럭 잘 자랐다. 그러다 보니 더 이상 집에서 숨겨 키울 수가 없게 되었다. 언제 산파가 들이닥칠지 모르기 때문이다. 그래서 요게벳은 갈대 상자를 만들어 거기에 아기 모세를 넣고는 나일 강가 갈대

▶ 〈나일 강에서 구출되는 모세〉(시리아의 두라 에우로포스[Dura Europos] 회당의 벽화[3세기])

숲에 갖다 놓았다.

"바로의 딸이 … 상자를 보고 시녀를 보내어 가져다가 열고 그 아기(yeled)를 보니
아기(naar)가 우는지라 그가 그를 불쌍히 여겨"(출 2:5-6).

갈대 상자 안에 있는 모세는 갓난아이다. 히브리어로 '옐레트'(yeled)라
는 단어가 사용되었다. 그런데 바로 이어서 나오는 아기는 옐레트가 아
니라 '나아르'(naar)라는 단어가 사용되었다. 옐레트는 아기를 가리킬 때
사용하는 단어고, 나아르는 십 대 소년부터 청년에 이르는 사람을 가리
킬 때 사용하는 단어다. 그런데 갈대 상자 안에 있는 모세를 성경에서는
나아르라고 표현하고 있다. 어떻게 세 달밖에 되지 않은 아기를 나아르
라고 표현한 것일까? 실수였을까? 아니면 의도적인 것이었을까?

공주가 갈대 상자를 발견하고는 열어 보니 그 안에 아이가 있었다. 그
런데 울고 있었다. 나무로 만든 상자도 아니고 갈대로 만든 상자인데 울
고 있었으면 밖에서도 다 들을 수 있었을 것이다. 그런데 상자를 열어
보고 나서야 그 아이가 울고 있는 것을 보았다. 어떻게 된 것인가? 모세
는 갈대 상자 안에 누워 울고 있었지만 소리 내어 울지는 않았던 것이
다. 모세가 우는 것을 소리로 안 것이 아니라 흘러내린 눈물을 보고 알
게 된 것이다.

이스라엘의 최고 랍비를 지낸 이스라엘 메어 라우(Yisrael Meir Lau)가 자
신의 경험담을 이야기하면서 왜 모세가 울지 못하고 눈물만 흘렸는지에
대한 흥미로운 해석을 제시해 주었다. 그는 홀로코스트 당시 폴란드의
한 작은 마을에 살고 있었다. 나치가 언제 들이닥칠지 몰라 조마조마하

게 하루하루를 살고 있었다. 낯선 사람들이 들이닥치면 그는 어머니 손에 이끌려 다락에 올라가 숨어야 했다. 그때마다 어머니는 아무 말도 하지 못하도록 입을 막았다. 어떤 때는 말을 하지 못하도록 먹을 것을 계속 입에 넣어 주었다고 한다. 얼마 후 그는 숨어 있는 것을 들키면 죽는다는 것을 알게 되었다. 그 후로는 스스로 숨을 죽이고 숨어 있었다고 한다.

그는 자신의 이런 경험을 통해 왜 갓난아이 모세가 소리 내어 울지 않고 눈물만 흘렸는지를 알았다고 한다. 모세가 태어난 사실이 알려지면 그의 생명이 위험하게 된다. 그래서 모세가 울 때마다 그의 어머니는 울지 못하도록 갖은 방법을 다 썼을 것이다. 그러면서 모세는 아무것도 모르는 갓난아이지만 본능적으로 울면 안 된다는 사실을 알게 되었을 것이다. 그래서 그는 울 때도 늘 소리 내어 울지 못하고 속으로 울음을 삼키며 눈물만 흘려야 했을 것이다. 갈대 상자 안에 홀로 들어가 있으니 얼마나 두렵고 놀랐겠는가? 보통 아이라면 세상이 떠나갈 듯 울어 댔을 것이다. 그러나 모세는 그렇게 울 수 없었다. 소리 내 울지 못하고 눈물만 흘렸다. 얼마나 가슴 아픈 이야기인가?

홀로코스트 당시 600만 명 이상의 유대인들이 가스실에서 죽임을 당했다. 그중 150만 명이 어린아이였다고 한다. 앞에서 말한 랍비도 그중에 한 사람이 될 뻔했다. 그러나 모세처럼 기적적으로 살아남아 이스라엘 최고의 랍비가 되었다. 모세는 홀로코스트에서 살아남은 최초의 생존자였다고 할 수 있을 것이다.

요게벳은 갓난아이 모세를 갈대 상자에 넣고는 상자를 나일 강가 갈대 사이에 두었다(출 2:3). 그리고 그의 누이가 자기 동생이 어떻게 되는지 보기 위해 숨어서 지켜보고 있었다. 우리가 보통 아는 대로 모세를 나일 강에 띄워 보낸 것이 아니었다. 그러다 때마침 공주가 나일 강가를 거닐다가 갈대 사이의 상자를 보고 그를 구해 주게 된다(출 2:5). 모세를 갈대 숲에 두었기에 망정이지 그렇지 않고 그 넓은 나일 강에 떠내려 보냈다면 그 갈대 상자는 모세의 관이 되고 말았을 것이다.

요게벳은 아들을 갈대 상자 안에 넣으면서 얼마나 뜨거운 눈물을 흘려야 했을까? 얼마나 비통했을까? 속으로 얼마나 피눈물을 흘렸을까? 요게벳은 아들을 갈대 상자에 눕히고 상자를 닫기 전 마지막으로 기도했을 것이다. '하나님, 이 아이를 살려 주세요.'

요게벳이 할 수 있는 것은 아무것도 없었다. 하나님이 살려 주시면 사는 것이고, 그렇지 않으면 죽을 수밖에 없다. 요게벳은 아들의 생명과 운명을 하나님 손에 100퍼센트 맡겼다. 그리고 하나님은 바로의 공주를 통해 그를 나일 강에서 건져 주셨다.

하나님의 시간표

모세는 바로의 궁중에서 미래가 보장된 삶을 살고 있었다. 그런데 이스라엘 동족을 괴롭히는 애굽 사람을 쳐 죽이게 되면서 미디안 광야로 도망가 양을 치며 살게 되었다. 그의 나이도 이제 80이 다 되어 간다. '이제 내 인생도 이렇게 끝나는가 보다' 하고 삶을 포기하며 살았을 것이다. 그날이 그날이고, 그날이 또 그날인 삶. 그는 미디안 광야에서 양을 치며 사는 40년 동안 꿈도 희망도 미래도 다 모래 속에 묻어야 했을 것이다. 애굽의 궁중에서는 somcbody였던 사람이 미디안 광야에서

nobody가 된 것이다.

모세처럼 남부럽지 않게 살다가 하루아침에 광야로 내몰린 사람들이 얼마나 많았는가? 하루아침에 몰락할 수 있는 것이 인생이다. 궁중에 있던 모세는 자신이 광야에서 40년을 살아가게 될 줄 꿈에도 몰랐을 것이다. '나는 여기에 이러고 있을 사람이 아닌데'라고 생각하는 사람이 있다면 그는 지금 광야에 들어와 있는 것이다.

모세는 40년 동안 광야에서 양을 치면서 살았다. 광야에서 살아남기 위해 할 수 있는 일은 양을 치는 것이다. 광야에서 이렇게 평생을 양을 치며 살아가는 사람들이 있다. 베두인들이다. 그리고 이 베두인들의 조상이 바로 미디안 사람들이다. 미디안은 오늘날의 사우디아라비아를 말한다. 모세는 베두인으로서 광야에서 양을 치며 40년을 살았다. 그런데 성경은 모세가 누구의 양을 치며 살았다고 말씀하는가?

"모세가 그의 장인 미디안 제사장 이드로의 양 떼를 치더니"(출 3:1).

그의 양이 아니라 장인 이드로의 양이었다. 40년이나 양을 쳤는데 모세는 아직도 남의 양을 치고 있는 것이다. 40년간 처가살이를 하며 얹혀 살았던 것이다. 3년이나 5년이라면 모르겠다. 어떻게 10년, 20년도 아니고 40년이나 양을 쳤는데 자기 양 한 마리가 없단 말인가?

'아직도 개척 교회라면서?' '아직도 지하상가에서 예배드린다면서?' '아직도 교인이 100명도 안 된다면서?' '아직도 부목사로 있다면서?' '아직도 그 회사 다니고 있어?' '아직도 과장이야?' '아직도 전세 살아?' '아직도 애가 취업을 못했어?' 이런 말들을 들을 때마다 얼마나 자존심

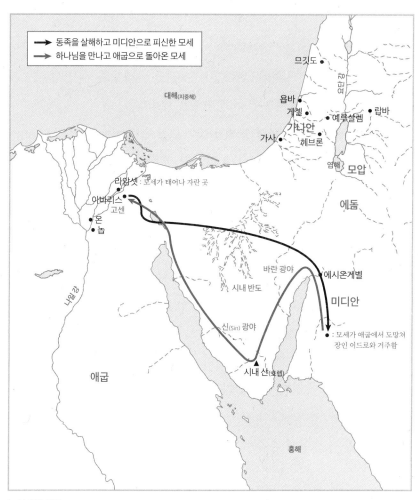

지도 내 텍스트:

동족을 살해하고 미디안으로 피신한 모세
하나님을 만나고 애굽으로 돌아온 모세

대해(지중해)

므깃도

욥바
게셀
가사
가나안
헤브론

예루살렘
랍바

여단강

염해
모압

에돔

라암셋 : 모세가 태어나 자란 곳
아바리스
고센
온
놉

나일강

바란 광야

시내 반도

에시온게벨

미디안

신(Sin) 광야

애굽

시내 산(호렙)

: 모세가 애굽에서 도망쳐
장인 이드로와 거주함

홍해

▷ 모세의 여정

이 상하는가? 모세가 그랬다. 아니, 모세도 그랬다.

'20년 직장 생활하면서 남은 게 뭔가?' '30년 이민 생활하면서 내가 한 일이 무엇인가?' 모세도 같은 질문을 던졌을 것이다. '40년이나 양을 치면서 내가 한 일이 무엇인가?' '80년 살아오면서 내가 남긴 것이 무엇인가?' 뭐 하나 이루어 놓은 것도 없는 자신을 바라보며 내 인생 이렇게 끝나는구나 하는 생각에 마음이 참담했을 것이다.

그러던 어느 날, 하나님이 모세를 찾아오셨다. 광야에 들어온 지 40년이 지났는데 그제야 하나님이 찾아오신 것이다. 모세가 반가웠을까? '아, 하나님, 저를 잊지 않고 찾아와 주셨군요. 그러실 줄 알고 기다리고 있었습니다. 이렇게 찾아와 주셔서 감사합니다. 할렐루야, 아멘!' 그랬을까?

어느 목사님에게 들은 이야기다. 독립군 남편을 둔 한 여자가 있었다. 만주로 간 남편이 20년이 지나도록 아무 소식이 없자 독립운동하다 죽은 것이 틀림없다며 장례를 치르고 제사를 지냈다. 그런데 어느 날 남편이 돌아왔다. 죽은 줄 알았던 남편이 살아 돌아온 것이다. 아내는 얼마나 기뻤겠는가? 그런데 아니었다. 아내는 잠시 넋이 나간 사람처럼 남편을 뚫어지게 쳐다보더니 부엌으로 달려가 빗자루를 가지고 나와 남편에게 휘둘러 대면서 온갖 욕을 다 퍼부었다. "이 인간아, 네가 인간이냐? 인간이 어떻게 그럴 수가 있어? 어떻게 살아 있으면서 연락 한 번을 안 할 수가 있어?" 연락 한 번 없다가 20년 만에 나타나서 '나 왔소' 하고 들어오니 어이가 없었던 것이다.

모세도 마찬가지였을 것이다. 하나님이 찾아오시길 기다리고 또 기다리다가 지쳐서 포기하고 있는데 하나님이 40년 만에 모세를 부르신 것이다. 얼마나 기가 막혔겠는가? 감사하고 반갑고 기쁘기보다는 원망과 서운한 마음이 훨씬 컸을 것이다.

40년 만에 찾아오신 하나님은 모세에게 이스라엘 백성을 바로에게서 구출해 내어 가나안으로 가라고 명하셨다. 그런데 모세는 한마디로 거절했다. '싫습니다, 하나님. 다른 사람 알아보세요.' 모세의 서운한 마음, 섭섭한 마음, 원망스러운 마음이 그대로 드러나지 않는가? 하나님이 한 번쯤 나타나셔서 '내가 너를 잊지 않고 기억하고 있단다. 조금만 더 참으렴. 내가 이 광야에서 너를 건져 주겠다' 말씀해 주셨더라면 얼마나 큰 힘이 되었겠는가? 그런데 그러지 않으셨다. 하나님은 40년 동안 묵묵부답이셨다.

광야를 지나는 사람들의 공통적인 고민이 있다. '이 광야는 과연 언제, 어떻게 끝날 것인가? 이 광야의 끝에는 무엇이 기다리고 있을까?' 하는 고민이다. 그것에 대해 아무것도 모른다는 것이 광야를 지나는 우리를 더 힘들게 한다.

요셉은 자신이 꾼 꿈을 하나님이 주신 것이라고 믿었다. 그랬기에 그의 광야가 언젠가는 반드시 끝날 거라 믿었을 것이다. 그것이 그로 하여금 광야에서 버티게 하는 힘이 되어 주었을 것이다. 다윗도 이미 왕으로 기름부음을 받았다. 하나님이 자신을 왕으로 세우셨다는 믿음이 있었기에 그는 자신의 광야가 언젠가는 반드시 끝날 것이라 믿었다. 그래서 이렇게 기도할 수 있었다.

"나의 영혼이 잠잠히 하나님만 바람이여 나의 구원이 그에게서 나오는도다 오직 그만이 나의 반석이시요 나의 구원이시요 나의 요새이시니 내가 크게 흔들리지 아니하리로다"(시 62:1-2).

그러나 모세는 달랐다. 그는 자신이 광야에서 나오리라고는 꿈에도 생각지 못했을 것이다. 그런 기대가 아예 없었을 것이다. 꿈도, 희망도, 미래도 없었다. 그랬기에 모세는 다른 누구보다 혹독한 광야를 지나야 했을 것이다.

그때 모세의 나이가 80이었다. 하나님이 그를 쓰실 거라면 벌써 부르셨어야 하는 것 아닌가? 모세가 '하나님, 제 나이가 80입니다. 제가 뭘 한다는 말입니까?' 하고 말할 때 하나님은 이렇게 말씀하신다. '네 나이가 어때서?' 그렇게 해서 모세는 나이 80에 부름 받아 죽을 때까지 쓰임 받았다. 하나님 기준으로 볼 때 하나님이 사용하시기에 너무 늦어 버린 사람은 없다. 하나님은 사람에 따라 오전 9시에도 부르시고 오후 5시에도 부르신다. 우리가 끝났다고 생각할 때에도 하나님은 얼마든지 새롭게 시작하게 하실 수 있다.

모세는 광야에서 평생 양이나 치며 살다가 끝날 것이라 생각했을 것이다. 그러나 하나님은 광야에서 양을 치던 목자 모세를 이스라엘의 목자가 되게 하시지 않았는가? 모세는 꿈도 꾸지 못했던 일이다. 지금 우리가 지나고 있는 광야에서 나오면 하나님이 우리를 어떻게 사용하실지 어느 누구도 알 수 없다. 광야에 너무 오래 머물러 있다고 조바심 내지 말라. 내 인생 여기서 이렇게 끝난다고 절망하지 말라. 잠잠히 하나님만 바라보며 흔들리지 말라.

하나님은 때를 기다리신다

모세는 미디안 광야에서 40년의 세월을 보냈다. 왜 40년인가? 모세가 40년씩이나 광야에 있어야 할 만큼 큰 죄를 지은 것인가? 하나님이 죄의 대가를 치르도록 하기 위해 40년 동안 광야에서 살게 하신 것인가? 사람을 우발적으로 쳐 죽였다고 40년씩 형벌을 받는 경우는 없을 것이다. 더군다나 모세는 바로의 아들이었기 때문에 사람을 죽인 것이 그렇게 크게 문제 되지는 않았을 것이다. 모세가 40년간 광야에서 나오지 못했던 데는 다른 이유가 있었다. 하나님은 때를 기다리고 계셨던 것이다.

하나님은 모세를 출애굽의 리더로 삼기 위해 그를 광야로 떠밀어 들어가게 하셨다. 40년간 준비해서 40년간 쓰임 받지 않았는가? 준비한 기간만큼 쓰임 받은 것이다. 그러면 왜 40년이었을까? 40년이면 정말 오랜 세월이 아닌가? 실제로 40년간 훈련받는다고 생각해 보라. 끔찍한 일일 것이다. 그렇게 오래 준비하고 훈련받아야 하는 일이 세상에 또 있을까?

모세가 광야에서 40년간 훈련받은 것이라고 하자. 40년 동안 충분히 변화되었기에 하나님이 그를 찾아오신 것일까? 모세는 40년 전 욱하는 성질 때문에 사람을 쳐 죽이고 광야로 쫓겨 들어왔다. 40년 광야 생활을 하면서 그 일을 얼마나 후회했을까? 다시는 그러지 않으리라 굳게 다짐했을 것이다. 그러나 그의 욱하는 성질은 광야 학교를 졸업한 후에도 변하지 않았다. 십계명이 새겨진 돌 판을 던져 깨뜨린 사건을 보라. 화를 내면서 지팡이로 바위를 두 번 쳐서 물이 터져 나오게 한 사건은 어떤가? 결국 그 일로 모세는 가나안에 들어가지 못하게 되었다.

이처럼 모세는 광야 40년 동안 훈련을 받았어도 문제가 많았다. 40년 동안 충분히 훈련되었기에 하나님이 그를 찾아가 출애굽의 사명을 맡기신 것이 아니라는 말이다. 그러면 왜 40년이라는 세월을 기다리셨던 것일까? 답은 출애굽기 4장 19절에 나온다.

"여호와께서 미디안에서 모세에게 이르시되 애굽으로 돌아가라 네 목숨을 노리던 자가 다 죽었느니라."

하나님은 모세를 통해 출애굽할 계획을 갖고 계셨다. 그 계획을 이루기 위해 모세로 하여금 광야에 들어가게 하신 것이다. 하나님은 모세의 생명을 노리던 바로가 죽기를 기다리셨다. 그리고 그가 죽자 출애굽을 단행하기 위해 모세를 광야에서 불러내어 새로운 바로와 담판을 벌이게 하셨다.

출애굽은 어느 날 갑자기 결정되어 일어난 일이 아니다. 하나님은 모세가 태어날 때부터 출애굽을 준비하셨다. 그러니까 80년을 준비하신 것이다. 하나님도 이스라엘 백성을 출애굽시키기 위해 80년을 기다리셨던 것이다. 이렇게 하나님에게도 준비하는 시간이 필요하다. 그 준비하는 시간 동안 우리도 기다려야 한다.

너무 초라하게 나타나신 하나님

어느 날 양을 치고 있던 모세의 눈에 저쪽에서 연기가 피어오르는 것이 보였다. 가시떨기나무에 불이 붙은 것이었다. 광야에서는 가끔 가시떨기나무에 저절로 불이 붙을 때가 있지만 별로 탈 것이 없기 때문에 2-3분이면 다 타 버리고 만다. 그런데 10분이 지나도 30분이 지나도 불이 꺼지지를 않는 것이었다. 이상하다 싶어 나무 가까이 다가가자 그 안에서 하나님의 음성이 들려왔다.

"모세야 모세야 … 네가 선 곳은 거룩한 땅이니 네 발에서 신을 벗으라"(출 3:4-5).

이 장면을 상상해 보라. 하나님이 임재하시는 장면이다. 하나님이 불꽃 가운데 임하셨다. 불길이 활활 타오르는데 나무가 타지 않고 있다. 얼마나 신기한 일인가? 그런데 정말 불길이 활활 타올랐을까? 꺼지지 않는 불꽃은 맞다. 그러나 불길이 활활 타오른 것은 아니다. 광야의 가

▶ 〈불타는 가시덤불 앞에 선 모세〉(이집트의 성 카타리나 수도원 소재[6세기])

시떨기나무에 불이 붙었으니 활활 타오르고 말고 할 것도 없다. 초라한 나무다. 1미터도 안 되는 관목이다. 지나가다 스치면 가지가 툭 하고 부러진다.

하나님이 임재하신 나무는 작고 초라했다. 아니, 하나님이라면 적어도 500년은 된 노송에 불이 붙어 활활 타오르는 가운데 임재하셔야 하는 것 아닌가? 그런데 하나님은 정말 보잘것없는, 나무라고도 할 수 없는 그런 가시떨기나무 불꽃 가운데 임재하셨다. 1미터도 안 되는, 곧 꺼질 것만 같은 작은 불꽃 가운데서 '내가 여기 있다'고 말씀하셨다.

오늘날 교회를 적용해 보자. 하나님은 당당하게 천 년을 버티고 서 있는 노송 같은 교회뿐 아니라 광야의 가시떨기나무같이 연약한 교회에도 임재하신다. 성도가 만 명 되는 교회뿐 아니라 열 명이 모여 예배드리는 지하상가 교회에도 임재하신다. 최고의 지식인들이 모인다는 서울 강남에 위치한 교회뿐 아니라 노인들밖에 모이지 않는 시골 교회에도 임재하신다.

감리교의 창시자인 존 웨슬리(John Wesley) 목사는 미국으로 선교를 갔다가 실패하고 다시 영국으로 돌아왔다. 그러던 어느 수요일, 수요 예배에 가고 싶지 않은 무거운 발걸음을 옮겨 어느 작은 모라비안 교도들의 집회에 참석했다. 예배가 이미 진행 중이라 맨 뒷자리에 앉았다. 둘러보니 열댓 명이나 모였을까? 분위기가 썰렁했다. 목사도 없었는지 한 교인이 설교 시간에 마틴 루터(Martin Luther)가 쓴 로마서 서문을 읽어 주었다. 성경도 아니고 루터가 쓴 책을, 그것도 본문이 아닌 서문을 읽어 주다니…. 그날 예배 분위기가 어떠했을지 상상할 수 있을 것이다. 그런데 존 웨슬리 목사는 그날 밤 회심의 체험을 하게 되었다. 이상하게 가슴이

따뜻해지는(strangely warmed) 체험을 하게 되었다. 그러면서 생전 처음으로 믿음의 확신과 구원의 확신을 얻게 되었다.

유명한 부흥 강사가 와서 집회를 인도한 것이 아니었다. 기도원에 올라가 금식 기도를 한 것도 아니었다. 주일 11시 예배를 드린 것도, 성가대의 노래가 웅장하게 울려 퍼지는 가운데 은혜를 받은 것도 아니었다. 희미한 불빛 아래 몇몇이 모여 늘어지는 찬송을 불렀다(분명 반주자도, 찬양단도 없었을 것이다.). 그런데 그런 자리에서 존 웨슬리는 생전 처음으로 성령님의 임재를 체험하고 구원의 확신을 얻게 되었다. 가시떨기나무 가운데 하나님이 임재하신 것이다.

하나님이 임재하시지 못할 정도로 초라한 사람은 아무도 없다. 모세는 그가 고백한 대로 nobody였다. 광야에서 잊힌 존재로 40년을 살던 사람이다. 그런 사람이 이제 무엇을 할 수 있겠는가? 그러나 하나님은 그런 모세에게 찾아오셨다.

가시떨기나무는 나무 같지 않은 나무다. 한 번도 꽃을 피우거나 열매를 맺어 보지 못한 나무다. 스쳐 지나가기만 해도 가지가 부러지는 나무다. 있는 것이라고는 가시밖에 없어 그늘도 만들어 주지 못하는 나무다. 살아남기 위해 몸부림치는 나무다. 광야에는 그런 나무밖에 없다. 아마도 모세는 광야에서 40년을 살면서 가시떨기나무를 바라볼 때마다 자신의 모습을 보는 것 같았을 것이다.

애굽의 궁중에서는 somebody였던 모세다. 그러나 광야에 들어와 40년을 살면서 그는 nobody가 되었다. 세상 모든 사람들에게 잊힌 존재가 되고 말았다. 그러나 하나님은 그런 모세를 찾아오셨다. somebody가 아닌 nobody가 되었을 때 그를 찾아오셨다. 하나님이 쓰시지 못할 만큼 초라한 사람은 아무도 없다. 하나님이 우리를 쓰지 못하시는 것은 우리가 부족해서가 아니라 우리가 너무 강해서가 아닐까?

오순절 성령이 누구에게 임했는가? 제사장들에게? 랍비들에게? 바리새인들에게? 아니다. 그날 그 자리에 모인 사람들은 거의 대부분 갈릴리 사람들이었다. 예루살렘 사람들이 아니었다. 그들은 성경도 잘 모르고, 성전에는 1년에 한 번도 가기 어려운 사람들이었다. 그들은 배운 사람들이 아니었다. 그들은 어부였고, 촌사람들이었다. 하나님은 그런 그들에게 성령을 부어 주셨다. 그런 그들을 통해서 새로운 구원 역사를 시작하려고 교회를 세우셨다. 하나님은 지금도 그런 사람들을 통해 하나님 나라를 이루어 가고 계시다.

가시떨기나무에 붙은 불

가시떨기나무에 불이 붙었다. 이 나무는 살아남기 위해 몸부림치는 나무다. 1년 내내 한 방울의 비라도 내려 주기를 목말라 고대하는 나무다. 뜨거운 태양의 열기에 곧잘 불붙어 타 버리고 마는 나무다. 그런 나무에 불이 붙었다. 그러면 끝난 것이다. 금방 타 버리고 말기 때문이다. 이제 곧 재로 변하고 말 것이다. 그런데 신기하게도 불이 붙었는데 타지를 않았다.

불은 파괴적인 힘을 가지고 있다. 그래서 심판을 상징하기도 한다. 그런데 왜 하나님은 40년 만에 나타나셔서 이런 광경을 보여 주신 것일까? 기왕 찾아오실 거면 광야의 가시떨기나무에 불이 붙은 모습으로가 아닌, 잎이 무성해지고 꽃이 흐드러지게 피어나 열매가 주렁주렁 맺히는 모습으로 오시는 편이 훨씬 좋지 않았을까? 그랬더라면 죽어 가던 나무가 살아나는 것을 보면서 '아, 가시떨기나무 같은 나의 모습이 저렇게도 될 수 있겠구나, 우리 민족이 지금은 가시떨기나무와 같지만 하나님이 축복해 주시면 저렇게 살아날 수 있겠구나' 생각하며 얼마나 감격했겠는가? 하나님은 왜 불타는 가시떨기나무 가운데 임재하신 것일까?

지금 이스라엘 백성은 애굽에서 노예 생활을 하며 말할 수 없는 고통을 겪고 있다. 애굽의 바로는 히브리인들을 멸망시키기 위해 갖은 방법을 다 쓰고 있다. 이러한 상황에서 하나님은 불꽃이 가시떨기나무를 불살라 태워 버리려 하지만 그럴 수 없는 것처럼, 애굽이 이스라엘을 소멸시키려 할지라도 이스라엘은 하나님의 보호를 받아 절대로 해를 받지 않을 것임을 모세에게 보여 주시려 했던 것 같다. 또한 출애굽의 리더가 될 모세에게 이렇게 말씀하시려고 했던 것 같다.

'모세야, 이제 네가 이스라엘 백성을 인도해 내어 광야 40년 길을 거쳐 가나안으로 들어가게 될 텐데, 그 과정 속에 수많은 어려움이 있을 것이다. 내 백성을 삼키려는 세력들에 의해 많은 고통을 겪게 될 것이다. 그러나 맹렬한 불이 가시떨기나무를 태워 버리려 하지만 나무는 하나도 타지 않는 것과 마찬가지로 그 누구도, 그 어떤 세력도 내 백성 이스라엘을 해할 수 없을 것이다. 그러므로 염려하지 말고 그들을 이끌고 출애굽을 하라.'

40년 광야 길을 가는 동안 그들은 수많은 어려움과 고통과 고난과 시련을 경험했다. 하지만 모세에게 가시떨기나무 불꽃을 통해 보여 주신 것처럼, 그들은 가나안 땅에 무사히 들어갈 수 있었다.

하나님은 훗날 이스라엘 백성이 바벨론에 포로로 끌려갈 때도 이렇게 말씀하셨다.

"야곱아 너를 창조하신 여호와께서 지금 말씀하시느니라 이스라엘아 너를 지으신 이가 말씀하시느니라 너는 두려워하지 말라 내가 너를 구속하였고 내가 너를 지명하여 불렀나니 너는 내 것이라 네가 물 가운데로 지날 때에 내가 너와 함께 할 것이라 강을 건널 때에 물이 너를 침몰하지 못할 것이며 네가 불 가운데로 지날 때에 타지도 아니할 것이요 불꽃이 너를 사르지도 못하리니"(사 43:1-2).

나라는 망했고 백성은 포로로 끌려갔다. 그리고 50년이 지났다. 이제 끝난 것 아닌가? 그러나 아니었다. 하나님은 그들을 포로에서 해방시켜 주시고 고국으로 돌아가 무너진 나라를 다시 세우게 하셨다. 불꽃이 가시떨기나무를 삼키지 못했던 것이다.

큰 물고기가 요나를 삼켰지만 결국은 소화를 못 시키고 토해 내지 않았는가? 이스라엘 사람들은 요나를 자신들과 동일시한다. 그들은 수많은 열강의 세력들에게 삼켜졌지만 열강은 그들을 다 토해 내고 말았다. 바로가 삼켰지만 토해 내고 말았다. 바벨론이 삼켰지만 토해 내고 말았다. 히틀러가 삼키려 했지만 토해 내고 말았다. 그렇게 2천 년 동안 나라 없이 떠돌던 민족이 결국 2천 년 만에 다시 나라를 세우게 되었다. 그래서 유대인은 소화가 안 되는 민족이라는 말이 생겼다. 불꽃이 그 가시떨기나무를 태우지 못했듯이 어느 누구도 이스라엘 민족을 삼킬 수 없었던 것이다.

우리는 가시떨기나무 같은 인생을 살고 있지만, 그런 존재지만, 그래서 환난과 시련의 불이 한 번 붙으면 타 버리고 끝날 수밖에 없지만, 우리 안에 하나님이 임재해 계시기 때문에 불이 우리를 사르지 못하고, 물이 우리를 침몰치 못할 것이다. 우리가 어떤 광야를 지나든 하나님은 우리와 함께하셔서 무사히 통과하게 하실 것이다.

모세의 노(No)에 노(怒)하신 하나님

하나님이 40년 만에 모세를 찾아오셨을 때 그는 '이제 광야 끝, 행복 시작'이라고 생각했을지 모른다. 그러나 하나님은 그에게 왕궁으로 돌아가라는 명령 대신 출애굽의 사명을 맡기셨다. 모세는 이런 하나님의 명령을 끝까지 거절했다. 왜일까? 광야로 들어가는 것이 싫어서였을까? 광야에서 또다시 40년을 지낼 생각을 하니 끔찍했던 것일까? 아니다. 모세의 계산으로는 가나안에 들어가는 데 40일이면 충분했다. 모세는 40년 동안 광야를 지나게 될 것이라고는 상상도 하지 못했다.

모세가 하나님의 부르심을 사양한 데는 다른 이유가 있었을 것이다. 출애굽하면 이스라엘 백성은 오갈 데 없는 민족이 되고 만다. 200만 명이 살아갈 땅(영토)이 없게 된다. 나라 없는 민족이 되는 것이다. 가나안 땅은 이미 다른 민족들이 차지하고 있었다. 이스라엘이 그 땅을 차지하기 위해서는 전쟁을 해야 했다. 물론 하나님이 약속해 주신 땅이니 그 땅을 차지하게 되겠지만 그것이 결코 쉬운 일이 아님을 모세는 알고 있었을 것이다. 그래서 하나님의 부르심에 선뜻 응하지 못했을 것이다.

하나님은 모세에게 이렇게 말씀하셨다. "내가 반드시 너와 함께 있으

리라"(출 3:12). 이게 다다. 다른 말씀은 없으셨다. 다른 대책이 있는 것이
아니라, 함께해 줄 테니 가라는 것이었다. 함께하겠다는 약속 하나 주시
고는 당신의 백성을 인도해 내라는 것이었다. 얼마나 황당한가? 그러나
사실은 함께하겠다는 약속 하나만으로도 충분하다. 함께하겠다는 말씀
은 하나님이 출애굽을 시켜 주시고, 하나님이 가나안 땅으로 들어가게
해 주시겠다는 약속이다. 하나님이 하시겠다는 말씀인 것이다. '내가 다
할 테니 너는 따라오기만 해라. 내가 시키는 대로만 해라.'

　하나님의 약속에 모세의 생각이 조금 바뀐다. '그렇지. 하나님이 함께
하신다면야 불가능하지만은 않지. 하나님이 다 알아서 해 주시겠다는
데 한번 해 봐?' 그래서 모세가 물었다.

> "내가 이스라엘 자손에게 가서 이르기를 너희의 조상의 하나님이 나를 너희에게
> 보내셨다 하면 그들이 내게 묻기를 그의 이름이 무엇이냐 하리니 내가 무엇이라
> 고 그들에게 말하리이까"(출 3:13).

그때 하나님이 자신을 밝히신다.

> "나는 스스로 있는 자이니라 … 너희 조상의 하나님 여호와 곧 아브라함의 하나
> 님, 이삭의 하나님, 야곱의 하나님께서 … 너희에게 보내셨다 하라"(출 3:14-15).

이렇게 말하면 이스라엘 백성이 모세를 믿고 따를 것이라고 하셨다.
그러나 모세는 하나님에게 이의를 제기한다. '하나님, 그건 그들을 잘
몰라서 하시는 말씀입니다. 그들에게 가서 하나님이 당신들을 구원하

기 위해 나를 보내셨다고 말하면 다들 저를 미친놈이라고 할 겁니다. 누가 그 말을 믿겠습니까?' 그러자 하나님은 백 보 양보하고 이렇게 말씀하신다. '내가 너에게 그들 앞에서 기적을 행할 수 있게 해 주겠다. 그러면 그들이 그 기적을 보고 너를 믿을 것이다.' 그러면서 모세의 지팡이로 뱀을 만드시는 기적에 이어서 모세의 손에 나병이 들었다가 낫게 해 주시는 두 가지 기적을 보여 주셨다.

그런데도 모세는 계속해서 고집을 부렸다. 자신은 말을 잘 못하니 못 가겠다는 것이다. 이해가 되는 말이다. 지도자는 말을 잘해야 한다. 소통을 잘해야 한다. 잘 설득시킬 수 있어야 한다. 모세는 하나님이 시키시는 일을 하고 싶지 않아 핑계를 댄 것이 아니라 정말 중요한 이야기를 했던 것이다.

이런 모세에게 하나님은 그의 입과 함께 있어 할 말을 가르쳐 주겠다고 말씀하셨다. 그러자 모세는 이렇게 말한다. "보낼 만한 자를 보내소서"(출 4:13). 하나님은 왜 이렇게까지 거절하는 모세를 보내려 하시는 걸까? 다른 사람은 안 되는 것일까? 하나님이 모세를 출애굽의 리더로 세우신 이유가 무엇일까? 이유는 알 수 없지만, 모세는 계속해서 거부하고 하나님은 너 아니면 안 된다는 식으로 모세에게 강요하셨다. 그리고 결국엔 하나님이 화를 내셨다.

"여호와께서 모세를 향하여 노하여"(출 4:14).

모세가 계속 하나님에게 No하자 하나님도 모세에게 노하신 것이다.
성경에 보면 하나님은 늘 화가 나신 것처럼 보인다. 오디오 성경을 들어 보라. 하나님의 음성은 늘 화가 나 있다. 다정다감하고 조용한 음성이 아니다. 계속해서 책망하신다.

천지를 창조하신 후 하나님은 계속 화가 나 계셨다. 창세기 3-11장을 보라. 에덴동산 이야기, 가인과 아벨 이야기, 노아 홍수 이야기, 바벨탑 이야기…. 계속 심판하시지 않는가? 지구를 싹 쓸어버리기까지 하셨다. 화가 나신 것이다.

모세를 불러 바로와 대결하게 하실 땐 열 가지 재앙을 내리셨다. 사실 열 번째 재앙 한 가지만 내리셔도 되었다. 그러면 그날로 출애굽하게 되었을 것이다. 그런데 하나님은 열 가지 재앙을 모두 내리셨다. 하나님이 화가 나신 것이다. 바로에게도 화가 나셨지만, 그동안 히브리인들을 학대하고 노예로 삼은 애굽 사람들에게도 화가 나셨던 것이다. 그래서 화를 퍼부으신 것이다.

광야에서 40년을 지낼 때에도 하나님은 매일 화가 나셨다. 날이면 날마다 불평불만을 쏟아 내는 이

▶ 〈모세〉(미켈란젤로 부오나로티[Michelangelo Buonarroti, 1475-1564])

스라엘 사람들에게 하나님이 질리신 것이다. 광야 40년이 정말 하나님과 이스라엘 백성 사이의 밀월 기간이었을까? 하나님은 결코 이스라엘 민족에 대해서 행복해하지 않으셨다.

가나안에 들어가서는 어땠는가? 가나안에 들어가서도 하나님은 화가 나셨다. 이스라엘 백성은 하나님 아닌 다른 왕을 달라고 요구했다. 그들의 하나님이 되어 그들을 다스리고 당신의 나라를 이루시려고 가나안까지 데리고 왔는데 이제 와서 하나님이 필요 없다는 것이다. 다른 왕을 달라는 것이다. 하나님이 얼마나 화가 나셨는지, 하나님은 이스라엘 백성들이 원하는 왕을 세워 주시고는 그들이 어떻게 되는지 두고 보셨다. 이렇게 해서 하나님 나라(Kingdom of God) 대신에 이스라엘 나라(Kingdom of Israel)가 세워진 것이다. 결국 어떻게 되었는가? 나라는 망하고, 이스라엘 백성은 포로로 끌려가게 되었다.

어렸을 때 아버지가 화가 나 있으면 식구들은 모두 숨을 죽여야 했다. 아버지 눈치를 봐야 했다. 아버지의 화가 풀릴 때까지 기다려야 했다. 그런데 지금은 아버지가 화가 나 있어도 누구 하나 신경 쓰지 않는다. 마찬가지로 하나님이 우리 때문에 화를 내실 때에도 우리는 하나님이 화 나신 것에 대해 조금도 신경 쓰지 않는 것 같다.

모세에게 맡겨진 출애굽 사명

광야는 훈련장이라고들 말한다. 맞는 말이다. 그런데 모세를 훈련하고 연단시키기 위해서, 과거의 모세를 죽이고 새사람이 되도록 하기 위해서 광야로 들어가게 하신 것일까? 장차 하나님이 모세를 출애굽의 리더로 사용하기 위해, 리더로서의 성품을 갖추도록 하기 위해 광야로 들어가게 하신 것일까?

광야에서 모세가 한 일은 양을 치는 것이었다. 먹고살기 위해 양을 쳤을 뿐 리더가 되기 위해 특별히 훈련받은 것은 없었다. 모세는 자신이 리더가 되리라고는 상상도 하지 못했다. '내 인생 이렇게 끝나고 마는구나' 하며 절망 가운데 살았다. 그런데 모세는 광야에서 자신도 모르는 사이에 하나님에게 쓰임 받을 준비를 하고 있었다.

광야의 지도자는 교실에서 만들어지지 않는다. 책으로 만들어지지 않는다. 광야의 지도자는 광야를 아는 사람이라야 한다. 광야를 체험한 사람, 광야를 지나 본 사람, 광야에서 살아 본 사람, 광야에서 죽을 고비를 넘겨 본 사람, 그래서 광야를 두려워할 줄 아는 사람, 광야에서 겸손할 줄 아는 사람이어야 한다. 광야에서 길을 찾을 줄 아는 사람, 광야의 지도를 갖고 있는 사람만이 광야의 리더가 될 수 있다. 광야를 통과한 사람만이 광야의 지도자가 될 수 있는 것이다.

리더는 앞서가는 사람이다. 앞서가는 사람은 길을 알아야 한다. 지도를 갖고 있어야 한다. 그래야 사람들을 인도할 수 있다. 모세는 광야의 전문가였다. 모세는 출애굽할 때 지나가야 할 광야의 지도를 갖고 있었다. 그곳에서 이미 40년을 살았기 때문이다. 그렇기 때문에 그는 출애굽의 리더가 될 수 있었던 것이다.

모세는 광야는 잘 알았지만 가나안은 알지 못했다. 가 본 적이 없었다. 그러나 여호수아는 그곳에 정탐꾼으로 파견되어 40일 동안 가나안 전역을 샅샅이 정탐하고 돌아왔다. 그는 가나안의 지도를 갖고 있었다.

따라서 가나안에서는 가나안의 지도를 갖고 있는 여호수아가 지도자가 되는 것이 마땅했다. 그래서 모세는 가나안에 들어가지 못하고 여호수아가 모세의 배턴을 이어받아 가나안에 들어갔던 것이다.

다윗은 사울에게 쫓겨서 광야로 들어가 13년을 살았다. 광야에서 13년 동안 어떻게 살아남을 수 있었을까? 그리고 왜 광야로 숨어들어갔던 것일까? 다윗은 베들레헴 출신으로 어렸을 때부터 광야에서 양을 쳤다. 그래서 광야를 잘 알고 있었다. 어디에 가면 동굴이 있고, 어디에 가면 샘이 있으며, 어디에 가면 숨을 곳이 있고, 어디에 가면 아무도 찾을 수 없는지 잘 알고 있었다. 그랬기 때문에 사울에게 쫓길 때 광야로 들어갔던 것이고, 그곳에 익숙했기 때문에 13년 넘게 숨어 다니며 살 수 있었던 것이다.

광야에서 살아남으려면 광야를 잘 알아야 한다. 광야를 잘 아는 방법은 하나밖에 없다. 광야에서 사는 것이다. 광야를 지나 보지 않은 사람은 광야를 지나는 사람의 리더가 될 수 없다. 광야를 잘 아는 사람만이, 광야를 체험해 본 사람만이 광야를 지나는 사람들을 도와줄 수 있다. 그들이 광야에서 안전하게 빠져나와 가나안에 들어갈 수 있도록 도와줄 수 있다.

하나님은 장차 출애굽의 사명을 맡기시려고 모세로 하여금 광야로 들어가게 하셨다. 모세에게 40년간 광야에 머문 시간이 없었더라면 우리가 알고 있는 모세도 없었을 것이다. 하나님의 구원 사건인 출애굽은 모세가 아닌 다른 사람을 통해 이루어졌을 것이다. 광야에서의 40년은 결코 허비하는 시간이 아니었다. 그 시간이 있었기에 하나님의 크신 역사를 이루는 도구가 될 수 있었고, 하나님에게 귀하게 쓰임 받을 수 있었던 것이다.

광야에서의 시간은 결코 허비하는 시간이 아니다. 준비하는 시간이
다. 더 오래 머물수록 더 잘 준비하게 되고, 더 잘 준비할수록 더 잘 쓰
임 받게 된다. 하나님은 결코 우리의 시간을 허비하지 않으신다. 그리고
우리의 광야 체험을 결코 허비하지 않으실 것이다. 다 사용하실 것이다.

모세가 들어간 진짜 가나안

느보 산에 올라가면 발아래로 사해도 보이고, 건너편으로 여리고도 보
이고, 저 멀리 희미하게 예루살렘도 보인다. 요단 계곡도 보이고 유대
광야도 눈앞에 펼쳐진다. 이것이 모세가 느보 산에 올라가 바라본 가나
안의 풍경이었다. 그런데 하나님은 모세에게 그것을 바라만 볼 뿐 들어
가지는 못할 거라고 말씀하셨다. 그리고 모세는 자신이 가나안에 들어
가지 못할 거라는 하나님의 말씀을 담담하게 받아들였다.

느보 산에서 가나안을 바라보면 어떤 세계가 눈앞에 펼쳐질까? 우리
가 상상하는 광경은 이렇다. 느보 산 아래로는 요단 계곡이 펼쳐져 있고
그 한가운데로 요단 강이 흐른다. 그 요단 강을 건너기만 하면 그리고
그리던 가나안 땅에 들어가게 되는 것이다. 40년 광야를 지나온 이유가
바로 그 가나안에 들어가기 위해서 아니었는가? 요단 강만 건너면 광야
끝, 가나안 시작, 고생 끝, 행복 시작이다. 암갈색 광야가 끝나고 초록색
가나안이 펼쳐지는 것이다.

하지만 현실은 다르다. 푸른 평원이 아니라 암갈색 광야다. 가나안에

들어가려고 40년 동안 광야를 지나왔는데 그들 앞에는 아직도 그 지긋지긋한 광야가 놓여 있다. 그런데 그곳이 가나안이라는 것이다. 얼마나 실망했겠는가? 어쩌면 모세도 광야와 다를 바 없는 가나안을 바라보고는 별로 들어가고 싶은 생각이 없었을지도 모르겠다. 40년 동안 광야를 지나오면서 이스라엘 백성에게 질렸기 때

▶ 〈모세의 일생이 담긴 장식품〉(에티엔 들론 [Etienne Delaune, 1518-1583])

문이다. 날이면 날마다 불평불만을 쏟아 내고 원망하는 이스라엘 백성 때문에 모세가 얼마나 지쳤겠는가? 모세는 광야 때문에 힘든 것보다 불평불만, 원망하는 백성 때문에 훨씬 더 힘들었을 것이다.

어쩌면 모세가 가나안에 들어가지 못한 것은 벌이 아니라 그동안의 수고에 대해 무거운 짐을 벗겨 주시려는 하나님의 배려였는지도 모른다. '모세야, 그동안 수고 많았다. 이제 좀 쉬어라. 가나안에 들어가서도 할 일이 많지만 그 일은 여호수아에게 맡기겠다.'

모세는 왜 하나님이 자기를 가나안에 들어가지 못하게 하시는지 잘 알고 있었다. 모세는 광야를 잘 아는 사람이었다. 그러나 가나안은 알지 못했다. 가 본 적도 없고 아는 것도 없었다. 더군다나 가나안에 들어가서는 전쟁을 해야 했다. 모세와 달리 여호수아는 장군이었다. 그리고 가나안 지도를 갖고 있었다. 가나안을 잘 알고 있었다. 그러니 가나안에서는 모세보다 여호수아가 리더로서 적임자인 것이다. 그래서 모세도 하나님의 결정에 동의하고 여호수아에게 기꺼이 리더십을 물려준 것이다.

모세가 여호수아와 함께 가나안에 들어갔다면 평생을 모세의 시종으로 섬긴 여호수아는 제대로 된 리더십을 발휘하기 어려웠을 것이다. 여호수아는 사사건건 물어야 했을 것이고, 모세는 사사건건 훈수를 두고 싶었을 것이다. 이스라엘 백성도 여호수아가 아니라 모세를 바라보았을 것이고, 이로 인해 여호수아는 제대로 된 리더십을 발휘할 수 없었을 것이다. 어느 모로 보나 모세는 가나안에 들어가지 않는 것이 맞았다.

우리는 광야를 지나면 다 가나안에 들어가야만 하는 것으로 생각한다. 가나안에 들어가지 못하면 실패라고 생각한다. 가나안에 들어가지 못한 채 광야에서 끝나면 미완성이라고 생각한다. 그러나 그렇지 않다. 가나안에 들어가지 못했다고 실패자가 되는 것은 아니다. 우리의 사명은 가나안이 아니라 광야에서 끝날 수도 있다.

모세는 가나안에 큰 미련이 없었다. 그랬으니 못 들어갔다고 해서 시험에 들거나 억울해하지는 않았을 것이다. 모세는 이 땅에 있는 가나안에는 들어가지 못했지만 더 좋은 진짜 가나안에 들어가게 되었다. 진짜 가나안인 천국에 들어가게 된 것이다. 모세는 가짜 가나안보다 진짜 가나안을 더 사모했다. 그랬기에 가나안에 들어가게 해 달라고 사정하지 않았던 것이다.

하나님은 아브라함과 이삭과 야곱에게 가나안 땅을 주겠다고 약속하셨다. 그러나 그들은 그 땅을 차지하지 못했다. 그들은 나그네로 살면서 장막을 짓고 이곳저곳으로 옮겨 다녔다. 그들은 하나님이 약속해 주신 것을 받지 못했지만 원망하지 않았다. 더 좋은 가나안이 있는 것을 알았기 때문이다. 그들은 이 세상 나라 가나안이 아닌, 하나님이 예비해 두신 진짜 가나안을 바라보며 소망 가운데 살아갔다. 땅 한 평 없어도 감사했다. 좋은 집 짓고 살지 못했어도 감사했다. 가나안을 누리지 못했어도 감사했다. 더 좋은 가나안이 그들을 기다리고 있었기 때문이다.

"믿음으로 그는 … 이삭과 야곱과 함께 장막에서 살았습니다. 그는 하나님께서 설계하시고 세우실 튼튼한 기초를 가진 도시를 바랐던 것입니다 … 그러나 사실은 그들은 더 좋은 곳을 동경하고 있었던 것입니다. 그것은 곧 하늘의 고향입니다. 그래서 하나님께서는 그들의 하나님이라고 불리는 것을 부끄러워하지 않으시고, 그들을 위하여 한 도시를 마련해 두셨습니다"(히 11:9-10, 16, 새번역).

진짜 가나안을 바라보며 살아가는 사람들은 가짜 가나안에 미련을 두지 않는다. 가짜 가나안의 축복을 누리지 못해도 낙심하지 않는다. 아브라함이 그랬고, 이삭이 그랬고, 야곱이 그랬고, 모세가 그랬다. 그런데 우리는 진짜 가나안보다 가짜 가나안에 더 관심이 많다. 이 세상의 가나안에 더 관심이 많다. 진짜 가나안에 들어가는 것보다 가짜 가나안에 들어가는 것에 더 관심이 많다.

가나안은 어떤 곳인가? 우리가 하나님의 백성이 되는 곳이다. 하나님을 우리의 왕으로 섬기는 곳이다. 하나님이 우리를 다스리시는 곳이다. 우리가 하나님의 뜻을 이루어 드리면 우리가 있는 자리에서 하나님의 뜻이 이루어지는 곳이다. 그곳이 바로 천국이요, 하나님 나라, 곧 가나안이다.

진짜 가나안은 주님과 동행하는 것이다. 하나님의 백성이 되어 하나님의 뜻대로 살아가는 것, 그래서 하나님의 뜻을 이루어 드리는 것이다. 그것이 진짜 가나안이며, 그곳이 바로 하나님 나라다.

주 예수와 동행하면 광야에 살아도 기쁨과 감사와 행복과 만족과 은혜가 넘친다. 그러면 그 사람은 가나안에 살고 있는 것이다. 광야를 지나도 하나님과 함께라면 그곳은 가나안이고, 가나안에 살아도 하나님 없이 살아간다면 그곳은 광야다.

모세

	첫 번째 광야	두 번째 광야
광야에 들어가기 전	바로의 왕궁에서 생활	미디안 광야에서 40년간 도피 생활
광야에 들어가게 된 동기	동족을 살인하고 광야로 도피	하나님이 찾아오셔서 출애굽의 사명을 맡기심
광야가 어떻게 시작되었는가?	광야로 도망감	바로와의 대결 이스라엘 백성 출애굽
광야에서 무엇을 했는가?	미디안 광야에서 은둔 생활 장인의 양을 치는 목자(40년)	광야를 지나 가나안까지 40년 간 인도해 감
광야를 지나는 동안 하나님이 어떤 일을 하셨는가?	한 번도 찾아오지 않으심	모세와 함께하셔서 이스라엘 백성이 광야를 통과해서 가나안에 들어가게 하심 수시로 나타나심 계속 모세에게 말씀하시고 모세의 기도를 들으시고 문제를 해결해 주심
어떤 광야를 통과했는가?	nobody로 살아감 광야에서 인생이 끝날 것이라 생각함	이스라엘 백성들의 원망, 불평 불만을 들으며 40년을 지냄
광야를 어떻게 살아냈는가?	처음에는 열심히 기도했으나 시간이 지나면서 하나님을 더 이상 기대하지 않음	참고 견디며 어려움을 당할 때마다 기도함 하나님의 인도하심에 순종함
언제 광야가 끝나게 되었는가?	40년 만에 하나님이 찾아오심으로	느보 산에서 가나안을 눈앞에 두고
광야에서 나온 후 어떻게 되었는가?	출애굽의 리더가 됨 40년 광야를 거치고 다시 광야에 들어가 40년을 지냄	가나안에는 들어가지 못함 리더십을 여호수아게 넘겨줌 사명을 완수하고 죽음
왜 하나님이 광야에 들어가게 하셨는가?	출애굽 리더가 되게 하기 위해(리더로서의 자질이 아닌 광야의 지도를 갖도록 하기 위해)	이스라엘 백성을 출애굽시켜 가나안에 들어가도록 하기 위해

두드려 치댄 만큼
쓰임 받을 수 있다

"네 하나님 여호와께서 이 사십 년 동안에
네게 광야 길을 걷게 하신 것을 기억하라"
(신 8:2).

시나이 반도

하나님이 약속하신 진짜 가나안

가나안에 큰 기근이 들었다. 양식이 떨어지자 요셉의 형제들은 애굽에 양식을 구하러 갔다가 총리가 된 요셉을 만났다. 그들은 요셉 덕분에 애굽으로 내려가 비옥한 나일 강 삼각주 지대에 정착해 풍요를 누리며 살게 되었다. 히브리인들의 자손은 날로 번성해 갔다. 몇 백 년을 그렇게 살았으니 남의 나라에 몸 붙여 산다는 생각도 하지 않게 되었을 것이다. 그렇게 되자 그들은 하나님을 절실히 필요로 하지 않게 되었고, 하나님 없이도 잘 살 수 있을 거라 생각하게 되었다. 그래서 그들은 하나님을 찾지 않았으며, 하나님을 잊고 살아갔다.

그들은 그곳에서 애굽 문화에 동화되었다. 그들은 그곳에서 애굽인들이 섬기는 신들을 섬겼다(수 24:14). 광야에서 만들었던 금송아지 우상도 그들이 애굽에서 섬기던 신을 형상화해서 만든 것이었다. 이렇게 이스라엘 백성은 애굽에서 등 따습고 배부르게 되자 하나님을 멀리하면서 잊어버리게 되어 결국엔 하나님을 떠나고 말았다. 그들은 '여기가 좋사오니' 하며 하나님 없이도 잘 살았다. 아쉬울 것이 없었다. 부족함도 없었다. 그들에게는 그곳이 가나안이었다. 그들의 조상들이 살았던 가나안보다 훨씬 좋은 곳이었다. 그러다 보니 진짜 가나안을 잊고 살았다. 하나님은 진짜 가나안으로 데려가기 위해 잠시 동안 애굽에 머물게 하셨던 것인데, 그들은 가짜 가나안에 푹 빠져 살고 있었다. 하나님은 그들이 정신을 차리도록 요셉을 알지 못하는 바로가 나타나게 하셨다. 그로 인해 하루아침에 노예 신세로 전락하고 말았다. 그들은 그제야 하나님에게 살려 달라고 부르짖기 시작했다. 그러자 그들의 고통을 돌아보신 하나님이 모세를 부르셔서 그들이 애굽을 벗어나게 해 주셨다. 이렇게 해서 출애굽이 이루어졌다.

출애굽 때 애굽에 남은 히브리인들은 한 명도 없었다. 모두가 애굽에서 빠져나왔다. 만일 요셉을 알지 못하는 바로가 히브리인들을 압제하지 않았다면 히브리인들은 애굽을 떠나지 않았을 것이다. 히브리인들은 조상 때부터 애굽에 뿌리를 내리고 잘 살고 있었다. 조상들이 애굽으로 이민 온 것이 벌써 3, 4백여 년 전 아닌가? 애굽은 그들에게 더 이상 남의 나라가 아니었다. 애굽에서 그들은 이방인이 아니었다. 그들은 애굽의 언어며 모든 것에 있어 불편함이 없었다. 그런데 어느 날 모세라는 사람이 갑자기 나타나 하나님이 조상들에게 약속하신 가나안으로 가자고 하면 몇 명이나 따라나설까?

가나안을 '젖과 꿀이 흐르는 땅'이라고 하지만, 가나안보다는 애굽이 훨씬 비옥했다. 히브리인들은 고센 지방에서 부족함 없이 양을 치며 잘 살고 있었다. 그곳은 나일 강 삼각주 지역으로서 매우 비옥한 곳이었다. 가나안이 아무리 비옥하다 할지라도 히브리인들이 살고 있던 고센 지방에는 비할 바가 못 되었다. 히브리인들은 나일 강의 혜택을 마음껏 누리며 풍요하게 살고 있었다. 웬만한 가뭄이 와도 큰 문제가 없었다. 하늘에서 비가 내리지 않아도 농사짓는 데 큰 어려움이 없었다. 애굽에는 사시사철 흐르는 나일 강이 있었기 때문이다. 반면 가나안에는 요단 강밖에 없었다. 요단 강은 나일 강에 비하면 개울이다. 가뭄이 들어 비가오지 않으면 말라 버린다. 그런 곳에서 어떻게 마음 편히 농사를 지으며살 수 있겠는가?

더군다나 가나안은 히브리인들을 위해서 고스란히 준비되어진 곳이아니었다. 가나안에 들어가 살기 위해서는 그 땅을 탈취하기 위한 전쟁을 해야 했다. 누가 그런 위험을 감수하겠다고 애굽을 떠나겠는가? 가나안에 들어간다 해도 모든 것을 새로 시작해야 한다. 밑바닥부터 새로시작해야 한다. 그런 곳에 누가 가려고 하겠는가?

하나님은 이스라엘 백성이 잘 먹고 잘 살기를 바라서 애굽으로 내려가게 하신 것이 아니었다. 애굽에서 아브라함에게 하신 첫 번째 약속, 곧 씨의 약속을 이루기 위해 그러셨던 것이었다. 이제 그 약속이 이루어졌다. 애굽에서 히브리인들은 한 민족을 이루게 되었다. 하나님은 그들을 가나안 땅으로 데리고 가 그곳에 나라를 세울 계획이셨다. '하나님이약속하신 땅'은 애굽이 아니라 가나안이었다.

애굽에서 아무 문제없이 잘 먹고 잘 살았다면 어느 누구도 가나안에 들어가려 하지 않았을 것이다. 그런데 때마침(?) 요셉을 알지 못하는 바로가 나타나 히브리인들을 핍박하자 그들은 애굽을 떠날 생각을 하게 된 것이다.

하나님이 응답하시는 기도

"여러 해 후에 애굽 왕은 죽었고 이스라엘 자손은 고된 노동으로 말미암아 탄식
하며 부르짖으니 그 고된 노동으로 말미암아 부르짖는 소리가 하나님께 상달된
지라 하나님이 그들의 고통 소리를 들으시고 하나님이 아브라함과 이삭과 야곱
에게 세운 그의 언약을 기억하사 하나님이 이스라엘 자손을 돌보셨고 하나님이
그들을 기억하셨더라"(출 2:23-25).

하나님이 출애굽을 행하신 동기를 보여 주는 몇 가지 중요한 단어들이
이 구절 가운데 나타나 있다. '부르짖다', '들으셨다', '기억하셨다', '돌
보셨다'가 그것이다. 이러한 동사들은 출애굽기 3장에서도 반복되어 나
타난다. 하나님은 모세에게 이렇게 말씀하신다.

"애굽에 있는 내 백성의 고통을 분명히 보고 그들이 그들의 감독자로 말미암아
부르짖음을 듣고 그 근심을 알고 내가 내려가서 그들을 애굽인의 손에서 건져내
고 … 데려가려 하노라 이제 가라 이스라엘 자손의 부르짖음이 내게 달하고 애굽
사람이 그들을 괴롭히는 학대도 내가 보았으니 이제 내가 너를 바로에게 보내어
너에게 내 백성 이스라엘 자손을 애굽에서 인도하여 내게 하리라"(출 3:7-10).

히브리인들은 고통 가운데서 부르짖었다. 그리고 그 울부짖음이 하
나님에게 상달되었다. 하나님은 그들의 부르짖음과 그들이 학대당하는
모습을 보시고 그들의 고통과 근심을 알게 되셨다. 그리고 그들의 조상
들과 맺은 언약을 기억하셨다. 하나님은 그들을 구해 주기로 작정하시

고 모세를 불러 그에게 출애굽의 사명을 맡기셨다.

　우리는 흔히 이스라엘 백성이 하나님 앞에 부르짖어 기도했을 때 하나님이 그 기도를 들으시고 그들을 애굽에서 구원해 주셨다고 생각한다. 그런데 성경은 히브리인들이 '기도했다'고 표현하지 않는다. 그 대신 '부르짖었다'고 표현한다. 물론 부르짖는 것도 기도의 한 의미일 수 있다. 그러나 위의 본문에서는 삶이 너무 고달파 부르짖었다는 뉘앙스를 갖고 있다. 그들이 고통 가운데 부르짖는 소리와 신음 소리가 하늘에까지 들렸다는 것이다. 또한 '부르짖다'라는 단어가 '기도하다'라는 의미로 사용될 때는 거의 대부분 '여호와께'라는 단어가 같이 나오는데(출 8:12, 14:10, 15:25, 17:4), 위의 구절에서는 단순히 '부르짖다'라는 단어만 사용되었다. 물론 그렇다고 해서 그들이 기도하지 않았다는 것은 아니다. 당연히 기도했을 것이다.

▶ 모세가 하나님을 만난 시내 산(추정)

"하나님이 이스라엘 자손을 돌보셨고"(출 2:25).

하나님이 고통 소리를 들으시고, 그들과 맺은 언약을 기억하시고, 그 다음에 그들을 '돌보셨다'고 했다. 여기에서 '돌보다'로 번역된 히브리어는 '라아'(raah)로서 '보다'라는 의미다. 그러므로 '돌보셨다'는 표현은 너무 과장된 번역이다. '돌보다'와 '보다'는 다르다. 그런데 개역개정 성경에서는 '돌보다'로 옮겼다. 원문을 그대로 옮기면 이렇다. '하나님이 이스라엘 자손을 (내려다) 보셨다.' 즉, 하나님이 그들이 얼마나 고통당하고 있는가를 보기 위해 내려오셨다는 것이다.

"하나님이 그들을 기억하셨더라"(출 2:25).

앞에서는 하나님이 아브라함과 맺은 언약을 '기억하셨다'고 했다. 그런데 여기에는 하나님이 이스라엘 백성을 '기억하셨다'고 되어 있다. 여기에서 '기억하셨더라'로 옮겨진 히브리어는 '야다'(yadah)라는 동사로서 '알다'라는 뜻이다. 이 구절을 원문대로 번역하면 이렇다. '하나님이 그들을 아셨다.' 즉, 그들이 얼마나 고통당하고 있는지를 알게 되셨다는 뜻이다.

이제 그림이 그려질 것이다. 하나님이 그들의 고통 소리를 들으셨다. 그리고 그들과 맺은 언약을 기억하셨다. 하나님은 그들이 얼마나 고통당하고 있는지를 직접 보셨다. 그리고 그들이 얼마나 고통당하는지를 알게 되셨다. 그래서 출애굽의 역사를 행하셨다. 당신의 백성이 고통당하는 모습을 보시고, 그들의 신음 소리를 들으시고 하나님 마음이 움직

여겨서 그들을 구해 주셨던 것이다.

성경은 하나님이 그들의 고통을 보시고, 그들의 신음 소리를 들으시고, 그들의 아픔을 아셨다는 사실을 계속 강조하고 있다. 이스라엘 편에서의 기도가 출애굽을 가져온 것이 아니라, 하나님 편에서의 이스라엘에 대한 사랑과 긍휼이 출애굽을 가져온 것임을 강조하는 것이다.

이스라엘 백성은 얼마나 오랫동안 살려 달라고 부르짖으며 기도했을까? 그들은 모세가 태어나기 전부터 학대를 당했다. 그리고 모세는 80세에 바로를 만나러 갔다. 그러면 계산이 나온다. 이스라엘 백성은 애굽에서 80년 이상 노예 생활을 한 것이다. 다시 말해, 이스라엘 백성은 하나님에게 살려 달라고 80년 이상 부르짖으며 기도한 것이다.

이런 급박한 비상 기도는 직통으로 이루어 주셔야 하는 것 아닌가? 80년 동안이나 지켜보다가 구출해 주신 것은 너무한 것 아닌가? 평생 구원해 달라고 기도했지만 응답받지 못하고 노예로 살다가 죽은 사람들이 얼마나 많았겠는가?

하나님은 요셉을 알지 못하는 왕이 이스라엘 백성을 학대할 때부터 그들을 애굽에서 꺼내 줄 계획을 짜고 계셨다. 그래서 모세를 이 세상에 보내어 극적으로 살아남게 하시고, 바로의 궁에서 자라게 하시고, 광야에서 훈련받게 하신 것이다. 그렇게 하는 데 80년이 걸린 것이다. 하지만 하나님도 사실은 80년을 기다리신 것이다. 모세가 출애굽을 해낼 수 있는 준비를 갖출 때까지 기다리셨던 것이다.

히브리인들은 노예 생활을 하면서 무슨 기도를 했을까? 바로가 회개하게 해 달라고 기도했을까? 아니다. 그들은 요셉을 알지 못하는 그 왕이 하루 빨리 죽게 해 달라고 기도했을 것이다. 그러나 그런 일은 일어나지 않았다. 그 바로는 잘 먹고 잘 살다가 죽었다. 하나님은 왜 그들의 기도를 응답해 주시지 않은 것일까?

안 들어주실 수밖에 없다. 하나님을 떠나 우상 숭배하는 그들을 손보기 위해 바로를 세우신 것인데 그 기도가 어떻게 응답되겠는가? 회개해야 하는데 회개 기도는 하지 않고 바로에게 벌을 내려 달라는 기도만 하는데 어떻게 그 기도를 들어주시겠는가?

탕자가 아버지 집을 떠나 먼 나라에 가서 허랑방탕하게 살다가 흉년을 만났다. 왜 흉년을 만났는가? 정신 차리고 아버지 집에 돌아오도록 하기 위해서다. 탕자는 흉년을 만났을 때 비로소 제정신이 들었다. 그리고 아버지 집으로 돌아왔다. 그때 그의 인생의 흉년도 끝났다. 만일 그가 흉년을 만났을 때 하나님 앞에 빨리 이 흉년을 벗어나게 해 달라고 기도만 하고 있었다면 어떻게 되었을까?

광야에 들어갔을 때 우리가 드리는 기도는 대개 이렇다. '빨리 이 광야에서 벗어나게 해 주십시오!' 만일 우리가 잘못해서 정신 차리라고 광야로 들여보내신 것이라면 그때 우리가 할 수 있는 것은 하나다. 깨닫고 회개하고 정신을 차리는 것이다. 그러면 우리를 그 광야에서 나오게 해 주실 것이다. 그런데 회개는 하지 않고 광야에서 빨리 벗어나게 해 달라고만 기도하면 그 기도는 응답되지 않을 것이다.

히브리인들은 살려 달라고 열심히 기도했을 것이다. 그러나 출애굽하게 해 달라고 기도한 사람은 없었을 것이다. 누구도 애굽을 떠날 생각은 하지 않았을 것이다. 그들은 그들을 괴롭히는 바로가 죽고 새로운 왕이 나타나 다시 이전처럼 애굽에서 평화롭게 살아갈 수 있게 해 달라고 기도했을 것이다. 하지만 하나님은 그들의 기도를 들어주지 않으셨다. 아니, 들으셨다. 하지만 그들이 원하는 대로가 아닌 하나님의 방식대로 그들의 기도를 이루어 주셨다.

내 생각과 하나님의 생각은 다를 수 있다. 내 길과 하나님의 길은 다를 수 있다. 내 방법과 하나님의 방법, 내 때와 하나님의 때 역시 다를 수 있다. 그런데 우리는 내가 구하는 대로 주셔야, 내가 생각하는 대로 해 주셔야, 내가 생각하는 때에 이루어 주셔야 응답이라고 생각한다. 하나님은 우리의 기도와는 다른 방식으로 응답하실 때가 많다. 하나님은 우리가 기도하는 대로 이루어 주시는 분이 아니라, 하나님이 생각하는 대로 이루어 주시는 분이다. 응답이 없는 기도는 없다. 다만 내가 원하는 때에, 내가 원하는 방식으로, 내가 원하는 것을 응답해 주시지 않는 것뿐이다.

광야에서는 메추라기를 구해서는 안 된다

광야에서 이스라엘 백성은 왜 원망하고 불평했는가? 그들이 필요한 것을 하나님이 채워 주시지 않아서인가? 아니다. 하나님은 그들에게 필요한 것을 채워 주셨다. 1년 365일 하루도 빼놓지 않고 40년 동안 그들에게 필요한 양식을 내려 주셨다. 그들은 먹을 것이 없어서 원망하고 불평했던 것이 아니다. 그들은 먹고 싶은 것을 먹지 못했기 때문에 불평했던 것이다. '우리가 애굽에 있을 때는 가마를 걸어 고기도 삶아 먹고 그랬는데 맨날 만나만 먹어야 하다니…. 아, 옛날이여! 그때가 그립구나.'

이스라엘 백성이 광야를 지날 때 매일 무엇을 내려 주셨는가? 만나와 메추라기? 아니다. 매일 만나만 내려 주셨다. 메추라기는 한 달 동안만 보내 주셨다. 만나는 하나님의 은혜로 내려 주신 것이었다. 그러나 메추라기는 그렇지 않았다. 고기가 먹고 싶다고 원망하는 이스라엘 백성에게 하나님이 분노하셔서 어디 한번 실컷 먹어 봐라 하며 보내 주신 것이 메추라기였다. 그 메추라기를 먹은 사람들은 어떻게 되었는가?

"고기가 아직 이 사이에 있어 씹히기 전에 여호와께서 백성에게 대하여 진노하사 심히 큰 재앙으로 치셨으므로 그곳 이름을 기브롯 핫다아와라 불렀으니 욕심을 낸 백성을 거기 장사함이었더라"(민 11:33-34).

메추라기를 먹고는 죽었다. 욕심을 부리다 죽은 것이다. 그들이 묻힌 곳의 이름을 기브롯 핫다아와라고 붙였는데, 이는 '탐욕의 무덤'이라는 뜻이다. 그들이 죽은 것은 물이 없어서가 아니라, 양식이 없어서가 아니라 탐욕 때문이었다. 광야에서는 만나만으로도 감사해야 하는데, 파, 부추, 마늘이 먹고 싶다고 불평하고 원망하다가 광야에 묻힌 것이다.

광야를 지날 때는 만나만 내려 주셔도 감사해야 한다. 메추라기가 없다고 불평해서는 안 된다. 광야를 지날 때는 일용할 양식만 있어도 감사해야 한다. 창고에 모아 놓은 것이 없다고 불평해서는 안 된다. 광야를 지날 때는 장막에서 하룻밤 잘 수 있는 것만도 감사해야 한다. 좋은 집을 짓지 못하고 산다고 불평해서는 안 된다. 광야를 지날 때는 로뎀 나무 그늘이라도 감사해야 한다. 느티나무 그늘이 없다고 불평해서는 안 된다. 광야를 지날 때는 이슬만 내려 주셔도 감사해야 한다. 비를 내려 주시지 않는다고 불평해서는 안 된다.

우리는 주기도문을 외울 때 '일용할 양식을 주옵시고'라고 기도한다. 우리는 정말 일용할 양식을 구하고 있는가? 세상의 부귀, 명예, 권세, 자랑, 성공, 형통과 같은 것들을 구하는 것은 아닌가? '만나'에 만족하지 못하고 '메추라기'를 구하고 있는 것은 아닌가?

이스라엘 백성은 광야를 지나 가나안에 들어가 풍요롭게 살게 되었다. 광야를 지날 때와는 비교도 안 되게 잘살게 되었다. 그러나 더 많이 쌓아 놓고 싶었다. 그래서 더 열심히 일했다. 그리고 더 많은 복을 받기 위해 바알을 따라가고 풍요의 신을 섬겼다. 탐욕이 그들을 이렇게 만든 것이다.

어떤 사람이 더 잘 살기 위해, 더 많이 모으기 위해, 더 많이 쌓아 놓기 위해, 더 나은 미래를 준비하기 위해 더 열심히 일했다. 그래서 더 잘 살게 되었다. 더 많이 모아 놓기도 했다. 그런데 몸도 마음도 피곤하다. 광야를 지나는 것처럼 힘들다. 항상 부족한 것처럼 느껴진다. 만족이 없다. 미래가 두렵고 불안하다. 별로 행복하지 않다. 이 사람은 가나안에 사는 사람일까, 광야에 사는 사람일까?

어떤 사람은 모아 놓은 것이 없다. 하지만 굶는 것은 아니다. 하나님이 주시는 만나를 먹으며 살아간다. 풍족하고 부족함 없이 살아가는 것은 아니지만 크게 걱정하지는 않는다. 하나님이 책임져 주실 것을 믿고 하나님을 바라보며 하루하루 주시는 은혜를 받아 살아간다. 하루하루 주님의 인도하심을 따라 살아간다. 쌓아 놓은 것은 없지만 행복하다. 이 사람은 광야에 사는 사람일까, 가나안에 사는 사람일까?

나무는 욕심을 부리지 않는다. 스스로 비울 줄을 안다. 가을에 기온이 내려가면 겨울을 준비한다. 잎을 떨어뜨리기 시작한다. 바람이 불어 떨어지는 것이 아니라 나무 스스로가 자신의 잎을 떨어뜨리는 것이다. 잎은 가을이 되면 햇빛이 줄어들게 되어 광합성 작용을 잘 못하게 된다. 뿌리로부터 수분을 계속 공급받아야 하는데 그럴 물도 충분하지 않다. 이러한 상황에서 잎사귀들에게 계속 물을 공급해 주다 보면 나무가 지쳐서 죽게 되기에 나무들은 겨울을 나기 위해 잎을 떨어뜨린다. 겨울에는 그 많은 잎사귀들을 돌볼 여유가 없는 것이다. 잎사귀들을 떨어뜨리고 힘을 보충해서 뿌리와 가지를 잘 지탱해 주어야 얼어 죽거나 말라죽지 않고 겨울을 날 수 있다. 한마디로 희생을 시키는 것이다. 그렇게 모든 잎들을 다 떨어뜨린 다음에 나무들은 알몸으로 그 추운 겨울을 이겨내는 것이다. 떨어진 낙엽들은 자기를 떨어뜨린 나무의 이불이 되어 뿌리를 보호하고, 거름이 되어 뿌리와 나무를 살린다. 이렇게 나무들이 생존을 위해 스스로의 잎을 떨어뜨리기 때문에 겨울을 견디고 봄에 다시 살아나 새싹을 돋우어 꽃을 피우고 열매를 맺을 수 있는 것이다.

나무는 가지가 지나치게 많아 뿌리가 힘들어지면 가지 하나를 고사시킨다. 스스로 죽이는 것이다. 그래야 나머지 가지들이 살 수 있기 때문이다. 나무에 마른 나뭇가지가 달려 있다면 병들어 그런 것이 아니라 나무 스스로가 자신의 가지를 말라 버리게 한 것이다. 나무의 생존 전략이라 할 수 있다. 감나무나 대추나무도 비슷하다. 이 나무들은 가지치기를 해 주지 않아도 된다. 알아서 가지치기를 하기 때문이다. 가지가 부러질 정도로 많은 열매를 맺지만 가지가 부러지는 법은 없다. 부실한 열매는 알아서 다 솎아 내기 때문이다.

우리가 광야를 지날 때도 마찬가지다. 불필요한 잎사귀와 나뭇가지들을 제거해야 한다. 탐욕을 버려야 한다. 욕심을 버려야 한다. 불필요한 것들을 버리고 자신을 비워야 한다. 최소한으로 살아야 한다. 낮춰야 한다. 그래야 산다. 그래야 광야를 통과할 수 있다.

"너를 낮추시며 너를 주리게 하시며"(신 8:3).

어디에서 낮추고 주리게 하시는가? 광야에서다. 왜인가? 가난하게 사는 법을 배우라는 것이다. 가난에 처할 줄도 알라는 것이다! 없고, 없고, 없고, 없는 곳이 광야다. 그런 광야에서 우리는 없이 살아가는 법을 배워야 한다. 만나만 먹고 사는 법을 배워야 한다. 텐트에서 사는 법을 배워야 한다.

광야에서는 탐욕을 내려놓아야 한다. 이스라엘 백성은 광야를 지나면서 탐욕을 부려 메추라기를 구하다가 광야 모래 구덩이 속에 묻히고 말았다. 우리의 욕심을 광야의 모래 구덩이에 파묻지 않으면 그 욕심이 우리를 광야 구덩이에 파묻을 것이다.

광야에서 인도하는 순종의 나침반

광야에는 길이 없다. 정확히 말하면 길이 보이지 않는다. 그러다 보니 지도도 없다. 그러나 보이지 않는 그 길을 아는 사람들이 있다. 바로 베두인들이다. 그들은 평생을 광야에서 살았기에 광야 구석구석을 샅샅이 잘 알고 있다. 그들은 특별한 방향 감각을 가지고 있어 20년 전에 한 번 가 본 길도 기억할 수 있다고 한다. 광야에 들어갈 때는 이런 베두인

▶ 양 떼를 돌보는 베두인의 모습

과 반드시 같이 들어가야 한다. 그래야 살아서 나올 수 있다.

베두인이 앞서서 길을 간다. 뒤따르는 사람이 그에게 묻는다. "어디가 길입니까?" 그러면 이렇게 대답한다. "내가 곧 길입니다. 나를 따라오기만 하면 됩니다." 어디서 많이 듣던 소리 아닌가? "내가 곧 길이요 진리요 생명이니"(요 14:6).

이스라엘 백성이 40년 광야 길을 걸어갈 때 하나님은 그들을 구름 기둥과 불기둥으로 인도하셨다. 그런데 하나님은 정말 이스라엘 백성이 광야에서 길을 잃어버리지 않도록 하기 위해 구름 기둥과 불기둥을 보내셔서 그들의 길을 인도해 주신 것일까?

그들은 목적지를 알고 있었다. 어떻게 가야 하는지도 알고 있었다. 그들이 지났던 광야는 모세가 40년간 살았던 곳이다. 모세가 손바닥 보듯 잘 알고 있는 곳이었다. 만일 모세에게 이스라엘 백성을 데리고 가나안 땅에 들어가라고 맡겨 놓으셨다면 모세는 40년이 아니라 40일 만에 가나안 땅에 들어갔을 것이다. 그런데 이스라엘 백성은 가나안에 들어가기까지 40년이 걸렸다. 왜 그렇게 오래 걸렸는가? 구름 기둥과 불기둥의 인도를 따라가다 보니 그렇게 된 것이다.

하나님이 구름 기둥과 불기둥을 보내 주신 것은 그들이 광야에서 길을 잃어버리지 않도록 하기 위해서가 아니었다. 그들을 안전히 가나안 땅으로 인도해 가기 위해서도 아니었다. 이스라엘 백성을 광야에서 훈련시키기 위해서였다. 이스라엘 백성을 하나님이 원하시는 길로 인도하기 위해서였다. 하나님이 원하시는 속도로, 하나님이 원하시는 방식으로 인도하기 위해 구름 기둥과 불기둥을 보내 주신 것이었다.

이스라엘 백성은 구름 기둥과 불기둥의 인도에 따라 가던 길을 멈추거나 머물렀던 곳을 떠나야 했다. 그러다 보면 어떤 때는 일주일 만에 출발해야 할 때도 있었다. 그러면 주섬주섬 장막을 거두고 짐을 챙겨서 떠나야 했다. 어떤 때는 1년 동안이나 움직이지 않고 멈춰 있기도 했다. '갈 길이 먼데 빨리 가지 왜 이렇게 오래 머무시는 거야⋯.' 마음이 조급해졌지만 그래도 참고 기다려야 했다. 이스라엘 백성 마음대로 움직일 수 없었다. 쉬고 싶어도 구름 기둥이 움직이면 따라가야 했고, 가고 싶어도 불기둥이 멈춰 있으면 같이 멈춰 있어야 했다. 이스라엘 백성은 광야에서 40년 동안 그렇게 살아야 했다. 그러면서 순종을 배웠을 것이다.

"네 하나님 여호와께서 이 사십 년 동안에 네게 광야 길을 걷게 하신 것을 기억하라 이는 너를 낮추시며 너를 시험하사 네 마음이 어떠한지 그 명령을 지키는지 지키지 않는지 알려 하심이라"(신 8:2).

하나님은 무엇을 가지고 이스라엘 백성을 시험하셨는가? 무엇을 가지고 그들이 순종하는지 안 하는지를 알아보셨는가? 구름 기둥과 불기둥이다. '내 길은 너희 길과 다르다. 그래도 내가 인도하는 길로 따라오겠느냐?', '내 생각은 너희 생각과 다르다. 그래도 내 생각대로 따르겠느냐?', '내 방법은 너희 방법과 다르다. 그래도 내 방법대로 하겠느냐?'

광야를 지날 때 하나님이 움직이시면 우리도 같이 움직이고, 하나님이 멈추시면 우리도 멈추고, 하나님이 빨리 가시면 우리도 빨리 따라가고, 하나님이 속도를 줄이시면 우리도 속도를 줄여야 한다. 그래야 하나님의 인도를 따라갈 수 있다. 그래야 하나님과 동행할 수 있다. 하나님과 동행하지 않으면 하나님의 인도를 받을 수 없다. 하나님과 동행해야 하나님이 인도하시는 곳으로 갈 수 있다.

▶〈홍해를 건너다〉(시리아의 두라 에우로포스[Dura Europos] 회당의 벽화[3세기])

하나님이 구름 기둥과 불기둥으로 인도해 주시기를 원하는가? 그렇다면 구름 기둥과 불기둥이 어디로 인도하든지 그것을 따라갈 수 있어야 한다. 4년이면 갈 수 있는 거리를 40년 걸려서 간다 할지라도 그것을 따라갈 수 있어야 한다. 그래야 구름 기둥과 불기둥으로 인도해 주실 것이다. 하나님이 우리 앞에 구름 기둥과 불기둥을 보여 주며 따라오라고 하신다면 다 따라갈 것 같지만, 그것이 그렇게 쉬운 일은 아니다. 사실 광야 학교 과목 중 가장 어려운 것이 '구름 기둥과 불기둥 따라가기'다. 이 과목을 잘 수료하지 않으면 광야 학교를 졸업하기 어렵다.

광야 학교 준비물을 챙기시는 하나님

이스라엘 백성이 광야 40년을 지나면서 만나만 먹고 살았을까? 아니다.

> "모세가 그들에게 이르되 여호와께서 이같이 말씀하셨느니라 내일은 휴일이니 여호와께 거룩한 안식일이라 너희가 구울 것은 굽고 삶을 것은 삶고 그 나머지는 다 너희를 위하여 아침까지 간수하라"(출 16:23).

광야에서 먹을 것이 없어서 모세를 원망하지 않았는가? 그래서 하나님이 만나를 내려 주시고 메추라기를 보내 주셨는데, 무엇을 굽고 삶으라는 말인가? 이상하지 않은가?

광야를 지나면서 이스라엘 백성은 매일 신선한 우유를 마셨다. 때로는 고기도 먹을 수 있었다. 양이 있었기 때문이다. 치즈도 먹고 요구르

트도 먹었다.

바로가 모세와 담판을 지을 때 마지막까지 타협이 되지 않아 협상이 결렬되었는데, 무슨 문제 때문에 그랬는가? 모세가 바로에게 요구한 것은 남녀노소 모두가 광야로 나가 하나님에게 예배를 드릴 수 있게 해 달라는 것이었다. 거기에 한 가지 요구 조건이 더 있었다. 양과 가축 떼도 모두 데리고 나갈 수 있게 해 달라는 것이었다(출 10:9, 24, 26, 12:32).

이스라엘 백성이 40년 동안 광야에서 살아남을 수 있었던 것은 바로 양 때문이었다. 하나님은 이스라엘 백성이 광야에서 살아남을 수 있도록 수십만 마리의 양을 데리고 나가게 하셨던 것이다.

> "이스라엘 자손이 … 장정이 육십만가량이요 수많은 잡족과 양과 소와 심히 많은 가축이 그들과 함께하였으며"(출 12:37-38).

이 양이 없었으면 하나님은 매일 반석에서 물이 터져 나오게 하는 기적을 행하셨어야만 했을 것이다. 이스라엘 백성에게 고기를 먹이기 위해 40년 동안 메추라기를 보내 주셔야 했을 것이다. 신발이 닳으면 양가죽으로 만들어 신었는데, 양이 없었다면 하나님은 200만 명이 신고 있는 신발이 닳지 않게 해 주시는 은혜를 베풀어 주셨어야 했을 것이다. 또한 양털로 만든 옷으로 겨울의 추위를 이길 수 있었는데, 만일 양이 아니었다면 하나님은 이스라엘 백성이 얼어 죽지 않도록 40년 동안 겨울이 없게 하셨어야 했을 것이다. 하나님은 이 모든 문제를 해결하기 위해 이스라엘 백성으로 하여금 수십만 마리의 양을 데리고 나가게 하셨던 것이다.

▶ 〈만나를 줍는 이스라엘 백성〉(니콜라 푸생[Nicolas Poussin, 1594-1665])

하나님이 우리를 광야로 들어가게 하실 때는 아무런 준비 없이 들어가게 하시지 않는다. 모든 것을 준비시키신 후에야 들어가게 하신다. 광야에서 버텨 낼 수 있는, 광야를 살아 낼 수 있는 준비를 하게 하신 후에야 들어가게 하신다.

기도의 발판을 밟고 장애물을 건너라

홍해를 앞에 두고 이스라엘 백성은 모세를 향해 분을 쏟아 냈다. 모세 때문에 죽게 되었으니 책임을 지라는 것이었다. 그런데도 하나님은 홍해를 갈라 주셨다. 기도하지 않았음에도, 원망하고 불평했음에도, 하나님을 믿지 못했음에도 그들을 살리기 위해 홍해를 갈라 주셨다.

백성과 달리 모세는 하나님 앞에 울부짖으며 기도했다. 뭐라고 기도했을까? '하나님, 이 홍해를 갈라 주십시오! 하나님은 능히 바다도 가르실 수 있음을 믿습니다.' 이렇게 기도했을까? 우리라면 그렇게 기도할 것이다. 우리는 홍해가 갈라진 사실을 알고 있기 때문이다. 그러나 모세는 그렇게 기도하지 않았다. 그는 하나님이 홍해를 갈라 주시리라고는 꿈에도 생각하지 못했다. 히브리서 11장은 홍해 사건에 대해 언급하고 있다. 어떻게 설명하는가?

> "믿음으로 그들은 홍해를 육지같이 건넜으나 애굽 사람들은 이것을 시험하다가 빠져 죽었으며"(히 11:29).

하나님이 갈라 주신 홍해를 믿음으로 건너간 것이지, 믿음으로 홍해를 가른 것이 아니었다는 것이다.

홍해 앞에서 모세도 당황했을 것이다. 아무리 봐도 방법이 없다. 기도는 하지만 걱정이 되었을 것이다. 그리고 걱정이 되다 보니 계속 기도할수밖에 없었을 것이다. 하나님이 홍해를 갈라 주실 거라는 믿음이 있었다면 그는 그렇게 계속 기도만 하고 있지는 않았을 것이다. 이런 모세를 하나님은 책망하신다.

> "너는 어찌하여 내게 부르짖느냐 이스라엘 자손에게 명령하여 앞으로 나아가게 하고 지팡이를 들고 손을 바다 위로 내밀어 그것이 갈라지게 하라"(출 14:15-16).

언제까지 기도만 하고 있을 거냐는 것이다. 그만 기도하고 일어나라는 것이다.

헤롯이 야고보를 쳐 죽였다. 그러자 사람들이 좋아했다. 그래서 베드로까지 죽이려고 감옥에 가두어 두었다. 이제 내일이면 베드로의 목을 치게 되어 있다. 교회에 비상이 걸렸다. 교인들이 다 모여서 살려 달라고 밤새 기도했다. 그때 베드로는 무엇을 했는가? 기도했는가? 아니다. 잤다. 교인들은 베드로를 위해 기도하고 있는데 베드로는 밤새도록 잠을 자고 있었다. 내일 아침이면 참수형을 당하게 되어 있는데 잠을 자다니…. 도대체 뭘 믿고 자고 있었던 것일까?

베드로는 헤롯이 결코 자기를 죽일 수 없을 것이라고 확신했다. 어디서 그런 확신이 나왔을까? 부활하신 예수님이 갈릴리 바다에서 그에게 하신 말씀이 있었기 때문이다.

"네가 젊어서는 스스로 띠 띠고 원하는 곳으로 다녔거니와 늙어서는 네 팔을 벌리리니 남이 네게 띠 띠우고 원하지 아니하는 곳으로 데려가리라"(요 21:18).

베드로는 그가 오래오래 살게 될 것이라는 예수님의 약속을 믿었다. 그랬기에 하나님이 어떤 방식으로든 헤롯에게서 살려 주실 것이라 믿었던 것이다. 그래서 아무 걱정 없이 잠을 잘 수 있었던 것이다.

우리가 하나님이 약속하신 가나안을 향해 가고 있다고 하자. 그런데 홍해를 만났다고 하자. 그래도 두려워할 필요가 없다. 하나님이 우리를 가나안에 들어가게 하시려면 어떻게 해서든 그 홍해를 건너게 해 주실 것이기 때문이다.

하나님의 손길은 광야에서 더욱 섬세하다

"사십 년 동안 들(광야)에서 기르시되 부족함이 없게 하시므로 그 옷이 해어지지
아니하였고 발이 부르트지 아니하였사오며"(느 9:21).
"네 하나님 여호와께서 이 사십 년 동안에 네게 광야 길을 걷게 하신 것을 기억하
라 ... 이 사십 년 동안에 네 의복이 해어지지 아니하였고 네 발이 부르트지 아니
하였느니라"(신 8:2, 4).
"주께서 사십 년 동안 너희를 광야에서 인도하게 하셨거니와 너희 몸의 옷이 낡
아지지 아니하였고 너희 발의 신이 해어지지 아니하였으며"(신 29:5).

홍해를 갈라 주신 기적이나 구름 기둥과 불기둥으로 인도하신 일, 매일
만나를 내려 주신 사건에 비하면 신발이 닳지 않거나 의복이 해지지 않
게 해 주신 일은 아무것도 아니다. 그런데 성경은 출애굽 사건을 언급하
면서 다른 기적들은 이야기하지 않고 신발이 닳지 않게 해 주신 일을 상
기시켜 주었다. 우리는 신발이 닳지 않게 해 주시는 기적보다는 홍해가
갈라지는 기적을 보고 싶어 한다. 그러나 홍해를 갈라 주신다고 광야를
무사히 통과할 수 있는 것은 아니다. 우리가 인생의 광야를 무사히 통과
해서 가나안에 들어갈 수 있는 것은 신발이 닳지 않고 옷이 해지지 않게
해 주시는 하나님의 세심한 돌보심 때문이다.

우리가 매일 경험하는 하나님은 홍해를 갈라 주시는 하나님이 아니
라, 우리의 옷과 신발 같은 작은 일에도 세심하게 신경 써 주시는 하나
님이다. 오늘도 하나님은 광야를 지나는 우리의 삶 속에서 신발이 닳지
않고 옷이 해지지 않도록 일하신다. 그렇기 때문에 이 광야를 무사히 통

과해서 가나안에 들어갈 수 있는 것이다. 광야를 지날 때는 홍해가 갈라지는 기적보다 하나님의 세심한 돌보심의 은혜가 더 필요하다. 광야를 지나다 홍해를 만나면 40일 금식 기도를 해야 할지도 모른다. 그러나 그에 못지 않게 오늘도 우리의 신발이 닳지 않게 해 달라는 매일의 기도도 필요하다.

초대 교회의 벽화나 카타콤, 특별히 관에 그려진 그림을 보면 양과 목자에 관한 그림들이 많은 것을 볼 수 있다. 그중에서도 목자가 양을 어깨에 메고 있는 그림들이 많은데, 이것이 선한 목자의 전형적인 모습이다. 양이 길을 잃고 얼마나 놀랐겠는가? 정신이 하나도 없을 것이다. 힘이 다 빠졌을 것이다. 그래서 목자가 그 무거운 녀석을 어깨에 메고 돌아오는 것이다.

"광야에서도 너희가 당하였거니와 사람이 자기의 아들을 안는 것같이 너희의 하나님 여호와께서 너희가 걸어온 길에서 너희를 안으사 이곳까지 이르게 하셨느니라"(신 1:31).

"내가 애굽 사람에게 어떻게 행하였음과 내가 어떻게 독수리 날개로 너희를 업어 내게로 인도하였음을 너희가 보았느니라"(출 19:4).

"그는 목자같이 양 떼를 먹이시며 어린 양을 그 팔로 모아 품에 안으시며 젖 먹이는 암컷들을 온순히 인도하시리로다"(사 40:11).

우리가 광야를 지나다가 더 이상 걸을 수 없을 정도로 힘들고 지치게 되면 주님은 우리를 안고 가신다. 어깨에 메고 가신다. 등에 업고 가신다. 결코 우리를 버려두지 않으신다. 목자가 잃어버린 양을 찾아 돌아오듯 우리를 업어 주시고, 안아 주시고, 품어 주시고, 일으켜 주시는 자상하고 자애로우신 하나님! 우리의 신발이 닳지는 않았는지, 옷이 해지지는 않았는지 살펴보며 세심하게 돌보시는 하나님! 그런 하나님 때문에 광야를 견뎌 낼 수 있는 것이다.

불평불만, 불신, 불순종 → 불 뱀

이스라엘 백성은 애굽에서 나와 가나안에 들어가기까지 광야를 지나면서 원망에 원망을 거듭했다. 원망하지 않은 적이 한 번도 없었다. 원망할수록 가나안에 들어가는 시간이 길어짐에도 불구하고 끊임없이 원망했다.

- 홍해를 만났을 때(출 14:10-12)
- 마라에서 물이 써서 마시지 못하게 되었을 때(출 15:24)
- 고기가 없다고(출 16:2-3)
- 르비딤에서 마실 물이 없다고(출 17:3)
- 다베라에서 악한 말로 원망(민 11:1)
- 가나안 정탐 보고를 듣고(민 14:26-30)
- 고라 자손들이 심판받는 것을 보고(민 16:41)
- 에돔 땅을 우회해서 가게 되었을 때(민 21:4-6)

원망할 때마다 하나님의 징벌을 받았음에도 불구하고 계속 원망했다.

이스라엘 백성의 뼛속까지 원망이 깊이 배어들어 있어 하나님이 징계의 도리깨질을 수도 없이 하셔도 빼낼 수가 없었다.

이제 가나안 땅에 거의 도착했다. 그런데 에돔 사람들이 길을 비켜 주지 않아 돌아가야만 하게 되었다. 그러자 이스라엘 백성이 하나님과 모세를 향해 원망했다.

"어찌하여 우리를 애굽에서 인도해 내어 이 광야에서 죽게 하는가 이곳에는 먹을 것도 없고 물도 없도다 우리 마음이 이 하찮은 음식을 싫어하노라"(민 21:5).

"우리를 애굽에서 인도해 내어 이 광야에서 죽게 하는가." 40년 전 애굽에서 막 나왔을 때도 똑같은 원망을 했었다. 그런데 40년이 지난 후 가나안 땅을 눈앞에 두고 있는 이 시점에서 그들은 똑같은 원망을 하고 있다.

이제 조금만 있으면 가나안 땅에 들어가게 되는데, 광야를 거의 빠져나왔는데 하는 말이 '이 광야에서 죽게 하는가'이다. 이게 말이 되는가? 여기까지 인도해 주신 하나님에게 오히려 감사해야 할 상황이 아닌가? 그런데 길을 조금 돌아가게 되었다고 '이 광야에서 죽게 하는가' 하며 원망하다니, 하나님의 진노를 사 마땅하다.

"우리 마음이 이 하찮은 음식을 싫어하노라." 이 하찮은 음식이 무엇인가? 만나다. 40년 동안 하나님이 신실하게, 매일 아침 하루도 거르지 않고 하늘에서 내려 주신 만나를 '이 하찮은 음식'이라고 불렀다. 그 만나를 내려 주시지 않았다면 벌써 굶어 죽었을 것이다. 그 만나 때문에 지금까지 살아 있는 것인데 그것을 보고 '이 하찮은 음식'이라고 부르다니, 말이 되는가? 하늘로부터 내려 주신 만나, 생명의 만나, 기적의 만나를 '이 하찮은 음식'이라고 말하다니, 하나님이 진노하실 만도 하다.

이들이 불평불만과 원망을 쏟아 내는 이유는 주제 파악을 하지 못했기 때문이다. 이 사람들은 지금 하나님에게 징벌을 받고 있는 중이다. 가나안 정탐 사건으로부터 시작해서 여러 가지 일들로 인해 그들은 아직까지 가나안에 들어가지 못한 채 광야에서 헤매고 있는 것이다. 그런데 무슨 음식 타령이며 길 타령인가? 결국 이 일로 인해 많은 사람들이 불 뱀에 물려 죽고 말았다.

그동안 수많은 사람들이 광야에서 죽어 갔다. 그중에는 수명이 다해서 죽은 사람들도 있고, 하나님의 진노를 사 죽은 사람들도 있다. 그런데 가장 안타까운 사람들은 불 뱀에 물려 죽은 이 사람들이다. 이 일만 없었다면 그들은 모두 가나안 땅에 들어갔을 것이다. 그렇게도 그리고 그리던 가나안 땅에 들어가 아름다운 집을 짓고 살았을 것이다. 오곡백과를 배부르게 먹고 살았을 것이다. 그런데 이 사람들은 가나안을 눈앞

▶ 〈광야의 구리뱀〉(세바스티앙 부르동[Sébastien Bourdon, 1616~1671])　▶ 느보 산 구리뱀

에 두고 들어가지 못했다.

신명기는 가나안에 들어가기 직전 이스라엘 백성이 그곳에서 어떻게 살아야 할지에 대해 당부한 모세의 마지막 설교다. 그는 마지막으로 어떤 설교를 했는가?

"그러므로 네가 알 것은 네 하나님 여호와께서 네게 이 아름다운 땅을 기업으로 주신 것이 네 공의로 말미암음이 아니니라 너는 목이 곧은 백성이니라 너는 광야에서 네 하나님 여호와를 격노하게 하던 일을 잊지 말고 기억하라 네가 애굽 땅에서 나오던 날부터 이곳에 이르기까지 늘 여호와를 거역하였으되"(신 9:6-7).

원래 하나님의 계획이 40년에 걸쳐 가나안에 들어가는 것이었는가? 아니다. 출애굽해서 가데스 바네아에 이르기까지 2년이 걸렸다. 그곳에서 하나님은 가나안으로 올라가라고 하셨다. 그래서 열두 명이 가나안 땅을 정탐하고 돌아왔다. 그런데 그중 열 명이 그 땅 거민은 장대하고 성읍은 하늘까지 닿았다면서 올라가면 다 죽게 될 것이라고 보고했다. 이 보고를 들은 이스라엘 백성은 밤새도록 통곡하면서 모세를 원망하고 다른 지도자를 세워 애굽으로 돌아가자고 했다. 그때 하나님이 그들을 보고 크게 분노하셔서 가나안을 정탐한 날수 40에 하루를 1년으로 계산해서 40년을 광야에서 보내게 하셨다.

가나안에 들어가는 두 가지 코스가 있다. 첫 번째는 하나님이 정해 놓으신 코스다. '애굽-홍해-광야-가데스 바네아-가나안.' 이 코스를 따라가면 2년이 걸린다. 두 번째는 이스라엘 백성이 지났던 코스다. '애굽-홍해-광야-가데스 바네아-광야(38년)-가나안.' 이 코스를 따라가면

40년이 걸린다. 가데스 바네아에서 직접 가나안으로 올라가는 사람이 있고, 그곳에서 다시 광야로 들어가는 사람이 있다. 곧장 올라가면 2년이지만, 다시 광야로 나오면 40년이 걸린다. '이 광야가 언제나 끝날까?' 당신이 어떤 코스를 택하느냐에 달려 있다.

왜 이스라엘 백성은 두 번째 코스로 가게 된 것일까? 하나님이 그들을 광야로 내어 쫓으셨기 때문이다.

"광야로 들어갈지니라"(민 14:25).

40일 전에는 가나안으로 올라가라고 하셨다. 그런데 하나님을 불신하고 불순종하자 하나님은 이스라엘을 다시 광야로 돌아가게 하셨다. 그렇게도 벗어나고 싶었던 광야로 또다시 들어가게 된 것이다. 그것도 2-3년이 아니라 38년씩이나 말이다. 이스라엘 백성은 하늘이 무너지는 것 같았을 것이다. 평생 광야에서 살다가 가나안은 구경도 못하고 광야에서 죽게 된 것이다. 생각해 보라. 이때 나이 서른이면 칠십이 되어야 가나안에 들어가게 된다는 것인데, 그 말은 평생을 광야에서 살아야 한다는 것이다. 그리고 그 당시는 칠십까지 사는 사람도 거의 없었을 테니 광야에서 살다가 광야에서 죽게 될 것이라는 뜻과 다르지 않다.

"광야로 들어갈지니라." 이 말은 이스라엘 백성에게 저주며 심판이며 재앙이었다. 지금까지 지나온 광야를 떠올려 보라. 싫은 사람 만나고, 싫은 일을 하고, 싫은 소리 들어 가면서 지나온 광야를 떠올려 보라. 그리고 다시 그 광야로 들어가야 한다고 생각해 보라. 얼마나 끔찍하겠는가? 제대했는데 다시 군대에 가는 꿈을 꾸는 것은 악몽이다. 이스라엘

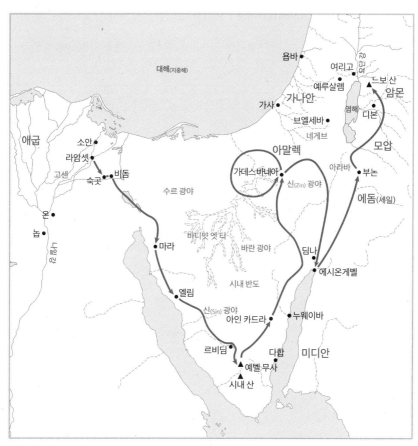

▷ 이스라엘 백성의 출애굽 여정

백성에게 다시 광야로 돌아가라는 명령은 단순한 악몽이 아니었다. 현
실이었다.

하나님은 왜 광야로 다시 들어가라고 하셨는가?

"이 백성이 어느 때까지 나를 멸시하겠느냐 … 어느 때까지 나를 믿지 않겠느냐"

(민 14:11).

"내 영광과 애굽과 광야에서 행한 내 이적을 보고서도 이같이 열 번이나 나를 시험하고 내 목소리를 청종하지 아니한 그 사람들은 내가 그들의 조상들에게 맹세한 땅을 결단코 보지 못할 것이요"(민 14:22-23).

"또 나를 멸시하는 사람은 한 사람도 그것을 보지 못하리라"(민 14:23).

"나를 원망하는 이 악한 회중에게 내가 어느 때까지 참으랴 이스라엘 자손이 나를 향하여 원망하는 바 그 원망하는 말을 내가 들었노라"(민 14:27).

"너희의 자녀들은 너희 반역한 죄를 지고 너희의 시체가 광야에서 소멸되기까지 사십 년을 광야에서 방황하는 자가 되리라"(민 14:33).

"나를 거역하는 이 악한 온 회중에게 내가 반드시 이같이 행하리니 그들이 이 광야에서 소멸되어 거기서 죽으리라"(민 14:35).

"그 땅에 대하여 악평한 자들은 여호와 앞에서 재앙으로 죽었고"(민 14:37).

"너희가 여호와를 배반하였으니 여호와께서 너희와 함께하지 아니하시리라"(민 14:43).

하나님을 멸시하고, 불신하고, 시험하고, 원망하고, 배반하고, 하나님에게 불순종하고 반역했기 때문이다. 이런 죄들 때문에 하나님이 그들을 다시 광야로 돌아가게 하셨던 것이다.

가나안으로 올라가라 하셨을 때 이스라엘 백성은 No했다. 그래서 하나님이 노(怒)하셨다. 광야로 돌아가게 하셨다. 그제야 정신을 차린 이스라엘 백성이 가나안으로 올라가겠다고 했다. 그러자 이번에는 하나님이 No하셨다. 그럼에도 불구하고 이스라엘 백성은 가나안으로 올라갔다. 그러나 대패하고 말았다. 하나님이 노하셨던 것이다. 하나님이 No하시면, 그리고 하나님을 노하시게 하면 우리가 아무리 애쓰고 노력해도 가나안에 들어가지 못한다.

하나님이 우리를 기뻐하시면 이 광야를 벗어나 속히 가나안 땅에 들어가게 하실 것이다. 그리고 그 땅을 차지하게 하실 것이다. 그 땅을 우리에게 주실 것이다. 그러나 하나님이 싫어하시면 가나안을 눈앞에 두고도 광야로 다시 들어가게 될 것이다.

더 깊은 광야를 만나도 두려워하지 말라

이스라엘 백성은 요단 강을 건너면서 '광야 끝, 가나안 시작'일 줄 알았다. '고생 끝, 행복 시작'일 줄 알았다. 그런데 가나안에 들어가자마자 무엇을 했는가? 집 지을 준비를 했는가? 아니다. 광야가 끝난 줄 알았는데 그게 아니었다. 가나안에 들어가긴 했는데 더 큰일이 남아 있었다. 그 땅을 차지하는 일이었다.

가나안에는 이미 다른 민족들이 살고 있었다. 그들을 내어 쫓고 그 땅을 차지해야 하는데, 그러기 위해서 이스라엘은 가나안에 들어가 장장 7년 동안이나 전쟁을 해야 했다. 광야 40년이 끝났다고, 요단 강을 건너 가나안에 들어왔다고 고생 끝, 행복 시작은 아니다. 광야에서보다 더 힘든 세월이 기다리고 있을지도 모른다. 가나안을 차지해야 하기 때문이다.

누군가 대학을 졸업하고 그 들어가기 힘든 직장에 들어갔다고 하자. 드디어 가나안에 들어가게 된 것이다. 그러나 사실은 그때부터 또 다른 광야가 시작된 것일지도 모른다. 그가 꿈꾸던 직장은 가나안이 아니라

'불 뱀이 우글거리는 위험한' 광야일지도 모른다.

만일 누군가 결혼을 했다고 하자. 이제 행복한 일만 남았는가? 아니다. 결혼하는 부부 앞에 놓인 미래는 핑크빛 가나안이 아니라 잿빛 광야일지도 모른다. 이처럼 가나안에 들어간다고 다 가나안의 축복을 누리는 것은 아니다. 먼저 가나안을 차지해야 한다. 가나안에 정착해야 한다. 그런 다음에야 가나안을 누릴 수 있다.

여호수아서와 사사기는 전쟁 이야기다. 여호수아서는 가나안을 차지하기 위한 전쟁이고, 사사기는 차지한 가나안을 지키기 위한 전쟁이었다. 가나안에 들어갔는가? 그러나 끝난 것이 아니다. 이제 시작이다. 앞으로 전쟁을 치러야 한다. 광야보다 더 어려운 광야를 지나야 한다. 그러나 '하나님이 우리를 기뻐하시면' 마침내 우리에게 그 땅을 주실 것이다.

"여호와께서 우리를 기뻐하시면 우리를 그 땅으로 인도하여 들이시고 그 땅을 우리에게 주시리라 이는 과연 젖과 꿀이 흐르는 땅이니라"(민 14:8).

이스라엘 백성

	첫 번째 광야	두 번째 광야	세 번째 광야
광야에 들어가기 전	고센 땅에서 등 따습고 배부르게 살았음	애굽 노예	
광야에 들어가게 된 동기	진짜 가나안을 잊음 이방 신들을 섬김 하나님을 등짐	가나안으로 가는 여정	가나안 정탐 사건
광야가 어떻게 시작되었는가?	요셉을 알지 못하는 왕이 등장	출애굽	다시 광야로 돌아감
광야에서 무엇을 했는가?	노예로 전락 사내아이들을 다 죽임 (최소한 80년)	하나님/모세의 인도를 따라 가나안을 향해 감 양을 침(2년)	원망/불평불만(38년)
광야를 지나는 동안 하나님이 어떤 일을 하셨는가?	그들의 고통과 연약함을 기억하시고 모세를 광야에서 준비시키심	목자 되신 하나님 인도/보호/공급/돌봄 모세의 인도	목자 되신 하나님 인도/보호/공급/돌봄 모세의 인도
어떤 광야를 통과했는가?	가짜 가나안에서 벗어나게 하시려고 바로를 징계의 막대기로 사용하심	하나님의 백성이 되도록 광야에서 훈련시키심 하나님을 만남 율법을 부여받음 하나님과의 언약 하나님의 은혜 체험	가나안에 들어갈 준비를 시키심
광야를 어떻게 살아냈는가?	부르짖음	원망/불평불만/불신/불순종	
언제 광야가 끝나게 되었는가?	언약을 기억하신 하나님이 모세를 바로에게 보내시면서		가나안에 들어가면서
광야에서 나온 후 어떻게 되었는가?	가나안을 향해 가게 됨		가나안에 정착 40년 광야를 지나면서 1세대는 다 죽고 2세대만 가나안에 들어감
왜 하나님이 광야에 들어가게 하셨는가?	진짜 가나안으로 이끄시기 위해	가나안에 들어갈 준비를 시키시기 위해	가나안에 들어갈 준비를 시키시기 위해 징벌? 훈련시키시기 위해!

손에서 떨어뜨린 씨앗이
새 생명이 된다

"나를 나오미라 부르지 말고 나를 마라라 부르라
이는 전능자가 나를 심히 괴롭게 하셨음이니라"
(룻 1:20).

모압 광야

하나님이 치셨다?

베들레헴에 기근이 들었다. 베들레헴은 '빵집'(떡집이 아니라)이라는 뜻이다. 그 동네에 밀이 많이 나기 때문에 붙은 이름이다. 그런데 흉년이 들어 밀 농사를 지을 수 없게 되었다. 빵을 만들 수 없게 된 것이다. 빵집(베들레헴)에 빵이 떨어지게 된 것이다. 빵집이 문을 닫게 된 것이다. 그래서 나오미의 가족은 빵을 얻기 위해 모압으로 이민을 가게 되었다.

나오미는 고향을 떠나 모압 땅으로 가 살았던 10년 동안 기가 막힌 일들을 많이 당한다.

"그들이 모압 지방에 들어가서 거기 살더니 나오미의 남편 엘리멜렉이 죽고"

(룻 1:2-3).

먼저 남편 엘리멜렉이 죽었다. 그러나 그녀에게는 아직 두 아들이 남아 있었다. 그런데 큰아들이 죽더니 뒤이어 작은아들마저 죽고 말았다.

"말론과 기룐 두 사람이 다 죽고"(룻 1:5).

나오미는 아무것도 남은 것이 없었다. 다 잃었다. 홀로 남았다. 인생의 벼랑 끝에 선 것이다. 흉년이라는 광야를 피해서 갔다가 더 큰 광야를 만나게 된 것이다.

남편과 두 아들을 잃고 청상과부가 된 나오미는 날이면 날마다 날 저무는 언덕에 올라가 고향 하늘을 바라보며 눈물지었을 것이다.

"고향 땅이 여기서 얼마나 되나 푸른 하늘 끝닿은 저기가 거긴가."

마음으로만 고향을 그리며 눈물 흘린 것이 아니다. 실제로 모압에서는 저 멀리 베들레헴이 보인다. 베들레헴은 해발 약 800미터 고지대에 위치해 있는데, 동

▷ 룻과 나오미의 여정

▶ 유대 광야에서 동쪽으로 바라보면 사해와 사해 건너편 모압이 보인다

쪽으로는 유대 광야가 펼쳐져 있으며 그 끝에 사해가 자리 잡고 있다. 그리고 사해 건너편에 800-1,000미터가 넘는 고원이 펼쳐져 있는데, 그곳이 바로 모압이다. 베들레헴과 모압은 직선 거리로 20마일(약 32킬로미터) 정도밖에 떨어져 있지 않다. 밤에 베들레헴 광야에 나가면 모압 고원 쪽에서 반짝거리는 불빛들을 볼 수 있다.

나오미는 자신에게 들이닥친 불행에 대해 이렇게 고백했다.

"여호와의 손이 나를 치셨으므로"(룻 1:13).
"여호와께서 나를 징벌하셨고"(룻 1:21).
"전능자가 나를 심히 괴롭게 하셨음이니라 … 전능자가 나를 괴롭게 하셨거늘"
(룻 1:20-21).

나오미는 하나님이 자기를 치셨다고 했는데, 정말 하나님이 치신 것일까? 우리가 당하는 고난에는 여러 가지 종류가 있다.

첫째, 하나님의 뜻대로 받는 고난이 있다.

"하나님의 뜻대로 고난을 받는 자들은 또한 선을 행하는 가운데에 그 영혼을 미쁘신 창조주께 의탁할지어다"(벧전 4:19).

둘째, 연단하기 위해 주시는 고난이 있다.

"너희를 연단하려고 오는 불 시험을 이상한 일 당하는 것같이 이상히 여기지 말고"(벧전 4:12).

셋째, 징계 차원의 고난이 있다.

"주께서 그 사랑하시는 자를 징계하시고 그가 받아들이시는 아들마다 채찍질하심이라"(히 12:6).

넷째, 죄 때문에 받는 징벌이 있다.

"너희 중에 누구든지 살인이나 도둑질이나 악행이나 남의 일을 간섭하는 자로 고난을 받지 말려니와"(벧전 4:15).

다섯째, 욥처럼 믿음을 시험해 보려고 주시는 고난이 있다. 그리고 여섯째, 그리스도인으로서 당하는 고난이 있다.

"너희가 그리스도의 고난에 참여하는 것으로 즐거워하라 이는 그의 영광을 나타내실 때에 너희로 즐거워하고 기뻐하게 하려 함이라"(벧전 4:13).

"너희가 그리스도의 이름으로 치욕을 당하면 복 있는 자로다"(벧전 4:14).

"만일 그리스도인으로 고난을 받으면 부끄러워하지 말고 도리어 그 이름으로 하나님께 영광을 돌리라"(벧전 4:16).

마지막으로 일곱째, 이유를 알 수 없는 고난들이 있다.

나오미는 아마 베들레헴을 떠나지 말았어야 했는데 떠났기에 이런 사단이 난 것이라고 생각했을지도 모른다. 그러나 베들레헴을 떠난 것이 그렇게 큰 잘못이었을까? 잘 살겠다고 떠난 것도 아닌데 말이다. 더군다나 잘못했다고 남편도 죽이고 큰아들도 죽이고 작은아들도 죽이는 그런 잔인한 하나님이신가? 그렇다면 왜 나오미는 안 치신 것인가?

아브라함이 기근을 피해 애굽으로 피신 갔다가 아내를 빼앗길 뻔한 일이 있었다. 아브라함은 어떤 어려움이 있어도 가나안에 남아 있었어야 했는데 먹고살겠다고 가나안을 떠나서 그런 벌을 받은 것일까? 그러나 벌을 받은 사람은 아브라함이 아니라 바로였다. 오히려 아브라함은 잘돼서 돌아왔다. 그렇다면 그 일로 하나님이 아브라함을 책망하셨는가? 그런 일은 없었다. 그런데 우리는 아브라함이 가나안에 머물러 있었어야 하는데 믿음이 없어서 애굽으로 내려갔다가 그런 일을 당했다고 비난하곤 한다.

이삭 때에도 기근이 들었었다. 그때 하나님은 이삭에게 애굽으로 내려가지 말라고 말씀하셨다. 우리는 이 말씀 때문에 애굽은 가지 말아야 하는 곳으로 생각한다. 그러나 생각해 보라. 이삭에게 가지 말라고 하셨던 것이지 아브라함에게 가지 말라고 하신 것이 아니다. 만일 이삭에게 그러셨던 것처럼 아브라함에게도 애굽으로 내려가지 말라고 지시하셨다면 그는 당연히 가지 않았을 것이다.

야곱 때에도 기근이 들었었다. 그래서 어떻게 했는가? 양식을 구해 오라며 아들들을 애굽으로 보내지 않았는가? 당신이라면 가나안에 머물러 굶어 죽겠는가, 해결 방법을 찾아서 애굽으로 내려가겠는가?

물론 영적인 가나안, 영적인 베들레헴인 예수님, 교회, 믿음, 말씀을 떠나서는 안 된다. 그러면 탕자가 아버지 집을 떠났다가 인생의 흉년을 만났듯이, 우리도 하나님에게 매를 맞고 결국은 천부여 의지 없어서 손들고 옵니다 하며 돌아오게 되어 있다. 지금 나오미는 베들레헴이라는 장소를 떠난 것이지, 믿음을 떠나거나 하나님을 떠나거나 말씀을 떠난 것은 아니다. 나오미의 가족이 모압으로 갔다고 해서 하나님이 치신 것은 아니라는 말이다.

나오미는 어쩌면 두 아들을 이방인과 결혼시켜서 하나님에게 벌을 받은 것이라고 생각했을지도 모른다. 그런데 정말 그런가? 이방인인데, 그것도 여자인데, 성경에 그런 사람의 이름으로 된 책이 있다. 룻기다. 나오미의 아들이 이방 여인인 룻과 결혼해서 죽은 것이라면 룻기는 무엇인가? 룻기가 어떻게 성경에 들어가 있는 것인가? 만일 룻이 하나님 마음에 합당하지 않았다면 왜 그를 다윗의 증조할머니가 되게 하셨겠는가? 또 룻이 룻기에서는 얼마나 신앙 좋고 정숙한 여인으로 그려지고 있는가? 성경에 나오는 여성들 가운데 룻이 가장 이상적인 여인으로 그려지고 있지 않은가?

우리에게 일어나는 모든 일들이 우리의 잘못 때문에 발생하는 것은 아니다. 따라서 모든 것을 인과응보라는 공식에 집어넣고 생각해서는 안 된다. 살다 보면 나오미와 같은 일을 당할 수도 있다. 그럴 때마다 하나님이 징벌하신 것이라고 생각해서는 안 된다.

끝까지 견디면 기회는 반드시 온다

룻기에 나오는 주요 등장인물은 나오미와 룻 그리고 보아스다. 그런데 무대 위에 등장하지는 않지만 정말 중요한 인물들이 있다. 그들은 이름 조차 언급되지 않는다. 그들이 하는 일은 나오미가 돌아왔을 때 그를 성 문에서 환영해 주는 것이었다. 그들은 누구인가? 바로 베들레헴 사람들 이다.

▶ 나오미의 고향 베들레헴(Bethlehem)

나오미의 가정은 살기가 어렵고 힘들다고 베들레헴을 떠났다. 그러나 다른 사람들은 베들레헴을 떠나지 않았다. 끝까지 그곳에 버티고 있었다. 무려 10년 동안 말이다! 오늘날은 2-3년 흉년이 들어도 견딜 수 있다. 그러나 50년 전만 해도 먹을 것이 없어서 보릿고개를 넘었다고 하지 않는가? 그러니 그 옛날, 지금으로부터 3천 년 전 10년씩 내리 흉년이 들었을 때는 얼마나 어렵고 힘들었겠는가?

우리가 잘 아는 사렙다 과부의 이야기는 흉년이 얼마나 끔찍한 것인가를 잘 보여 주고 있다. 먹을 것이 없어서 마지막 빵 한 조각 만들어 먹고 죽으려 하지 않았는가? 3년 동안 흉년이 들었어도 그랬는데, 10년 넘게 흉년이 들었었으니 그 고통이 얼마나 컸을지 상상이 되지 않는가?

베들레헴 사람들은 10년 넘게 흉년이라는 광야를 견뎌야 했다. 요셉과 다윗은 13년 동안 견뎌야 했다. 모세는 40년 동안 견뎌야 했다. 출애굽한 이스라엘 백성도 40년 광야를 지나지 않았는가? 우리가 지나고 있는 이 광야는 언제 끝날지 알 수 없다. 곧 끝날 수도 있겠지만 아닐 수도 있다. 이제 막 광야에 들어선 사람도 있을 것이고, 홍해를 막 건너서 본격적인 광야로 들어선 사람도 있을 것이고, 시내 산쯤 도달해 광야 한복판에 와 있는 사람도 있을 것이고, 민수기 마지막 장쯤 와 있는 사람도 있을 것이다. 어떤 사람은 이제 가나안이 저 눈앞에 보이는 모압쯤 와 있을 수도 있을 것이다.

시편에 자주 나오는 탄식 기도 가운데 하나가 '여호와여 언제까지니이까'이다. '이 광야는 언제쯤 끝납니까? 언제까지 이 광야에서 이런 고통을 당하고 있어야 합니까?'

가나안에 들어간 사람들은 모두 광야를 지난 사람들이다. 광야를 견

더 냈기 때문에 가나안에 들어갈 수 있었던 것이다. 가나안에 들어가려면, 이 광야를 무사히 통과하려면 반드시 버티고 견뎌 내야 한다. 살아남아야 한다. 이겨 내야 한다.

숭례문이 화재로 소실되어 다시 지어졌다. 그때 사용한 나무가 150년 이상 된 금강송이라고 한다. 우리나라에서 가장 오래된 금강송은 500년 정도 된 것이라고 하는데, 보통의 집을 짓는 데는 그런 나무가 필요하지 않을 것이다. 그러나 궁궐이나 숭례문 같은 건물을 지을 때는 100년, 200년, 500년 된 나무들로 짓는다. 그래야 그만큼 오래가기 때문이다. 온갖 비바람과 풍상, 천둥과 번개를 맞으면서 100년, 200년, 300년씩 버티고 견딘 나무들로 건물을 지어야 그 건물도 100년, 200년, 300년이 간다. 견딘 만큼 쓰임 받는 것이다. 모세도 미디안 광야에서 40년을 견뎌 냈더니 출애굽할 때 40년간 쓰임 받지 않았는가?

베들레헴 사람들은 10년 기근을 어떻게 견뎌 냈을까? 분명 기도로 버텨 냈을 것이다. 그런 상황에서는 누구라도 기도할 수밖에 없지 않은가? 그렇다면 얼마나 기도했는가? 한 달? 1년? 2년? 5년? 자그마치 10년을 기도했다! 그런데 10년을 기도해도 하나님이 비를 내려 주시지 않았다. 그래도 그들은 계속 기도했다. 아니, 기도할 수밖에 없었다. 다른 방법이 없지 않은가?

하나님이 응답해 주시면 살고 응답해 주시지 않으면 죽을 수밖에 없는 그런 절박한 기도를 해 본 적이 있는가? 베들레헴 사람들은 그렇게 기도했다. 죽느냐 사느냐의 문제를 놓고 기도했다. 몇 년 동안이나? 10년 동안이나. 그렇게 오랫동안 기도 응답이 없었어도 그들은 계속 기도했다. 응답해 주실 때까지 기도할 수밖에 없는 상황이었기 때문이다.

우리는 어느 정도 기도하다 응답이 없으면 포기한다. 한나도 처음에는 자식을 달라고 열심히 기도했을 것이다. 그렇게 1년, 3년, 5년을 기도해도 응답이 없자 하나님이 자식을 주시지 않는가 보다 생각하고 더 이상 기도하지 않았을 것이다. 그러나 브닌나의 계속된 괴롭힘을 견딜 수 없었던 한나는 다시 기도한다. 그러자 하나님이 그 기도를 들으시고 사무엘을 주셨다.

베들레헴 사람들은 정말 간절하게 기도했다. 기도를 포기하지 않았다. 끝까지 기도했다. 그러자 어떤 일이 일어났는가?

"여호와께서 자기 백성을 돌보시사 그들에게 양식을 주셨다 함을 듣고"(롯 1:6).

10년 기도 끝에 마침내 기근이 끝났다. 하나님이 닫혔던 하늘 문을 활짝 열고 비를 내려 주셨던 것이다.

개역개정 성경에는 "여호와께서 자기 백성을 돌보시사"라고 번역되었는데, 이 번역은 너무 밋밋하다. 히브리어 원문에는 '하나님이 자기 백성에게 '파카드'(paqad)하셨다'라고 되어 있다. 파카드는 '찾아오다'라는 뜻이다. 하나님이 베들레헴 사람들을 '심방 가셔서' 그들에게 양식을 주셨다는 것이다.

언제 기근이 끝났는가? 언제 광야가 끝났는가? 하나님이 그들을 찾아오셨을 때다. 하나님이 언제 그들을 찾아오셨는가? 10년 넘게 흉년의 광야를 지나면서 참고 견디며 기도할 때 찾아오셨다. 참고 견디며 기도하며 기다렸더니 하나님이 마침내 찾아오신 것이다.

아이를 낳지 못하던 사라가 잉태했다. 그때 남편 아브라함의 나이가

99세였다.

"여호와께서 말씀하신 대로 사라를 돌보셨고 여호와께서 말씀하신 대로 사라에게 행하셨으므로"(창 21:1).

여기서 '돌보다'로 번역된 히브리어도 파카드로서 '찾아오다'라는 뜻을 갖고 있다. 하나님이 사라에게 심방 가신 날 사라가 이삭을 잉태했다는 것이다.

"하나님이 반드시 너희를 찾아오시리니 너희는 내 유골을 여기서 가지고 나가라"(출 13:19).

위의 말씀은 요셉의 유언이다. 요셉은 하나님이 이스라엘 백성을 찾아오실 것이라며, 그래서 출애굽하게 될 것이라며, 그때 자기 유골을 가지고 나갈 것을 유언으로 남겼다. 이것은 유언이자 예언이었다. 이스라엘 백성이 애굽에서 노예 생활을 할 때 그들은 살려 달라고 하나님에게 부르짖었다. 그러자 하나님이 그들을 찾아오셔서 바로의 치하에서 그들을 해방시켜 주셨다.

유대인들이 유월절에 꼭 부르는 노래가 있다. '아니마민'(Ani ma'amin)이라는 노래인데, 히브리어로 '나는 믿는다'라는 뜻이다. 이 노래가 만들어진 곳은 아우슈비츠 포로수용소였다. 죽음의 수용소에 갇힌 유대인들이 언제 가스실로 끌려가게 될지 모르는 상황에서 하루하루 살아가며 불렀던 노래다.

우리는 메시아가 오실 것이라고 믿고 있습니다.

우리는 메시아가 오실 것이라고 믿습니다.

그러나 우리가 생각하는 것만큼 빨리 오시지 않을지도 모릅니다.

그래도 나는 그분을 기다릴 것입니다.

우리가 생각하는 것만큼 빨리 오시지 않을지도 모릅니다.

그래도 나는 그분이 오시기를 기다릴 것입니다.

매일 그분을 기다릴 것입니다.

그래도 나는 그분이 오시기를 기다릴 것입니다.

매일 그분을 기다릴 것입니다.

생각보다 광야를 벗어나는 데 오랜 시간이 걸릴 수 있다. 생각보다 기도 응답이 더딜 수도 있다. 생각보다 문제가 해결되기까지 오랜 기다림이 필요할 수도 있다. 그래도 기도하며 기다리자. 참고 견디며 기도하고 기다리다 보면 하나님이 오실 것이다. 그리고 광야가 끝날 것이다. 흉년이 끝날 것이다.

광야를 지날 때는 기도 응답이 없어도 기도해야 한다. 달리는 방법이 없기 때문이다. 기도하다 응답이 없어서 포기했다면 그 사람은 진짜 광야에 들어와 있는 것이 아니다. 기도 안 해도 큰 문제가 없기 때문에 기도하는 것을 포기한 것이 아닌가? 진짜 광야에 들어와 있는 사람은 10년 동안 응답해 주시지 않아도 계속 기도할 수밖에 없다. 광야에서는 하나님의 은혜가 아니고는 살아남을 수 없기 때문이다. 그렇기 때문에 하나님이 우리를 찾아오실 때까지 기도할 수밖에 없다. 광야는 그런 곳이다. 광야는 기도로만 살아남을 수 있는 곳이다. 광야를 지날 때 기도

하면 견딜 수 있는 힘을 주실 것이다. 그 힘으로 견디며 기도하면 하나님이 반드시 우리를 찾아오실 것이다. 하나님이 우리를 찾아오시는 날 말랐던 시냇물이 흘러가고, 닫혔던 것이 열리며, 매였던 것이 풀어질 것이다. 막혔던 것이 뚫리게 될 것이다. 그렇게 해서 우리의 광야가 끝나게 될 것이다.

믿음을 붙들 때 은혜가 임한다

룻기에서는 룻이 이방(모압) 여인인 것을 여덟 번씩이나 밝히고 있다.

> "모압 여자 중에서 그들의 아내를 맞이하였는데"(1:4).
>
> "나오미가 모압 지방에서 그의 며느리 모압 여인 룻과 함께 돌아왔는데"(1:22).
>
> "모압 여인 룻이"(2:2).
>
> "모압 지방에서 돌아온 모압 소녀인데"(2:6).
>
> "나는 이방 여인이거늘"(2:10).
>
> "부모와 고국을 떠나"(2:11).
>
> "모압 여인 룻에게서 사서"(4:5).
>
> "모압 여인 룻을 사서 나의 아내로 맞이하고"(4:10).

룻기의 실제 주인공은 룻이 아닌 다윗이다. 룻기는 이스라엘 역사에서 가장 위대한 왕이었으며 그 후손 가운데서 메시아가 오실 것이라고 예언된 다윗이 사실은 이방 혈통을 통해 태어났다는 것을 독자들에게 알리기 위해 룻이 '모압 여인'이었다는 사실을 계속 강조하고 있다.

이방 여인인 룻은 어떻게 하나님을 믿는 사람이 되었는가? 룻은 남편을 잃었다. 자식도 없다. 평생 청상과부로 살아야 한다. 살길이 막막했다. 그녀는 시어머니를 좇아 베들레헴으로 가겠다고 했다. 시어머니는 동족에게로 돌아가서 다시 좋은 사람을 만나 새로 시작하라며 말렸지만 룻은 시어머니의 만류를 뿌리치고 베들레헴으로 따라갔다. '어머니가 가는 곳에 나도 가고, 어머니의 하나님이 나의 하나님이 되시며, 어머니의 백성이 나의 백성이 되고, 어머니가 죽는 곳에서 나도 죽을 것입니다. 나도 어머니를 따라 하나님의 약속의 땅으로 가겠습니다. 나도 어머니를 따라 하나님을 믿겠습니다. 나도 어머니를 따라가 하나님의 백성이 되고 싶습니다. 동족에게로 돌아가면 나는 하나님을 섬길 수 없습니다. 우상을 섬겨야 합니다. 하나님의 백성이 될 수 없습니다. 하나님

▶ 모압과 에돔 경계에 있는 아르논(Arnon) 계곡

의 돌보심을 받을 수가 없습니다.'

　베들레헴 사람들은 시어머니 나오미와 함께 온 '모압 여인' 룻을 따뜻하게 맞아 주었다. 어느 누구도 이방 여인을 며느리로 맞이한 것에 대해 비난하지 않았다. 베들레헴의 유지인 보아스도 모압 여인 룻을 축복했다. 그리고 과부가 된 '모압 여인' 룻을 아내로 맞았다. 베들레헴 사람들은 그 결혼에 대해 어느 누구도 반대하지 않았다. 그 결혼을 진심으로 축하하면서 라헬과 레아처럼 자녀를 많이 낳게 해 달라고 복을 빌었다. '모압 여인' 룻이 아들을 낳자 베들레헴 사람들이 기뻐하면서 나오미에게 이렇게 말한다.

"일곱 아들보다 귀한 네 며느리가 낳은 자로다"(룻 4:15).

　이방 여인 룻을 모두가 칭찬했다. 이때 낳은 아이가 다윗의 할아버지인 오벳이다.

　룻이 살면서 가장 잘한 일은 시어머니 나오미를 붙좇았던 것이다. 여기서 인생이 역전된다. 반전의 드라마가 시작된다. 회복의 역사가 일어나기 시작한다.

　포스트잇(post-it)은 붙였다 떼었다 하는 데 편리하다. 붙어 있다가도 떼면 흔적도 없이 떼어진다. 그러다 시간이 지나면 저절로 떨어진다. 그런데 이런 식으로 하나님에게 붙었다 떨어졌다 하는 사람들이 있다. 필요하면 기도하고 하나님을 찾다가 배부르면 하나님을 찾지 않는 사람들이다. 그러나 딱풀은 한 번 붙여 놓으면 여간해선 떨어지지 않는다. 우표를 떼려고 해 보라. 안 떨어진다. 나오미의 둘째 며느리 오르바는

포스트잇 같은 사람이었다. 하나님을 믿다가 떨어져 나갔다. 동족에게로 돌아가 그들이 믿는 신을 섬겼다. 그러나 룻은 딱풀 같은 사람이었다. 끝까지 하나님을 섬기겠다며 동족을 버리고 평생 모셔야 할 시어머니를 따라 베들레헴으로 갔다.

"룻은 그를 붙좇았더라"(룻 1:14).

흔들바위와 같은 사람이 있다. 누가 조금만 밀어도 흔들린다. 그러나 그러다가도 곧 제자리로 돌아간다. 갈대와 같은 사람이 있다. 갈대는 바람이 조금만 불어도 사정없이 흔들린다. 그러나 결코 뿌리가 뽑히지는 않는다. 끝까지 자기 자리를 지킨다. 하지만 룻처럼 딱풀과 같은 사람도 있다. 한 번 붙으면 죽어도 떨어지지 않는다. 결코 흔들리지 않는다. 룻의 인생이 역전되고 그의 삶이 회복될 수 있었던 것은 그가 하나님에게 딱풀처럼 붙어 있었기 때문이다. 룻처럼 어렵고 힘든 광야를 지날 때 하나님에게 철썩 붙어 있으면 광야를 무사히 통과해 가나안에 들어가게 될 것이다.

다시 시작하게 하시는 하나님의 은혜

나오미라는 이름은 '기쁨'이라는 뜻이다. 그런데 그의 인생은 마라가 되고 말았다.

"나를 나오미라 부르지 말고 나를 마라라 부르라 이는 전능자가 나를 심히 괴롭게 하셨음이니라"(룻 1:20).

그러나 베들레헴으로 돌아온 나오미는 다시 기쁨을 회복하며 하나님의 축복을 받게 된다. 손자를 보았는데, 훗날 다윗의 할아버지가 될 오벳이다. 남편 죽고 큰아들 죽고 둘째아들마저 죽었을 때 나오미는 자신의 인생이 다 끝났다고 생각했을 것이다. 누가 봐도 그의 인생은 끝난 것이었다. 누가 봐도 다시 일어설 수 없었다. 회복될 수 없었다. 그런데 하나님이 그녀의 인생을 역전시켜 주셨다. 다시 일어나게 하셨다. 재기하게 하셨다. 그의 가정을 회복시켜 주셨다. 잃어버렸던 웃음을 되찾게 해 주셨다.

"저녁에는 울음이 깃들일지라도 아침에는 기쁨이 오리로다"(시 30:5).
"주께서 나의 슬픔이 변하여 내게 춤이 되게 하시며 나의 베옷을 벗기고 기쁨으로 띠 띠우셨나이다"(시 30:11).

기대하던 것이 무너질 때, 마지막 실낱같은 희망마저 사라지고 말 때, 다시 일어설 가능성이 전혀 없는 것처럼 보일 때, 사방으로 욱여쌈을 당해 동서남북 어디를 바라봐도 빠져나갈 길이 없는 것처럼 보일 때 우리는 '이제 끝이구나, 내 인생 이렇게 무너지고 마는구나' 하며 절망하게 된다. 룻과 나오미는 도무지 재기할 수 없는 사람이었다. 그런데 하나님이 한 사람을 붙여 주셨다. 그랬더니 인생 역전이 일어나게 되었다. 그 사람이 누구인가? 바로 보아스다. 하나님은 왜 룻에게 보아스를 붙여 주셨을까?

나오미가 남편과 두 아들을 다 잃고 난 다음 며느리들에게 고향으로 돌아가겠다고 한다. 그러자 룻이 이렇게 말한다.

"어머니께서 가시는 곳에 나도 가고 어머니께서 머무시는 곳에서 나도 머물겠나이다 어머니의 백성이 나의 백성이 되고 어머니의 하나님이 나의 하나님이 되시리니 어머니께서 죽으시는 곳에서 나도 죽어 거기 묻힐 것이라 만일 내가 죽는 일 외에 어머니를 떠나면 여호와께서 내게 벌을 내리시고 더 내리시기를 원하나이다"(룻 1:16-17).

룻은 시어머니를 따라 베들레헴으로 갔고, 오르바는 시어머니의 말을 따라 동족에게로 돌아갔다. 룻의 인생과 오르바의 인생이 여기서 갈린다. 시어머니를 따라 베들레헴으로 간 룻에게 어떤 일이 생겼는가? 룻은 모압 사람이다. 하나님은 모압 사람을 절대로 이스라엘의 회중에 들이지 말라고 하셨다. 그런데 그런 여인이 이스라엘로 간 것이다. 그에게 어떤 멸시와 천대가 주어질지 모른다. 베들레헴으로 시어머니를 따라가긴 했지만 거기서 어떤 일을 당할지 모른다. 더군다나 남편도 없다. 자식도 없다. 늙은 시어머니를 모시고 살아야 한다. 그런 그들을 누가 반기겠는가? 룻은 이 모든 것을 각오하고 시어머니를 따라 베들레헴으로 갔을 것이다. 그런데 어떤 일이 벌어졌는가? 그곳에서 가장 유력한 자인 보아스를 만나게 되고, 보아스의 눈에 들게 되고, 마침내 그와 결혼하게 된다. 그리고 자식들을 낳게 된다. 꿈도 꾸지 못했던 일들이 일어나게 된 것이다.

룻에게 그녀의 인생에 있어 가장 잘한 일이 무엇이냐고 물으면 룻은 조금도 주저하지 않고 시어머니를 따라 베들레헴으로 온 일이라고 대답할 것이다. 룻이 이런 선택을 하지 않았다면 오르바처럼 자기 부모의 집으로 돌아갔을 것이고, 자기 동족에게로 돌아갔을 것이고, 다른 사람과 결혼하게 되었을 것이다. 그리고 자기 동족이 믿는 신을 섬겼을 것이다. 인생 역전 같은 것은 없었을 것이다. 룻이 자기 동족이 아닌 하나님의 백성을 선택하고, 자기 고향이 아닌 베들레헴을 선택하고, 자기 부모가 아닌 시어머니를 선택하고, 자기 동족이 믿는 신이 아닌 하나님을 선택했을 때 그의 인생 역전이 시작되었다.

룻은 왜 시어머니를 따라갔는가? 어머니를 사랑하고 어머니를 책임지기 위해 자신을 희생하려고? 물론이다. 그러나 그보다 더 중요한 이유가 있었다. '어머님이 섬기는 하나님을 나도 섬기고 싶습니다. 나는 이방 여인이고 어머님의 민족은 하나님의 백성인데, 나도 하나님의 백

▶ 〈룻과 오르바에게 모압 땅으로 돌아가도록 당부하는 나오미〉(윌리엄 블레이크[William Blake, 1757-1827])

성 중에 들어가고 싶습니다. 여기는 이방 지역이고 어머님의 고향은 하나님의 약속의 땅인데, 나도 그곳에 가서 살고 싶습니다. 나도 하나님의 자녀가 되어 하나님을 섬기며 하나님의 축복을 받고 싶습니다.' 그래서 시어머니를 따라 베들레헴으로 갔던 것이다. 그리고 하나님은 그런 룻의 선택에 감동을 받으시어 그녀를 축복해 주신 것이다.

미국 캘리포니아에는 해마다 큰 산불이 나 많은 집들이 불에 탄다. 그런데 많은 사람들이 이사를 가지 않고 그 자리에 다시 집을 짓는다고 한다. 다시 불이 날까 두려워 자기들이 살던 곳을 떠나는 것은 패배를 인정하는 것이라고 생각하는 것이다. 폐허가 된 그 자리에서 새로운 인생을 시작하는 것이다. 잿더미 속에서 다시 시작하는 것이다.

우리는 쓰러진 바로 그 자리에서 다시 시작할 수 있어야 한다. 지금 어떤 환경과 어떤 상황 가운데 있든지 좌절하거나 포기하지 말고, 낙심하지 말고 주님의 손을 붙잡고 다시 일어서야 한다. 우리가 실패하고 쓰러지더라도 주님만 붙든다면 다시 일어날 수 있다.

"우리가 사방으로 우겨쌈을 당하여도 싸이지 아니하며 답답한 일을 당하여도 낙심하지 아니하며 박해를 받아도 버린바 되지 아니하며 거꾸러뜨림을 당하여도 망하지 아니하고"(고후 4:8-9).

"대저 의인은 일곱 번 넘어질지라도 다시 일어나려니와 악인은 재앙으로 말미암아 엎드러지느니라"(잠 24:16).

룻과 나오미

광야에 들어가기 전	베들레헴에서 거주함
광야에 들어가게 된 동기	기근으로 인해 모압으로 이민 감
광야가 어떻게 시작되었는가?	모압으로 이민 가서 남편을 잃음
광야에서 무엇을 했는가?	남편과 두 아들을 다 잃음
광야를 지나는 동안 하나님이 어떤 일을 하셨는가?	하나님이 치심(?) 며느리 룻과 보아스가 결혼하게 하심
어떤 광야를 통과했는가?	상실(가족을 모두 잃음)
광야를 어떻게 살아냈는가?	
언제 광야가 끝나게 되었는가?	베들레헴으로 다시 돌아와 룻과 보아스가 결혼하면서
광야에서 나온 후 어떻게 되었는가?	가정의 회복 다윗의 조상이 됨
왜 하나님이 광야에 들어가게 하셨는가?	다윗의 조상이 되게 하기 위해

감사함으로 인생의 광야에
기도길을 열라

"하나님이여 내게 은혜를 베푸소서 내게 은혜를 베푸소서
내 영혼이 주께로 피하되 주의 날개 그늘 아래에서
이 재앙들이 지나기까지 피하리이다"

(시 57:1).

유대 광야

시편 23편, 다윗의 신앙 고백

시편 23편을 읽을 때 우리는 보통 어떤 장면을 떠올리는가? 푸른 초장과 잔잔하게 흐르는 시냇물이다. 그러나 시편 23편은 그런 배경에서 쓰인 시가 아니다. 다윗은 푸른 초장이 아닌 광야에서 양들을 돌보았다.

다윗은 광야에서 하루 종일 이곳저곳으로 옮겨 다니며 양들에게 꼴을 먹여야 했다. 뜨거운 뙤약볕이 내리쬐는데 쉴 만한 그늘도 없다. 여름이 되면 네다섯 달 동안 나가 있어야 했다. 밤에는 이슬을 맞으면서 들에서 자야 했다. 광야의 험한 산들을 오르내리다 발을 잘못 디디면 그야말로 사망의 골짜기가 되고 마는 위험한 곳들도 많다.

사망의 음침한 골짜기를 지날 때는 양만 무서운 것이 아니다. 곰이 나타나고 사자가 나타나는데 목자라고 왜 무섭지 않겠는가? 또 다윗은 양들을 지켜 주기 위해서 이리와 늑대와 싸워야 할 때도 있었다. 밤에 양들이 다 잘 때도 다윗은 자지 못했다. 이리나 늑대는 밤을 노리기 때문이다.

광야에서 하루 종일 양들과 같이 지낸다고 상상해 보라. 얼마나 지루하겠는가? 더군다나 여름에는 몇 달씩 집을 떠나서 양들과 같이 살아야 한다. 친구라고는 양들뿐이다. 그러니 다윗이 얼마나 외롭고 적적했겠는가? 이처럼 양을 돌본다는 것은 결코 쉬운 일이 아니다. 야곱은

▶ 〈다비드상〉(미켈란젤로 부오나로티)

외삼촌의 집에서 20년 동안 양을 쳤던 시절을 이렇게 회고했다.

"낮에는 더위에 시달리고, 밤에는 추위에 떨면서, 눈 붙일 겨를도 없이 지낸 것, 이것이 바로 저의 형편이었습니다"(창 31:40, 새번역).

이것이 목자의 삶이다. 다윗은 바로 이렇게 살았다.

시편 23편은 다윗이 광야에서 양을 치며 경험한 것을 바탕으로 하나님에게 드리는 믿음의 고백이다. 만일 다윗이 광야를 체험하지 않았다면 시편 23편은 없었을 것이다.

다윗이 광야에서 양을 치면서 만난 하나님은 목자이신 하나님이었다.

"여호와는 나의 목자시니"(시 23:1). 다윗은 양들에게 좋은 꼴을 먹이기 위해 온 광야를 샅샅이 뒤지고 다녔던 기억이 떠올랐다. 그래서 이렇게 써 내려갔다. "그가 나를 푸른 풀밭에 누이시며 쉴 만한 물가로 인도하시는도다"(시 23:2). 잃어버린 양을 찾아 온 광야를 헤매고 다녔던 기억을 떠올리면서는 이렇게 써 내려갔다. "내 영혼을 소생시키시고"(시 23:3a). 위험한 산비탈을 내려오면서 양들이 안전하게 내려오도록 하기 위해 온 신경을 기울였던 것을 떠올리면서는 이렇게 써 내려갔다. "자기 이름을 위하여 의의 길로 인도하시는도다"(시 23:3b). 광야의 험한 골짜기들을 지나면서 식은땀이 흘렀던 기억이 떠올라 "내가 사망의 음침한 골짜기로 다닐지라도 해를 두려워하지 않을 것은 주께서 나와 함께하심이라"(시 23:4a)라고 썼다. 막대기를 가지고 사자와 곰과 싸우던 순간들도 떠올

▶ 다윗이 양을 치던 유대 광야에서는 지금도 베두인이 양을 치고 있다

랐다. "주의 지팡이와 막대기가 나를 안위하시나이다"(시 23:4b). 다윗이 양 떼를 칠 때마다 그림자처럼 따라붙어 다니던 이리나 하이에나도 떠올랐다. "내 원수의 목전에서 내게 상을 차려 주시고"(시 23:5a). 집에 돌아와 양 우리에 들어가기 전에 한 마리 한 마리 어디 다친 데는 없는지, 상처가 나지는 않았는지 점검하며 올리브기름을 발라 주던 장면을 회상했다. "기름을 내 머리에 부으셨으니"(시 23:5b). 이렇게 해서 만들어진 시가 바로 시편 23편이다.

그러나 다윗이 사울에게 쫓길 때 광야에서 체험한 하나님은 다른 하나님이었다. 그때 만난 하나님은 "나의 반석이시요 나의 요새시요 나를 건지시는 이시요 나의 하나님이시요 내가 그 안에 피할 나의 바위시요 나의 방패시요 나의 구원의 뿔이시요 나의 산성"(시 18:2)이신 하나님이었다. 어떤 광야를 지나느냐에 따라 우리가 만나는 하나님이 다르다. 다윗이 광야에서 양을 치면서 만난 하나님은 목자이신 하나님이었고, 광야에서 쫓겨 다니면서 만난 하나님은 요새(fortress)와 같은 하나님, 그의 피난처가 되시는 하나님이었다.

시편 23편은 푸른 초장과 쉴 만한 물가에 살고 있는 사람들이 부르는 노래가 아니다. 광야를 지나는 사람들이 부르는 노래다. 다윗이 왕이 되어 궁궐에 거하면서 하나님의 은혜가 너무 감사해서 지은 시가 아니다. 광야에서 사울에게 쫓겨 다니며 오늘 죽을지 내일 죽을지 알 수 없는 상황에서 지은 시다. 그런데 우리는 '왜 나는 시편 23편과 같은 삶을 살지 못하는 것일까? 언제쯤 이 광야를 벗어나 푸른 초장과 쉴 만한 물가에서 살아갈 수 있을까?' 하는 생각을 하지 않는가? 시편 23편은 광야에서 만들어진 시고, 광야에서 불렀던 시고, 광야를 지나면서 고백했던 시다.

13년이나 쫓겨 다녔던 다윗

▶ 〈골리앗의 머리를 든 다윗〉(미켈란젤로 메리시 다 카라바조
[Michelangelo Merisi da Caravaggio, 1573-1610])

다윗은 비밀리에 왕으로 기름부음을 받은 후 골리앗과의 대결에서 나라를 구하게 되었다. 그리고 사울 왕에게 인정받게 되면서 (일개 목동이) 사울의 참모가 되었다. 왕의 아들인 요나단과는 절친한 친구가 되었다. 그리고 마침내 사울 왕의 사위가 되었다. 왕위에 점점 가까워지는 것처럼 보였다. 모든 것이 순조롭게 진행되었다.

　모든 것이 계획한 대로 진행되다가 갑자기 막히는 경우가 있다. 일이 거의 성사되는가 싶었는데 망쳐지는 경우가 있다. '하나님, 감사합니다.' 어제는 이렇게 기도했는데 하룻밤 사이에 상황이 바뀌어서 '하나님, 이게 어떻게 되는 겁니까? 왜 이런 일이 생기는 겁니까?' 기도할 때가 있다. 다윗도 그랬다. 일이 갑자기 어그러지기 시작하면서 광야로 내몰리게 되었다.

　"사울이 죽인 자는 천천이요 다윗은 만만이로다"(삼상 18:7).

백성에게 다윗의 인기가 점점 높아지기 시작했다. 이에 위기감을 느낀 사울이 다윗을 죽이기 위해 여러 번 시도했다. 그러나 그때마다 다행히도 목숨을 건질 수 있었다. 더 이상 왕궁에 있을 수 없게 된 다윗은 광야로 도망을 갔다. 광야로 도망가면 찾기가 어렵다. 나중에 압살롬이 쿠데타를 일으켰을 때에도 감람 산을 넘어 유대 광야로 도망가지 않았는가? 다윗은 사울을 피해서 광야로 들어가 13년을 숨어 살았다. 말이 13년이지 얼마나 긴 세월인가? 언제 죽을지 모른다. 그래서 다윗이 쓴 시들을 보면 거의 대부분이 '하나님, 저 좀 살려 주세요' 하는 기도들이다.

사울은 하나님에게 버림받았다. 그러나 그날로 왕의 자리에서 쫓겨난 것은 아니었다. 죽을 때까지 왕의 자리에 앉아 있었다. 사울이 어떤 위인인가? 놉에 있는 대제사장 아히멜렉이 다윗을 숨겨 주었다고 그의 일가친척은 물론 그 동네 제사장 85명을 다 죽인 사람이다. 제사장들을 그렇게 많이 죽였는데도 하나님은 그를 벌하지 않으셨다. 사울을 완전히, 영원히 버리신 것이다. 하나님에게는 사울이 없는 것이나 마찬가지였다. 그래서 사울이 무슨 짓을 하더라도 내버려두셨다. 하나님은 사울에게 회개할 기회도 주지 않으신 것이다.

하나님은 사울을 버리고 다윗을 택하셨다. 그러나 사울은 잘 먹고 잘 살았지만, 다윗은 사울이 죽을 때까지 죽을 고생을 했다. 사울은 승승장구했지만, 다윗은 사울을 피해서 13년 동안이나 쫓겨 다녔다. 하나님에게 버림받은 사울은 궁궐에서 호의호식하는 동안 하나님이 택하신 다윗은 광야에서 13년 동안 숨어 살아야 했다. 사울이 다윗을 이렇게까지 죽이려고 하는데, 하나님이 다윗을 택하셨다면 그를 위해서 사울을 빨리 죽게 하셨어야 하는 것 아닌가? 왜 13년이나 되는 오랜 세월을 사울에게 쫓겨 다니게 하신 것일까?

예수님이 태어나셨을 때 헤롯 왕이 아기 예수님을 죽이려고 했다. 예수님은 간발의 차이로 헤롯의 손아귀를 벗어나 애굽으로 피신을 가셨다가 헤롯이 죽은 후에 다시 돌아오셨다. 헤롯이 얼마나 사악한 왕인지 모른다. 수많은 사람들의 피를 흘렸다. 죽을 때는 유대인 지도자들을 다 모으도록 해 딸과 사위에게 자기가 죽자마자 그들을 그 자리에서 죽이도록 했던 사람이다. 헤롯이 이런 사람임에도 불구하고 하나님은 그가 죽을 때까지 기다리셨다.

모세는 욱하는 성질에 사람을 쳐 죽이고 광야로 도망가 40년을 숨어 살았다. 우발적인 살인에 대한 죗값을 치르도록 하기 위해 40년을 광야에서 살게 하신 것일까? 아니다. 모세의 목숨을 찾던 바로가 죽은 후에야 하나님이 모세를 찾아가 그를 불러내신다. 모세의 목숨을 찾던 왕이 죽을 때까지 기다리셨던 것이다. 그래서 40년이 걸린 것이다.

다윗도 마찬가지다. 다윗이 빨리 왕이 되게 하시려면 간단하다. 사울이 빨리 죽게 하시면 된다. 그런데 하나님은 그렇게 하지 않으셨다. 사울이 죽을 때까지 기다리셨다. 다윗을 왕으로 세우기 위해 어떤 조치도 취하지 않으셨다. 그래서 다윗은 13년이라는 오랜 세월 동안 광야에서 숨어 살아야 했다. 한 3년 정도 광야에 있다가 왕이 되면 얼마나 좋았겠는가? 그런데 하나님은 13년을 광야에서 기다리게 하셨다. 그것이 하나님이 역사하시는 방식이다.

나의 마사다가 되시는 하나님

마사다(Masada)는 사해 서쪽 유대 광야에 자리 잡은 450미터 높이의 바위 산으로, 마치 조각칼로 베어 낸 것처럼 수직에 가까운 절벽과 꼭대기의 넓은 평지로 이루어져 있다.

이곳은 이스라엘이 로마에 의해 멸망당할 때 마지막까지 항쟁을 벌였던 곳이다. 로마는 2년 넘게 이 마사다 아래에서 그들을 포위하고 있었지만 그곳에 올라가 그들을 척결할 수는 없었다. 그러다가 마지막 방법으로 유대인 노예들을 투입해서 마사다 서쪽에 경사로를 만들어 그곳을 타고 마침내 마사다에 올라갈 수 있었는데, 그들이 성 안에 들어갔을 때는 이미 천여 명에 이르는 유대인들이 모두 자결한 후였다. 더러운 로마인의 칼에 죽느니 차라리 죽음을 택하자고 해서 서로가 서로를 죽

▶ 마사다 요새

였던 것이다. 이렇게 이스라엘은 역사 속으로 사라졌고, 유대인들은 나라 없는 민족으로 2천 년 동안 세계 곳곳을 떠돌다가 지난 1945년에 다시 나라를 세우게 되었다.

이곳은 오늘날에도 유대인들의 자존심으로 남아 있다. 장교 임관식을 비롯해 각종 졸업식이 행해지기도 하는데, 어떤 유대인이든지 평생에 한 번은 이곳을 방문하려 한다고 한다. 마사다는 광야에 있기도 하지만 가파른 낭떠러지로 이루어져 있어 접근이 상당히 어렵다. 그래서 헤롯(The Great Herod)도 그곳에 별장을 지었다. 말이 별장이지, 유사시 피난처로 만들어 놓았던 것이다.

다윗은 13년 동안이나 사울을 피해 광야로 들어가 숨어 다녔다. 말하자면 13년 동안이나 수배자처럼 쫓겨 다녔던 것이다. 그러나 다윗은 용케도 붙잡히지 않았다. 말이 13년이지 하루하루가 피 말리는 날들이었을 것이다.

다윗이 13년 동안 광야에서 살아남을 수 있었던 것은 무엇보다 그가 광야를 잘 아는 사람이었기 때문이다. 베들레헴 출신의 다윗은 양을 치는 목자였다. 어린 시절을 광야에서 양을 치며 살았던 다윗은 광야에 익숙해 있었다. 광야 구석구석은 물론이고, 광야에서 살아남는 법을 누구보다 잘 알고 있었다. 그렇기 때문에 사울에게 쫓겨 다닐 때 광야로 숨어들어갔던 것이다. 사실 광야에서 누굴 찾는다는 것이 쉬운 일은 아니다. 그렇다고 광야를 모르는 사람이 무작정 광야로 숨어들어갔다가는 붙잡혀서 죽기 전에 광야에서 길을 잃거나 마실 물이 없어서 죽을 것이다. 그러나 다윗은 광야를 잘 알고 있었다. 그랬기 때문에 사울의 군사들에게 붙잡히지 않고 살아남을 수 있었던 것이다.

다윗은 사울을 피해 다니면서 주로 '요새'에 숨어서 지냈다(삼상 22:5, 23:19, 29, 24:22).

"다윗이 광야의 요새에도 있었고 또 십 광야 산골에도 머물렀으므로 사울이 매일 찾되 하나님이 그를 그의 손에 넘기지 아니하시니라"(삼상 23:14).

요새는 적의 침략으로부터 보호하기 위해 만든 인공적인 구조물이다. 그러나 다윗이 말하는 요새는 그런 요새가 아니라 천연적인 요새다. 유대 광야는 사하라 사막처럼 모래사막이 끝없이 펼쳐져 있는 곳이 아니다. 이스라엘에는 그런 사막이 없다. 대신 광야가 있다. 광야는 사막과 다르다. 비가 오지 않아서 식물이 자라거나 사람이 살 수 없게 된 땅을 광야라고 부른다. 유대 광야는 수많은 산과 깊은 골짜기들로 이루어져 있다. 대표적인 것이 마사다다. 마사다에 올라 북쪽을 바라보면 비슷한 지형들이 눈앞에 펼쳐진다. 그곳 가운데 하나가 엔게디 요새다. 다윗이 숨어 다녔던 곳이 바로 그런 곳들이다. 이곳은 숨어 있기에 가장 안전한 곳이다. 너무 가파르기 때문에 그곳까지 올라와 수색하는 것이 쉽지 않다. 또 누군가가 올라와도 금방 눈에 띄게 된다. 그래서 다윗이 요새에서 숨어 살았던 것이다. 유대 광야에는 이런 천연 요새들이 많다. 이런 요새들 때문에 다윗이 붙잡히지 않고 도망 다니며 살 수 있었던 것이다.

요새를 히브리어로 마사다라고 부른다. 로마에 대항해 끝까지 항쟁을 벌였던 곳이 마사다인데, 마사다는 본래 지명이 아니라 지리적인 용어다. 그런데 후에 지명으로 사용된 것이다. 다윗이 숨어 다닌 요새는 마사다와 같은 곳들이었다.

다윗은 이런 요새에 숨어 살았다. 그랬기 때문에 안전할 수 있었다. 그러나 그는 요새에 숨어 있었기 때문에 살아남은 것이 아니라 하나님이 그의 요새가 되어 주셨기 때문에 살아남았던 것이라고 고백한다. 실제적으로 다윗이 피해 숨었던 곳은 마사다(요새)가 아니라 하나님이었던 것이다. 그는 요새에 숨지 않고 하나님에게 피해 숨었다. 하나님의 날개 아래 숨었다. 그의 요새가 되어 주시는 하나님에게 피해 숨었다. 그랬기 때문에 살아남을 수 있었던 것이라고 그는 고백하고 있다(시 17:8, 18:2, 59:9, 16, 61:4, 62:2, 63:7, 64:2, 143:9, 144:2).

"여호와는 나의 반석이시요 나의 요새시요 나를 건지시는 이시요 나의 하나님이시요 내가 그 안에 피할 나의 바위시요 나의 방패시요 나의 구원의 뿔이시요 나의 산성이시로다"(시 18:2).

"여호와는 나의 사랑이시요 나의 요새이시요 나의 산성이시요 나를 건지시는 이시요 나의 방패이시니 내가 그에게 피하였고"(시 144:2).

다윗은 굴에 숨어 있다가 그곳에 볼일을 보러 들어왔던 사울을 만나게 된다. 이처럼 다윗은 굴에 숨기도 했다. 요새에는 크고 작은 굴들이 많이 있는데 그곳은 머물기에 안성맞춤이었다. 낮에는 더위로부터, 밤에는 추위로부터 지켜 주기 때문이다. 그는 그곳에 숨어 있으면서 이렇게 기도했다.

"내 영혼이 주께로 피하되 주의 날개 그늘 아래에서 이 재앙들이 지나기까지 피하리이다"(시 57:1).

다윗은 굴속에 숨어 있으면서 그곳에 있으니 안전하리라 생각하고 안심한 것이 아니라 하나님에게 기도했다. '하나님, 나를 안전하게 지켜 주는 것은 이 요새나 이 굴이 아닙니다. 나를 안전하게 지켜 주실 분은 하나님 당신밖에 없습니다. 하나님, 제가 하나님에게 숨습니다. 저를 은혜의 날개 아래 보호해 주십시오.'

많은 사람들이 인생의 광야에서 살아남기 위해 '요새'를 찾는다. 당신의 요새는 무엇인가? 무엇이 당신을 안전하게 지켜 주리라 생각하는가? 당신이 믿고 의지하는 요새, 그것은 모두 가짜일 수 있다. 진짜 요새, 우리를 진짜로 지켜 주고 보호해 주실 분은 오직 하나님 한 분이시다.

다윗은 기도로 광야를 이겨 냈다

다윗이 사울에게 쫓겨 다니면서 광야에서 지은 시들을 살펴보자.

"내가 내 원통함을 그의 앞에 토로하며 내 우환을 그의 앞에 진술하는도다 … 여호와여 내가 주께 부르짖어 말하기를 주는 나의 피난처시요 살아 있는 사람들의 땅에서 나의 분깃이시라 하였나이다 나의 부르짖음을 들으소서 나는 심히 비천하니이다 나를 핍박하는 자들에게서 나를 건지소서 그들은 나보다 강하니이다 내 영혼을 옥에서 이끌어 내사 주의 이름을 감사하게 하소서"(시 142:2, 5-7).

앞의 시는 다윗이 굴에 숨어 있을 때 지은 것이라고 성경은 밝히고 있다.

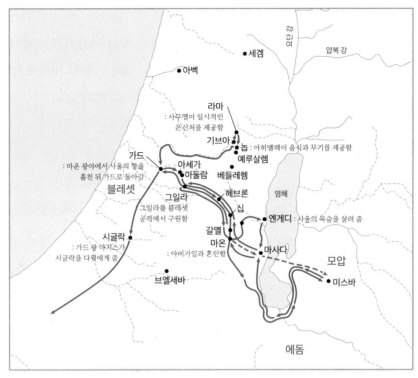

▷ 다윗의 도피 행로

"하나님이여 내 마음이 확정되었고 내 마음이 확정되었사오니 내가 노래하고 내가 찬송하리이다 내 영광아 깰지어다 비파야, 수금아, 깰지어다 내가 새벽을 깨우리로다 주여 내가 만민 중에서 주께 감사하오며 뭇 나라 중에서 주를 찬송하리이다 무릇 주의 인자는 커서 하늘에 미치고 주의 진리는 궁창에 이르나이다 하나님이여 주는 하늘 위에 높이 들리시며 주의 영광이 온 세계 위에 높아지기를 원하나이다"(시 57:7-11).

광야에는 수많은 굴들이 있다. 다윗은 그런 천혜의 자연 동굴 속에 숨어서 13년간 사울에게 붙잡히지 않고 무사할 수 있었다. 시편 57편은 바로 이런 굴속에서 드린 기도였다. 그날도 다른 때와 마찬가지로 밤새도록 뒤척이며 잠을 제대로 자지 못했을 것이다. 차가운 동굴 바닥에 누워 이 일 저 일을 생각하며 잠을 이루지 못했을 것이다. 저 멀리서는 이따금 늑대의 울음소리가 들려왔을 것이다. 동굴 밖으로 희미하게 보이는 초승달은 다윗의 마음을 더 처량하게 만들었을 것이다. 그날도 자다가 깼을 것이다. 그리고 이내 더 잠을 이루지 못하고 땅바닥에 엎드려 기도하기 시작했을 것이다.

다윗은 혼자 광야 굴속에서 새벽 기도를 드렸다. 비파가 어디 있고 수금이 어디 있겠는가? 찬양단이 어디 있겠는가? 성가대가 어디 있겠는가? 홀로 싸늘한 새벽 공기에 몸을 움츠리며 땅바닥에 엎드려 기도하고 있는 것이다. 오늘도 무슨 일이 생길지 모른다. 사울에게 붙잡히면 죽는다. 다윗은 이렇게 기도한다.

"하나님이여 내게 은혜를 베푸소서 내게 은혜를 베푸소서 내 영혼이 주께로 피하되 주의 날개 그늘 아래에서 이 재앙들이 지나기까지 피하리이다"(시 57:1).

다윗은 오늘도 하루를 지켜 달라고, 사울로부터 보호해 달라고 기도한다. 그렇게 1년, 2년, 5년, 10년을 살아왔다. 아침마다 기도하지 않을 수 없었다. 다윗이 그 오랜 세월 사울에게 쫓기면서도 붙잡히지 않고 무사할 수 있었던 것은 그가 굴속에 숨어 있었기 때문이 아니라, 살려 달라고 기도했기 때문이다.

시편 34편은 아비멜렉 앞에서 미친 척하다가 쫓겨나서 지은 시다. 거기에서도 다윗은 이렇게 고백한다.

"내가 여호와께 간구하매 내게 응답하시고 내 모든 두려움에서 나를 건지셨도다
그들이 주를 앙망하고 광채를 내었으니 그들의 얼굴은 부끄럽지 아니하리로다
이 곤고한 자가 부르짖으매 여호와께서 들으시고 그의 모든 환난에서 구원하셨
도다"(시 34:4-6).

다윗이 광야에서 도망하던 중 가드로 갔다가 블레셋 사람들에게 붙
잡혔다. 그때 지은 시가 시편 56편이다.

"하나님이여 내게 은혜를 베푸소서 사람이 나를 삼키려고 종일 치며 압제하나이
다"(시 56:1).

그리고 앞에서 살펴본 시편 57편은 다윗이 사울을 피해서 굴에 있을
때 지은 시다. 그는 새벽에 일어나자마자 땅바닥에 엎드려 기도했다.
'하나님이여, 내게 은혜를 베푸소서!'
시편 59편은 사울이 사람을 보내어 다윗을 죽이려고 그 집을 지킬 때
지은 시다.

"나의 하나님이여 나의 원수에게서 나를 건지시고 일어나 치려는 자에게서 나를
높이 드소서 … 나를 구원하소서"(시 59:1-2).

시편 54편은 십 사람이 사울에게 다윗이 숨어 있는 곳을 알려 주던 때

에 지은 시다.

"하나님이여 주의 이름으로 나를 구원하시고"(시 54:1).

시편 142편도 광야에서 지은 시다.

"내가 소리 내어 여호와께 부르짖으며 소리 내어 여호와께 간구하는도다 내가 내 원통함을 그의 앞에 토로하며 내 우환을 그의 앞에 진술하는도다 … 나의 부르짖음을 들으소서 나는 심히 비천하니이다 나를 핍박하는 자들에게서 나를 건지소서 그들은 나보다 강하니이다 내 영혼을 옥에서 이끌어 내사 주의 이름을 감사하게 하소서 주께서 나에게 갚아 주시리니 의인들이 나를 두르리이다"(시 142:1-2, 6-7).

'오늘도 무사히.' 이것이 13년 동안의 다윗의 기도였다. 매일 살려 달라는 기도를 드렸다. 다윗이 지은 시의 대부분이 이런 기도들로 이루어져 있다. 다윗은 수도 없이 구원해 달라고 기도했는데, 이는 우리가 생각하는 구원이 아니라 살려 달라는 뜻이다. 단 한 번이라도 죽음의 위기 앞에서 살려 달라고 기도해 본 적이 있는가? 다윗은 날이면 날마다 살려 달라는 기도를 드렸다. 언제 죽을지 모르기 때문이다. 오늘이라도 사울에게 붙잡히면 죽기 때문에 살려 달라는 기도를 무려 10년 넘게 하면서 살았다.

마침내 사울이 죽고 다윗이 광야에서 나갈 수 있게 되었다. 그때 지은 시가 시편 18편이다.

"내가 환난 중에서 여호와께 아뢰며 나의 하나님께 부르짖었더니 그가 그의 성전에서 내 소리를 들으심이여 그의 앞에서 나의 부르짖음이 그의 귀에 들렸도다"(시 18:6).

그래서 어떻게 하셨는가?

"주께서 나를 내 원수들에게서 구조하시니 주께서 나를 대적하는 자들의 위에 나를 높이 드시고 나를 포악한 자에게서 건지시나이다"(시 18:48).

광야에 내몰리게 되면 우리가 할 수 있는 것은 하나도 없다. 우리가 의지할 수 있는 것은 아무것도 없다. 그런데 우리가 할 수 있는 것이 하나 있다면 기도다. 광야에서는 엎드려야 산다. 기도하지 않고는 살아남을 수 없는 곳이 광야다. 자다가 깰 때, 잠이 오지 않을 때, 자다가 벌떡 일어날 때, 밤새도록 뒤척일 때가 있는가? 다윗이 그랬다. 그때 그는 기도했다. 건강 문제, 직장 문제, 가정 문제, 자녀 문제, 사업 문제로 잠을 못 이루는가? 광야에 들어간 것이다. 기도해야 한다. 가정이, 삶이, 인생이, 사업이 광야와 같은가? 기도해야 한다. 다윗은 기도로 광야를 견뎌냈다. 기도로 광야를 이겨 냈다. 광야에서 기도하면서 살았다. 그리고 기도로 광야에서 살아남았다. 광야와 같은 인생을 살아가고 있는가? 광야로 내몰렸는가? 기도하라. 기도하지 않고는 광야에서 살아남을 수 없다. 기도하지 않고는 광야를 벗어날 수 없다.

하나님 앞에 기도로 마음을 토해 내다

다윗이 쓴 탄식시에는 원수, 악인이라는 단어가 상당히 많이 나온다. 그래서 이와 연관된 단어들이 얼마나 나오는지 찾아보니 악인 82회, 원수 82회, 대적 49회, 악한 자 32회, 악을 행하는 자 26회, 포악한 자 12회, 해하려 하는 자 12회, 총 295회가 나왔다. 다윗이 쓴 탄식시 한 편에 평균 6회씩 등장하는 것이다.

다윗의 시는 모두 73편 정도 되는데, 그중에서 탄식시(와 광야에서 지은 시)가 46편이고, 찬양시와 기타 시가 27편 정도 된다. 다윗은 광야에서 양을 치던 목자이기도 했지만, 사울에게 13년간 쫓겨 다니면서 인생의 깊은 광야를 통과해야 했으며, 왕이 된 후에도 자식들로 인해서, 특별히 압살롬 때문에 광야 체험을 혹독하게 해야 했다. 이렇게 인생의 광야를 통과할 때 나온 시들이 그가 지은 시 가운데 65퍼센트나 된다.

시편 102편을 보면 1절 앞에 작은 글씨로 이렇게 씌어 있다. '고난당한 자가 마음이 상하여 그의 근심을 여호와 앞에 토로하는 기도.' 이 시편의 기자는 이렇게 토로한다.

"나는 광야의 올빼미 같고 황폐한 곳의 부엉이같이 되었사오며 내가 밤을 새우니 지붕 위의 외로운 참새 같으니이다"(시 102:6-7).

일본의 후쿠이에라는 평범한 직장인이 아파서 일을 나가지 못하고 집에서 누워 있었다. 방 안에 난로를 피워 놓고 거기에 주전자를 올려놓은 뒤 잠이 들었는데 주전자 뚜껑이 계속 들썩들썩하면서 덜컹거리는 것이었다. 신경질이 난 그는 일어나서 송곳으로 뚜껑을 콱 찍어 버렸다. 뚜껑에 그만 구멍이 나고 말았다. 역사가 바뀌는 순간이었다. 그 이후로 만들어진 모든 주전자에는 뚜껑에 구멍이 뚫리게 되었다.

주전자의 물처럼 속에서 부글부글 끓고 있는가? 폭발하기 직전인 가? 쏟아 놔야 한다. 그렇지 않으면 터지게 된다. 어떻게 해야 하는가? 구멍을 뚫어야 한다. 속에서 분노가 치밀어 오르는가? 화가 나는가? 하나님에게 토해 내라. 기도로 풀어라. 그래야 견딜 수 있다. 그래야 살 수 있다.

"가슴 속 깊은 데서 뜨거운 열기가 치솟고 생각하면 할수록 울화가 치밀어 올라서 주님께 아뢰지 않고는 견딜 수 없었다"(시 39:3, 새번역).

엘가나의 아내였던 한나는 자식이 없었다. 반면 둘째 부인인 브닌나는 자식들이 많았다. 한나는 브닌나를 볼 때마다 분이 났다. 그래서 어떻게 했는가? 하나님 앞에 기도했다. 어떤 기도를 했는가? 그의 마음을 토해 놓는 기도를 드렸다.

"나는 마음이 슬픈 여자라 포도주나 독주를 마신 것이 아니요 여호와 앞에 내 심정을 통한 것뿐이오니 … 나의 원통함과 격분됨이 많기 때문이니이다"(삼상 1:15-16).

고상하게 기도하려 하지 말라. 그럴듯하게 포장된 기도를 하지 말라. 대신 마음을 솔직하게 토해 놓는 기도를 드리라. 천사처럼 기도하지 않아도 된다. 우리는 천사가 아니다. 천사처럼 기도하려고 하면 더 열 받는다. 원수를 놓고 기도할 때 무슨 기도를 해야 하는가? 시편에 원수를 사랑하게 해 달라는 기도가 나오는지 잘 모르겠다. 그런 기도보다는 원수에게 벼락을 내려 달라는 기도가 훨씬 많다. 천사처럼 기도하지 못한다고 죄책감을 가질 필요는 없다. 그냥 마음을 쏟아 놓으며 기도하면 된다.

"백성들아 시시로 그를 의지하고 그의 앞에 마음을 토하라"(시 62:8).

시편 하면 우리는 가장 먼저 23편을 떠올린다.

"여호와는 나의 목자시니 내게 부족함이 없으리로다 그가 나를 푸른 풀밭에 누이시며 쉴 만한 물가로 인도하시는도다"(시 23:1-2).

그러나 다윗이 지은 시의 대부분의 분위기는 시편 23편과 전혀 다르다. 그의 시에는 원수, 대적, 악인이라는 단어가 많이 등장한다. 사실 시에는 그런 단어들이 어울리지 않는다. 또 그의 시에는 탄식이 많다. 그리고 기도가 대부분이다. 원수에 대한 저주 선포도 많이 나온다.

다윗의 시편은 우리가 생각하는 시가 아닌 기도나 탄식으로 이루어져 있다. 시를 쓰기 위해 분위기 잡고 앉아서 쓴 시들이 아니었다. 그가 쓴 시들 가운데는 사울을 피해 13년 동안 숨어 다닐 때 지은 것들이 많다.

시편 52편은 '도엑이 사울에게 이르러 다윗이 아히멜렉의 집에 왔다고 그에게 말하던 때에' 지은 시다. 시편 54편은 '십 사람이 사울에게 다윗이 숨어 있는 곳을 알려 주던 때에' 지은 시다. 시편 56편은 '다윗이 가드에서 블레셋인에게 잡힌 때에' 지은 시다. 시편 57편은 '다윗이 사울을 피하여 굴에 있던 때에' 지은 시다. 시편 59편은 '사울이 사람을 보내어 다윗을 죽이려고 그 집을 지킨 때에' 지은 시다. 시편 63편은 '다윗이 유다광야에 있을 때에' 지은 시다.

이 중 시편 57편은 다윗이 굴속에서 새벽에 드린 기도다. 사울에게 쫓겨 다니면서 다윗은 굴속에서 잠을 잘 때가 한두 번이 아니었다. 거의 매일 굴속에서 잤을 것이다. 오늘도 무슨 일이 일어날지 모른다. 오늘이라도 사울에게 붙잡히면 죽는다. 그러니 잠이 제대로 오겠는가? 자다 깨다 자다 깨기를 반복했을 것이다. 그러다가 새벽녘이 되었다. 다윗은 일어나 동굴 바닥에 엎드려 오늘도 무사하게 해 달라고 기도하기 시작한다.

"하나님이여 내게 은혜를 베푸소서 내게 은혜를 베푸소서 내 영혼이 주께로 피하되 주의 날개 그늘 아래에서 이 재앙들이 지나기까지 피하리이다 내가 지존하신 하나님께 부르짖음이여 곧 나를 위하여 모든 것을 이루시는 하나님께로다"(시 57:1-2).

사울에게 쫓기는 13년 내내 다윗은 이런 기도를 하며 살았다. 다윗의 가장 큰 기도 제목은 살려 달라는 것이었다.

다윗의 기도가 계속 이어진다. 그러다가 갑자기 분위기가 바뀐다.

"하나님이여 내 마음이 확정되었고 내 마음이 확정되었사오니 내가 노래하고 내가 찬송하리이다"(시 57:7).

방금 전까지만 해도 살려 달라고 울며 기도하던 사람이 곧바로 너무 기뻐서 어쩔 줄 몰라 하고 있다.

"내 영광아 깰지어다 비파야, 수금아, 깰지어다 내가 새벽을 깨우리로다"(시 57:8).

광야 굴속에 비파와 수금이 어디 있다고 비파와 수금을 울려 새벽을 깨우라는 것일까?

"주여 내가 만민 중에서 주께 감사하오며 뭇 나라 중에서 주를 찬송하리이다 무릇 주의 인자는 커서 하늘에 미치고 주의 진리는 궁창에 이르나이다 하나님이여 주는 하늘 위에 높이 들리시며 주의 영광이 온 세계 위에 높아지기를 원하나이다"(시 57:9-11).

광야 굴속에서 새벽에 일어나 드린 기도라고 했는데, 광야 굴이 아니라 왕궁에서 드리는 새벽 예배 같지 않은가? 광야 굴속에서 기도드리다 믿음의 확신이 들어서 갑자기 기뻐 뛰며 주를 찬양한다. 살려 달라고 기도하던 사람이 갑자기 온 세계 만민 가운데 나를 구원해 주신 하나님을 찬양하겠다고 한다. 다윗이 광야에서 쓴 모든 시가 다 이렇게 탄식으로 시작했다가 찬양으로 끝난다.

시편 52편은 도엑이 사울에게 다윗이 아히멜렉의 집에 왔다고 전해 주던 때에 지은 시다. 이 시에서도 원수로부터 구해 달라는 기도와 원수에게 재앙을 내려 달라는 기도를 하고 있다. 하지만 이 시는 이렇게 끝나고 있다.

"주께서 이를 행하셨으므로 내가 영원히 주께 감사하고 주의 이름이 선하시므로 주의 성도 앞에서 내가 주의 이름을 사모하리이다"(시 52:9).

시편 54편은 십 사람이 다윗이 숨어 있는 곳을 사울에게 알렸을 때에 지은 시다. 이 시는 이렇게 끝나고 있다.

"내가 낙헌제로 주께 제사하리이다 여호와여 주의 이름에 감사하오리니 주의 이름이 선하심이니이다 참으로 주께서는 모든 환난에서 나를 건지시고 내 원수가 보응 받는 것을 내 눈이 똑똑히 보게 하셨나이다"(시 54:6-7).

시편 56편은 다윗이 가드에서 블레셋 사람들에게 붙잡혔을 때에 지은 시다. 이 시는 이렇게 끝나고 있다.

"하나님이여 내가 주께 서원함이 있사온즉 내가 감사제를 주께 드리리니 주께서 내 생명을 사망에서 건지셨음이라 주께서 나로 하나님 앞, 생명의 빛에 다니게 하시려고 실족하지 아니하게 하지 아니하셨나이까"(시 56:12-13).

이 시들은 모두 다윗이 죽을지 살지 모르는 상황 가운데서 쓰인 것들이다. 그런데도 모든 시(기도)들은 놀랍게도 한결같이 감사와 찬양으로 끝나고 있다.

아히멜렉의 집에 숨어 있는 다윗을 잡으려고 사울의 군사들이 쫓아올 때 지은 시편 52편의 마지막 구절을 다시 한 번 보자.

"주께서 이를 행하셨으므로 내가 영원히 주께 감사하고 주의 이름이 선하시므로 주의 성도 앞에서 내가 주의 이름을 사모하리이다"(시 52:9).

'주께서 이를 행하셨으므로.' 과거형으로 되어 있다. 시편 52편에서 드린 기도를 다 응답해 주셨으므로 영원히 하나님에게 감사드리겠다는 것이다. 이 구절은 1-8절과는 다른 상황에서 쓰인 것임을 알 수 있다. 시편 54편도 마찬가지다.

"내가 낙헌제로 주께 제사하리이다 여호와여 주의 이름에 감사하오리니 주의 이름이 선하심이니이다 참으로 주께서는 모든 환난에서 나를 건지시고 내 원수가 보응 받는 것을 내 눈이 똑똑히 보게 하셨나이다"(시 54:6-7).

하나님이 기도한 것을 다 이루어 주실 줄로 믿고 '낙헌제'를 드리겠다는 것이 아니다. 하나님이 원수를 보응하는 것을 다윗이 똑똑히 보았다는 것이다. 그래서 낙헌제를 드리겠다는 것이다.

다윗이 가드에서 블레셋 사람들에게 붙잡혔을 때에 지은 시편 56편은 이렇게 끝나고 있다.

"하나님이여 내가 주께 서원함이 있사온즉 내가 감사제를 주께 드리리니 주께서 내 생명을 사망에서 건지셨음이라 주께서 나로 하나님 앞, 생명의 빛에 다니게 하시려고 실족하지 아니하게 하지 아니하셨나이까"(시 56:12-13).

다윗이 블레셋에게 붙잡혀서 살려 달라고 하는 기도를 들어주실 줄로 믿고 감사를 드린 것인가, 아니면 기도 응답을 받고 난 다음에 감사해서 감사의 제사를 드리겠다는 것인가? '사망에서 건지셨음이라', '실족하지 아니하게 하지 아니하셨나이까'의 시제를 잘 보라. 미래형이 아닌 과거형이다. 이미 일어난 일에 대해 감사한 것이다.

다윗이 광야에서 쓴 시들은 이렇게 감사와 찬양으로 끝나고 있다. 그러나 하나님이 앞으로 하실 일에 대한 감사와 찬양이 아니라, 하나님이 이미 하신 일에 대한 감사와 찬양이다.

다윗이 지은 대부분의 시들은 어떤 특별한 상황에서 드린 기도들이다. 앞의 시편들은 다윗이 사울에게서 쫓겨 다닐 때 쓴 것들이다. 그러나 시라기보다는 기도문에 더 가깝다. 다윗은 그날그날 기도한 것들을 적어 놓았던 것 같다. 그러다가 다윗이 광야 생활을 끝내고 궁궐에 들어와 살던 어느 날 이전에 기록한 일기장들을 들쳐보았을 것이다. 그러면서 감격에 젖었을 것이다. '지금까지 지내온 것 주의 크신 은혜라!' 하나님 앞에 절박하게 드렸던 기도의 응답들을 확인하며 감사의 눈물을 흘렸을 것이다. 그리고 감사 찬양하는 구절들을 덧붙였을 것이다.

우리도 다윗처럼 인생의 광야를 지날 때 "나의 유리함을 주께서 계수하셨사오니 나의 눈물을 주의 병에 담으소서"(시 56:8)라고 기도할 때가 있을 것이다. 그러나 언젠가는 "하나님이여 내가 주께 서원함이 있사온즉 내가 감사제를 주께 드리리니 주께서 내 생명을 사망에서 건지셨음이라"(시 56:12-13) 고백할 날이 올 것이다.

오늘도 하루를 무사히 넘길 수 있게 해 달라고 "하나님이여 내게 은혜를 베푸소서 … 내 영혼이 주께로 피하되 주의 날개 그늘 아래에서 이 재앙들이 지나기까지 피하리이다"(시 57:1) 하며 기도할 때가 있을 것이

▶ 예루살렘의 다윗 성 전경

다. 그러나 언젠가는 "주여 내가 만민 중에서 주께 감사하오며 뭇 나라 중에서 주를 찬송하리이다"(시 57:9) 하며 고백할 날이 있을 것이다.

지금 다윗처럼 광야를 지나면서 하나님에게 살려 달라고 기도하고 있는가? 언젠가는 다윗처럼 이 광야에서 빠져나와 나를 광야에서 건져 주신 하나님의 은혜를 기억하며 내 평생에 여호와를 높이고 찬송하겠다고 다짐할 때가 올 것이다. 탄식이 변해서 찬송이 되고, 슬픔이 변해서 기쁨이 될 날이 올 것이다.

다윗

광야에 들어가기 전	광야에서 양을 치던 목자
광야에 들어가게 된 동기	사울이 다윗을 시기해서 죽이려 함 광야로 숨어들어감
광야가 어떻게 시작되었는가?	광야로 도망가 숨어서 지냄
광야에서 무엇을 했는가?	사울에게 매일 쫓기면서 살아감
광야를 지나는 동안 하나님이 어떤 일을 하셨는가?	사울에게서 지켜 주심 (요새/방패/반석/날개/그늘이 되어 주심)
어떤 광야를 통과했는가?	준비된 왕으로 훈련
광야를 어떻게 살아냈는가?	광야 굴속에서 기도(시편의 기도들) 하나님 의지
언제 광야가 끝나게 되었는가?	다윗의 목숨을 노리던 사울이 죽으며
광야에서 나온 후 어떻게 되었는가?	양을 치던 목자에서 이스라엘의 목자/왕이 됨 13년 동안 광야에서 숨어 다닌 후 왕이 됨
왜 하나님이 광야에 들어가게 하셨는가?	하나님이 원하시는 왕/목자가 되도록 하기 위해

하나님은 광야 인생에 로뎀 나무 그늘이 되신다

"광야로 들어가 하룻길쯤 가서 한 로뎀 나무 아래에 앉아서
자기가 죽기를 원하여 이르되
여호와여 넉넉하오니 지금 내 생명을 거두시옵소서"

(왕상 19:4).

브엘세바와 네게브 광야

디셉 사람 엘리야

2017년 겨울, 이스라엘은 100년 만의 기근으로 갈릴리 호수가 바짝 말라 가고 있었다. 해수면이 계속 낮아지고 있었다. 기상청에서는 앞으로도 계속 비가 없을 것이라는 예보를 내놓았다. 농림부장관은 전국 회당에 편지를 보내 비가 오게 해 달라고 기도할 것을 요청했다. 그리고 그해 12월 28일, 새해를 며칠 앞두고 랍비들과 통곡의 벽에서 대대적인 기우제를 드렸다. 며칠이 지났다. 1월 1일이었다. 이스라엘 전역에 엄청난 폭우가 쏟아졌다. 헐몬 산에는 눈도 내렸다. 곳곳에서 홍수가 일어났다. 기상청에서 전혀 예기치 못한 일이 일어난 것이다. 기도의 결과였을까, 아니면 우연의 일치였을까?

초등학교 4학년 사회 시험에 이런 문제가 나왔다.

"아래와 같이 가뭄이 들었을 때는 어떻게 하나요?"

한 아이가 이렇게 답을 썼다.

"기도한다."

누구를 생각하고 쓴 답일까? 엘리야다. 엘리야가 기도해서 3년 만에 비가 왔다는 사실을 주일학교에서 들어서 알고 있었던 것이다.

엘리야는 혜성같이 나타난 예언자다. 성경은 가정 배경이나 출신 등에 대해 아무것도 말해 주지 않는다. 그가 어떻게 예언자가 되었는지에 대해서도 아무것도 말해 주지 않는다. 성경이 그에 대해 말해 주는 것은 그가 디셉 사람이라는 것이 전부다.

성경은 엘리야를 칭할 때 이름 앞에 '디셉 사람'을 계속 붙이고 있다 (왕상 17:1, 21:17, 28; 왕하 1:3, 8, 9:36).

"길르앗에 우거하는 자 중에 디셉 사람 엘리야가 아합에게 말하되"(왕상 17:1).

예수님의 이름 앞에는 '나사렛'이 이름표처럼 따라다녔다. 룻 앞에도 '모압 여인'이 꼬리표처럼 따라다녔다. 마찬가지로 엘리야에게도 '디셉 사람'이라는 칭호가 항상 따라다녔다. 누군가에게 엘리야가 자신을 디셉 사람이라고 소개한다면 다시 되물을 것이다. "디셉이라고요? 디셉이 어디에 있나요? 이스라엘에 그런 곳이 있나요?" 맞다. 이스라엘에는 그런 곳이 없다. 디셉은 요단 강 건너편 길르앗 산지(지금의 요르단 북부)에 있는 작은 산골 마을이었다. 나사렛이라는 이름 없는 촌에서 예수님이 나오셨듯이, 디셉에서 엘리야라는 예언자가 나왔다. 개천에서 용 난 것이다. 엘리야는 창세기에 나오는 멜기세덱처럼 계보도 없고, 시작도 끝도 알 수 없는 인물이다. 갑자기 혜성처럼 등장했다가 죽지 않고 사라지지 않았는가?

이렇게 엘리야는 별로 내세울 것이 없는 사람이었다. 그런데 하나님은 그런 사람을 예언자로 부르셨다. 예언자 중에서도 가장 유명하고 존경받는 예언자가 아닌가? 메시아가 오기 전에 엘리야 같은 예언자가 먼저 올 것이라고 예언한 바로 그 사람이 아닌가? 예수님을 만나기 위해 변화 산에 모세와 함께 나타났던 사람이 아닌가? 더 놀라운 것은, 엘리야가 죽음을 보지 않고 하늘로 올리어졌다는 사실이다. 엘리야는 이런 인물인데, 성경은 그가 평범한 '디셉 사람'임을 강조하고 있다.

믿음이 흔들릴 때 광야는 시작된다

엘리야는 갈멜 산에서 벌어진 바알과 아세라의 선지자들과의 대결에서 대승을 거두었다. 3년 동안 비 한 방울 내리지 않았었는데, 그날 저녁 엘리야가 갈멜 산꼭대기에 올라가 일곱 번 기도했을 때 비가 억수같이 쏟아졌다. 그러나 그런 그를 기다리고 있던 것은 아합 왕의 아내 이세벨이 그를 죽이려 한다는 소식이었다.

엘리야는 이세벨을 피해 브엘세바까지 도망쳐 왔다. 성경에 '단에서 브엘세바까지'라는 표현이 자주 등장하는데, 이는 가나안 지경을 가리키는 표현이다. 단은 가나안에서 사람이 살 수 있는 최북단이고, 브엘세바는 최남단이다. 브엘세바만 지나면 네게브 광야로 들어가게 된다. 엘리야는 브엘세바까지 도망 오지 않아도 되었다. 북 이스라엘의 왕비에게 쫓기고 있는 것이기 때문에 이스라엘과 유다의 경계만 넘으면 되었다. 예루살렘까지만 도망 와도 충분히 안전했다. 그런데 브엘세바까지 내려왔다. 단순히 이세벨에게서 도망 온 것이라면 브엘세바까지 내려올 필요가 없다. 광야까지 들어갈 필요는 더더욱 없다. 그런데 왜 광야로 들어갔을까?

특별한 목적 없이 광야에 들어가는 사람은 없다. 더군다나 혼자서 광야에 들어가는 사람은 없다. 광야는 곳곳에 죽음이 도사리고 있다. 그런데 그런 광야를 엘리야는 혼자서 걸어 들어갔다. 성경은 같이 도망 온 사환을 브엘세바에 두고 엘리야 혼자 광야로 들어갔다고 밝히고 있다. 죽기를 작정한 사람이 아니고는 혼자서, 그것도 나귀나 낙타를 타지 않고 걸어서 광야로 들어가는 사람은 없다.

하룻길을 간 다음 로뎀 나무 아래에 누워 있을 때 천사가 빵과 물을

▶ 〈광야의 엘리야〉(워싱턴 올스톤[Washington Allston, 1779-1843])

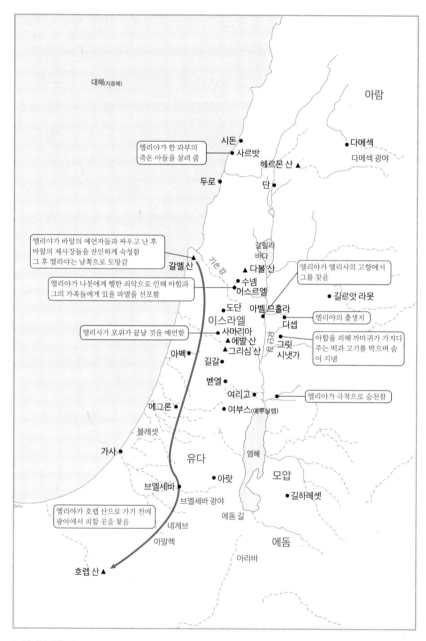

대해(지중해)

아람

엘리야가 한 과부의
죽은 아들을 살려 줌

시돈•
•사르밧

•다메섹
다메섹 광야

헤르몬 산 ▲

두로•
•단

엘리야가 바알의 예언자들과 싸우고 난 후
바알의 제사장들을 잔인하게 숙청함
그 후 엘리야는 남쪽으로 도망감

갈릴리
바다

갈멜산 ▲

기손강

▲다볼산
•수넴
•이스르엘

엘리야가 엘리사의 고향에서
그를 찾음

•길르앗 라못

엘리야가 나봇에게 행한 죄악으로 인해 아합과
그의 가족들에게 있을 파멸을 선포함

•도단 아벧므홀라
이스라엘
엘리사가 포위가 끝날 것을 예언함
•사마리아
▲에발산
▲그리심 산
아벡•
길갈•

•디셉

엘리야의 출생지

그릿
시냇가

아합을 피해 까마귀가 가져다
주는 떡과 고기를 먹으며 숨
어 지냄

벧엘•
•여리고
•여부스(예루살렘)

엘리야가 극적으로 승천함

에그론•

블레셋

가사•
유다

•아랏

염해

모압

브엘세바•
브엘세바 광야

•길하레셋

에돔 길

엘리야가 호렙 산으로 가기 전에
광야에서 피할 곳을 찾음

네게브
아말렉

에돔

아라바

호렙 산 ▲

▷ 엘리야의 활동

가져다주었다. 엘리야에게 빵과 물이 떨어졌기 때문이다. 만일 천사가 빵과 물을 가져다주지 않았다면 그는 죽었을 것이다. 엘리야가 살아서 나올 생각이었다면 충분한 양의 빵과 물을 준비해서 들어갔을 텐데, 그러지 않았던 것으로 보아 엘리야는 그가 기도한 것처럼 정말 죽고 싶었던 것인지도 모른다.

은혜의 그늘, 생명의 오아시스

광야에서 가장 무서운 것은 하늘에 이글거리는 태양이다. 그늘을 찾지 못하면 위험해진다. 나무 그늘이 없는 광야를 두세 시간 걸어가면 쓰러지고 말 것이다. 엘리야는 머리 위에서 이글거리는 무서운 태양을 피해 그늘다운 그늘도 만들어 주지 못하는 로뎀 나무 아래 누워 있었다. 입으로는 죽고 싶다고 했지만 살려고 나무 그늘을 찾아간 것이었다.

　광야에서는 지름길로 가지 않는다. 멀리 돌아가더라도 반드시 오아시스가 있는 곳으로 가야 한다. 광야에 오아시스가 없다면 누구도 광야에 들어가서 살아나올 수 없을 것이다. 광야에서 살아남으려면 오아시스를 만날 때마다 반드시 들렀다 가야 한다. 그런데 광야에서 오아시스처럼 중요한 것이 있다. 그늘을 만들어 주는 나무다. 광야에서는 물이 떨어져도 죽지만, 나무 그늘이 없어도 죽을 수 있다. 충분한 물이 있다 할지라도 그늘 없이 광야를 건너는 것은 위험천만한 일이다.

　사막을 지나는 사람은 누구나 다음 목적지가 같다. 오아시스다. 그러나 오아시스가 어디에나 있는 것은 아니다. 오아시스에 도달할 때까지는 나무를 만날 때마다 그늘에서 쉬어 줘야 한다. 나무 그늘 없는 곳을 한나절만 걸어 보라. 쓰러지고 말 것이다.

사막에도 길이 있다. 그 길은 나무를 따라 나 있다. 사막을 지날 때 오아시스만 기대해서는 안 된다. 작은 그늘이라도 만나면 쉬었다 가야 하는 곳이 광야다.

"여호와께서 네 오른쪽에서 네 그늘이 되시나니 낮의 해가 너를 상하게 하지 아니하며 밤의 달도 너를 해치지 아니하리로다"(시 121:5-6).

하나님이 오른쪽에서 그늘이 되신다고 했다. 무슨 말인가? 성경에서는 동쪽을 '앞'으로 표현한다. 그러면 남쪽은 '오른쪽'이 된다. 해가 남쪽에 떠 있다. 정중앙에 떠 있는 것이다. 제일 더울 때다. 2시쯤 되었을 것이다. 태양이 머리 위에서 이글거린다. 사막의 2시는 가장 뜨거운 시간이다. 그 시간에 걷는 사람은 없다. 중동에서는 오후 2시가 되면 모두 문을 닫고 낮잠을 잔다. 그런데 하나님은 그런 뜨거운 태양으로부터 우리를 지켜 주는 '그늘'이 되시는 분이다.

"주는 포학자의 기세가 성벽을 치는 폭풍과 같을 때에 빈궁한 자의 요새이시며 환난당한 가난한 자의 요새이시며 폭풍 중의 피난처시며 폭양을 피하는 그늘이 되셨사오니"(사 25:4).

그늘은 히브리어로 '첼'(tzel)인데, 다음 구절에서는 '보호자'라는 뜻으로 옮겨졌다.

"그들은 우리의 먹이라 그들의 보호자는 그들에게서 떠났고 여호와는 우리와 함께하시느니라"(민 14:9).

로뎀 나무는 나무 같지도 않은 나무지만 광야를 지날 때는 로뎀 나무 그늘에라도 쉬어 가야 한다. 엘리야가 로뎀 나무 그늘을 찾아가지 않았더라면 죽고 말았을 것이다. 죽고 싶어 광야로 들어간 엘리야를 살게 한 것은 바로 로뎀 나무였다.

광야에는 로뎀 나무 말고 다른 나무들도 자라는데 그중 하나가 에셀 나무다. 이 나무는 아브라함이 지나가는 나그네들(천사)을 대접했던 바로 그 나무다. 로뎀 나무와는 비교도 안 될 정도로 큰 나무다. 브엘세바에 가면 이 나무들을 볼 수 있다. 이 나무는 광야에서도 자라지만 그렇게 많지는 않다. 만일 에셀 나무가 있었다면 엘리야는 당연히 그 나무

▶ 로뎀 나무(1-2미터 남짓의 작은 관목)

아래서 쉬었을 것이다.

교회가 에셀 나무나 느티나무처럼 큰 그늘을 만들어 줄 수 있다면 더 없이 좋겠지만, 로뎀 나무와 같이 작은 그늘밖에 만들어 주지 못하더라도 괜찮다. 광야를 지나는 이들에게는 로뎀 나무 그늘도 결코 작은 것이 아니다.

영적인 광야에 들어간 엘리야

그 위대한 선지자 엘리야는 지금 지쳐서 쓰러져 있다. 광야의 로뎀 나무 아래에 앉아 이렇게 탄식하며 기도한다.

> "여호와여 넉넉하오니 지금 내 생명을 거두시옵소서 나는 내 조상들보다 낫지 못하니이다"(왕상 19:4).

살고 싶지 않다는 것이다. 죽고 싶다는 것이다. 어제까지만 해도 용기가 충천했던 엘리야였다. 그런데 오늘은 기가 죽어 있다. 어제까지는 목숨을 걸고 싸웠다. 순교자가 될 각오를 했다. 그런데 지금은 패배자의 모습으로 로뎀 나무 그늘 아래 쭈그리고 앉아 있다. 어제까지는 기도하는 사람이었다. 그런데 지금은 탄식만 하고 있다. 엘리야라고 해서 영적으로 항상 충만해 있었던 것은 아니다. 그도 실족할 때가 있었고, 낙심할 때가 있었으며, 죽고 싶었던 때가 있었다. 그는 왜 이런 침체의 광야로 들어가게 된 것일까?

첫 번째 이유는, 생명의 위협을 받고 있었기 때문이다. 이세벨은 바알 신앙의 본거지인 시돈 사람이다. 아합 왕에게 시집올 때 바알 신을 가지고 와 이스라엘에 바알 신앙을 전파했다. 그리고 바알 선지자들을 적극 후원했다. 그런데 어느 날 엘리야가 갈멜 산에서 바알 신을 웃음거리로 만들어 버리고 바알의 선지자 450명을 처단하자 화가 머리끝까지 난 이세벨은 엘리야를 죽이겠다고 위협했다. 바알 선지자 450명과는 당당하게 맞섰지만 이세벨이 죽이겠다고 했을 때는 맞서지 않고 브엘세바까지 도망을 갔다.

엘리야가 이세벨을 피해서 도망간 것이 비겁한 행동이었을까? 믿음이 없어서 그랬던 것일까? 아니다. 죽이겠다는데 피해야지, 피하지 않고 이세벨의 칼에 목을 갖다 대었다면 병거 타고 하늘로 들려 올라가지 못했을 것이다. 모세도 바로에게서 도망쳐 광야로 들어갔다. 다윗도 사울에게서 도망쳐 광야로 들어갔다. 엘리야도 이세벨에게서 도망쳐 광야로 들어간 것이다.

두 번째 이유는, 상황(환경)이 너무 안 좋았기 때문이다. 엘리야가 어떤 상황에서 사역했는지를 생각해 봐야 한다. 갈멜 산에서의 대결을 보라. 바알의 선지자는 450명이었고, 아세라의 선지자는 400명이었다(아세라의 선지자들은 대결 현장에 나타나지 않았다.). 미국 달라스에 교회가 850개고 이슬람 사원이 하나가 되어야 맞는 것 아닌가? 그런데 850개 교회가 다 문을 닫고 하나만 남은 반면 하나밖에 없던 이슬람 사원은 850개가 되었다고 생각해 보자. 이것이 엘리야가 처한 상황이었다.

엘리야가 활동한 시기는 신앙적으로 최악의 상황이었다. 아합은 북왕국 29명의 왕 가운데 가장 사악한 왕이었다(왕상 16:30). 이세벨도 가장 지독한 왕비였다. 엘리야를 죽이려고까지 하지 않았는가? 말하자면 엘리야는 교회를 무너뜨리고, 목사를 잡아들이고, 기독교를 탄압하는 상황에서 목회한 사람이었다.

미국이 이슬람으로 넘어가고 있다고 하자. 그것을 막으려고 애를 써보지만 소용이 없다면 얼마나 절망적이겠는가? 엘리야 시대가 바로 그랬다. 여호와 신앙이 바알 신앙에게로 넘어가고 있는데, 그것을 막으려고 안간힘을 다했지만 소용이 없었다. 그래서 엘리야가 절망했던 것이다.

우리는 엘리야가 하늘에서 불을 내리게 하고 비가 오게 하는 등 놀라운 기적을 행한 것에 대해서만 이야기한다. 왜 하나님이 3년 동안 비를 내리지 않으셨는지, 왜 바알의 선지자들과 갈멜 산에서 겨루게 하셨는지에 대해서는 생각하지 않고 기적적인 일들이 일어난 것에만 관심을 둔다. 어떻게 하면 우리도 엘리야와 같은 능력을 가질 수 있을지에 대해서만 생각한다. 그러나 우리는 엘리야가 얼마나 악조건 속에서 하나님의 일을 했는지를 생각해야 한다.

세 번째 이유는, 짐이 너무 무거웠기 때문이다. 엘리야는 사역의 짐이 너무 무거워 죽고 싶다고 했다. 더 이상 감당할 힘이 없다는 것이다.

한 사람이 나귀에 짐을 잔뜩 싣고 가고 있다. 그가 땀을 닦은 수건을 무심코 나귀 위에 얹는다. 그 순간 나귀가 털썩 주저앉았다. 그것을 본 주인은 나귀가 꾀를 부린다고 탓한다. 그동안 나귀는 최대한 견디고 있었다. 그런데 거기에 땀방울 하나가 더해지자 그만 주저앉아 버릴 수밖에 없었던 것이다.

깊은 산속에 눈이 계속 내린다. 노송에도 계속 눈이 쌓인다. 그러다가 어느 한순간에 우지직 가지가 부러진다. 마지막 눈 한 송이가 이미 쌓인

눈 위에 얹어지는 순간 나뭇가지가 더 이상 버티지 못하고 부러지고 만 것이다. 엘리야가 그랬다. 사역의 짐이 너무 무겁게 느껴진 것이다. 그래서 영적 침체에 빠지게 된 것이다.

네 번째 이유는, 하나님이 시키시는 대로 다 했는데도 안 되었기 때문이다. 엘리야는 대단한 사람이다. 그는 기도로 하늘 문을 열기도 하고 닫기도 했다. 갈멜 산에서는 450명의 바알 선지자들과 대결을 벌여 승리를 거두었다. 어떻게 그런 대결을 벌일 생각을 했을까? 그날 하나님이 불을 내려 주시지 않았다면 어떻게 되었을까?

사실은 엘리야가 믿음으로 기도해서 불을 내려 주신 것이 아니었다. 엘리야는 '주의 말씀대로' 행했을 뿐이다. 하나님의 명령에 순종했을 뿐이다.

"여호와여 주께서 이스라엘 중에서 하나님이신 것과 내가 주의 종인 것과 내가 주의 말씀대로 이 모든 일을 행하는 것을 오늘 알게 하옵소서"(왕상 18:36).

그날 대결은 하나님의 작품이었다. 3년의 가뭄 끝에 비가 온 것도 마찬가지다. 엘리야가 기도해서 비가 온 것이 아니었다. 하나님은 그날 아침에 엘리야에게 비를 내려 주겠다고 약속하셨다.

"여호와의 말씀이 엘리야에게 임하여 이르시되 너는 가서 아합에게 보이라 내가 비를 지면에 내리리라"(왕상 18:1).

이스라엘 백성은 하나님을 떠나 바알을 섬겼다. 바알이 비를 내려 준다고 믿었기 때문이다. 그래서 하나님은 누가 비를 내려 주는 신인지 보여 주시기 위해 3년 동안 하늘 문을 닫고 비를 내려 주지 않으셨던 것이다. 3년 동안 비가 오지 않자 이스라엘 백성이 하나님 앞에 회개하고 돌아왔는가? 그래서 하나님이 노여움을 풀고 다시 비를 내려 주신 것인가? 아니다. 그들은 끝까지 회개하지 않았다. 그랬는데도 하나님은 비를 내려 주셨다.

하나님은 엘리야에게 비가 올 것이라는 사실을 아합 왕에게 먼저 알려 주라고 하셨다. 그에게 비를 내려 주는 신은 바알이 아니라 하나님이라는 사실을 알려 주기 위해서였다. 엘리야는 아합 왕을 찾아가 그 사실을 알리고 아합 왕이 보는 앞에서 기도를 했다. 그리고 하나님의 약속대로 비가 내리기 시작했다. 엘리야는 하나님의 약속을 믿고 아합 왕 앞에서 기도한 것일 뿐, 엘리야가 믿음으로 기도해서 하나님이 하늘 문을 열어 주신 것은 아니었다.

가뭄 동안에 엘리야는 사르밧 과부의 집에 가서 머물렀다. 과부가 사는 집에 선지자가 머물면 무슨 소문이 날지는 뻔하다. 그런데 왜 엘리야는 그 집에 갔던 것일까? 하나님이 지시하셨기 때문이다.

"여호와의 말씀이 엘리야에게 임하여 이르시되 너는 일어나 시돈에 속한 사르밧으로 가서 거기 머물라"(왕상 17:8-9).

그 과부의 집에 기근이 끝나기까지 쌀과 기름이 떨어지지 않는 기적이 일어났다. 어떻게 그런 기적이 일어났는가? 엘리야가 기도했기 때문인가? 이 또한 하나님이 명하신 대로 순종했기 때문이다.

"이스라엘의 하나님 여호와의 말씀이 나 여호와가 비를 지면에 내리는 날까지 그 통의 가루가 떨어지지 아니하고 그 병의 기름이 없어지지 아니하리라 하셨느니라"(왕상 17:14).

하나님은 엘리야를 통해 수많은 놀라운 역사들을 행하셨다. 하지만 그 일들은 엘리야가 기도해서 일어난 일이 아니었다. 엘리야는 그저 하나님의 지시를 받아 순종한 것뿐이었다.

엘리야는 처음부터 끝까지 하나님이 지시하시는 대로만 행했다. 비가 오지 않을 것이라고 선포한 것도, 그릿 시냇가에 가서 숨은 것도(왕상 17:2-3), 사르밧 과부의 집에 간 것도, 갈멜 산에서 비가 오게 해 달라고 기도한 것도, 바알 선지자들과 대결한 것도, 나봇의 포도원 건으로 아합을 만난 것도(왕상 21:17-18), 아합에게 저주를 내리지 않고 그 아들에게 저주를 내린 것도(왕상 21:28-29), 사마리아 왕 아하시야를 만나러 간 것도(왕하 1:3) 그리고 엘리사에게 기름을 부은 것도 모두 하나님의 지시대로 행한 것들이었다.

엘리야 스스로 알아서 한 일은 거의 없다. 모두 하나님의 명령대로만 행했다. 그러나 사실은 하나님이 하라고 하시는 일만 해도 충분하다. 더 잘하려고 하지 않아도 된다. 우리가 엘리야처럼 하나님 앞에 순종하기만 하면 놀라운 일들이 일어날 것이다. 우리가 믿음이 없어서가 아니라 순종하지 않기 때문에 하나님이 우리를 통해서 역사하시지 못하는 때가 많지 않을까?

우리는 하나님이 하라는 일도 하지 않으면서 하나님을 위해 위대한 일을 해 보고 싶어 한다. '저에게 말씀하옵소서. 제가 듣겠나이다.' 이것만으로도 충분한데 말이다. 하나님의 명령에는 귀 기울이지 않으면서 내 계획만 잔뜩 늘어놓을 때가 얼마나 많은가? 하나님을 위해 거창한 계획을 세우는 것보다 작은 일에 순종하는 것을 하나님은 더 기뻐하신 다. 순종이 제사보다 낫다. 그리고 순종이 기도보다 낫다.

엘리야는 하나님의 명령대로 다 행했다. 그러면 뭔가 달라져야 하는 것 아닌가? 뭔가 성과가 있어야 하는 것 아닌가? 그런데 아무런 성과가 없었다.

하나님이 호렙 산에 올라와 있는 엘리야에게 이렇게 물으셨다.

"엘리야야 네가 어찌하여 여기 있느냐"(왕상 19:9).

그러자 그는 이렇게 대답했다.

"내가 만군의 하나님 여호와께 열심이 유별하오니 이는 이스라엘 자손이 주의 언약을 버리고 주의 제단을 헐며 칼로 주의 선지자들을 죽였음이오며 오직 나만 남았거늘 그들이 내 생명을 찾아 빼앗으려 하나이다"(왕상 19:10).

하나님이 명하신 대로 다 했다. 하나님을 위해 열심히 일했다. 그런데 결과가 눈에 보이지 않았다. 그래서 영적인 침체의 늪에 빠진 것이다.

바알 선지자들과 대결을 할 때 하늘에서 엘리야의 제물에 불이 임했 다. 그렇게 해서 하나님이 참신이심을 증명해 보였다. 그러면 그다음 단 계는 모든 백성이 하나님에게 회개하고 돌아오는 일 아닌가? 그런데 그 런 일은 일어나지 않았다. 바알의 예언자들은 다 사라졌는가? 아니다. 바알의 선지자들을 450명씩이나 처단했지만 그 후에도 그들은 여전히 이 세벨을 등에 업고 득세했다. 이세벨은 어땠는가? 하나님이 참신이심을 깨닫고 하나님에게 돌아왔는가? 아니다. 그런 일은 일어나지 않았다. 엄청난 회개의 역사가 일어날 줄 알았는데 아무런 일도 일어나지 않았다.

이렇게 엘리야는 열심으로 사역에 올인했지만 달라진 것이 없었다. 그래서 영적인 침체에 빠지고 만 것이다.

다섯 번째 이유는, 엘리야 혼자 너무 힘들었기 때문이다.

"내가 이스라엘 가운데에 칠천 명을 남기리니 다 바알에게 무릎을 꿇지 아니하고 다 바알에게 입 맞추지 아니한 자니라"(왕상 19:18).

엘리야는 모든 백성이 다 바알에게 넘어가고 자기 혼자만 남았다고 생각했다. 그런데 사실은 7천 명이나 되는 사람들이 바알에게 무릎 꿇지 않고 하나님을 섬기고 있었다. 하지만 몇 십만 명 가운데 다 넘어가고 7천 명만 남았다는 이야기가 희망적인 소식일까, 절망적인 소식일까?

그들은 바알 신앙에 맞서 싸우는 예언자들이 아니었다. 숨어서 자기 신앙만 겨우 지키며 사는 사람들이었다. 엘리야에게는 자기와 함께 나서서 바알을 대적해 싸울 사람들이 필요했다. 그런 사람이 없는 한 바알 신앙은 더욱더 활개를 칠 것이고, 여호와 신앙은 더욱더 굴속으로 깊이 들어갈 것이기 때문이다. 오늘날 필요한 사람은 숨어서 자기 신앙만 지키는 7천 명이 아니라, 나와서 바알과 아합과 이세벨과 싸우는 엘리야와 같은 예언자다.

엘리야는 7천 명의 존재를 왜 몰랐을까? 다 숨어 있었기 때문이다. 몸을 사리고 있었기 때문이다. 이들은 아마 아합과 이세벨의 눈치를 보며 굴속에 숨어 있었을지 모른다. 그러나 엘리야는 그런 사람이 아니었다. 정말 홀로 남은 예언자였다. 엘리야는 홀로 외로운 투쟁을 해야 했다. 그리고 결국은 지쳐서 영적 침체에 빠지게 되었다. 사역을 그만둘 생각까지 하게 되었다.

이런 일은 모세에게도 있었다. 그에게 맡겨진 일이 너무 무겁고 감당하기 힘들어 내려놓고 싶었다. 그런데다 백성은 끊임없이 원망하고 불평했다. 일이 생길 때마다 다른 사람을 세워서 애굽으로 돌아가자는 것이었다. 얼마나 힘들었으면 죽게 해 달라는 기도를 드렸을까?

"책임이 심히 중하여 나 혼자는 이 모든 백성을 감당할 수 없나이다 주께서 내게 이같이 행하실진대 구하옵나니 내게 은혜를 베푸사 즉시 나를 죽여 내가 고난당함을 내가 보지 않게 하옵소서"(민 11:14-15).

어떤 때는 하나님이 너무 분명하게 보인다. 기도하는 것마다 응답해 주시니 신이 난다. 설교를 들으면 그렇게 은혜가 될 수 없고, 목사님을 보면 그렇게 존경스럽고 좋을 수가 없다. 하나님의 사랑을 생각만 해도 눈물이 주르륵 흘러내린다. 믿지 않는 사람들을 만나면 지옥으로 달려가는 그들의 영혼이 너무 불쌍하고 안타까워 전도하지 않고는 견딜 수가 없다. 입만 열면 할렐루야 아멘이 흘러나온다. 갈멜 산에서 하늘에서 불을 내리게 해 바알 선지자들과의 대결에서 450대 1로 승리한 엘리야처럼 말이다.

그러다가 어느 순간 하나님이 안 보일 때가 있다. 하나님이 멀리 느껴질 때가 있다. 하나님이 왜 이런 고통을 당하게 하시는지, 왜 기도에 응답해 주시지 않는지 답답하고 낙심될 때가 있다. 엘리야가 왜 로뎀 나무 그늘 아래 누워 죽고 싶다고 한탄했는지 알 것 같은 때가 있다. 예배도 드리고 싶지 않고, 기도도 하고 싶지 않고, 성경도 읽고 싶지 않고, 교회도 가고 싶지 않을 때가 있다. 그러나 나만 그런 것이 아니다. 엘리야도 그랬었다. 영적인 침체에 빠지는 것은 이상한 일이 아니다.

갈멜 산의 하나님, 호렙 산의 하나님

엘리야는 무슨 일을 하든지 늘 하나님의 지시에 따라 움직였다. 엘리야 스스로 계획을 세우고 행한 것은 거의 없었다. 엘리야는 철저히 하나님의 지시에 따라 움직였다. 그런데 엘리야가 호렙 산에 갔을 때 하나님이 그에게 왜 왔느냐고 물으셨다. 엘리야가 호렙 산에 올라간 것은 하나님의 지시에 따른 것이 아니었던 것 같다.

엘리야가 로뎀 나무 아래에 있을 때 천사가 정성을 다해 엘리야를 돌보아 주었다. 이유가 무엇이었는가?

"일어나 먹으라 네가 갈 길을 다 가지 못할까 하노라"(왕상 19:7).

천사는 엘리야가 호렙 산에 갈 것을 알고 있었다는 것이 아닌가? 그렇다면 엘리야가 광야에 들어온 것은 호렙 산에 가기 위함이었을 것이다. 그가 누워 있던 로뎀 나무는 그의 목적지가 아니었던 것이다. 호렙 산에 가는 길에 그곳에 잠깐 들렀던 것이다(광야를 지나는 사람은 반드시 나무 그늘에 쉬었다 가야 한다.).

엘리야는 40일 광야 길을 걸어서 호렙 산에 도착했다. 그는 호렙 산에 올라가 하나님을 만났던 모세를 생각하며 그곳에서 하나님과 담판을 지으려 했던 것 같다. 엘리야는 호렙 산에 올라가 굴에 머물렀다. 그는 굴에 들어가 하나님 만나기를 기다렸다. 마침내 하나님이 그를 찾아오셨다. 첫마디는 왜 왔냐는 것이었다. 하나님의 질문에 그는 이렇게 대답했다.

"이스라엘 자손이 주의 언약을 버리고 주의 제단을 헐며 칼로 주의 선지자들을 죽였음이오며 오직 나만 남았거늘 그들이 내 생명을 찾아 빼앗으려 하나이다"

(왕상 19:10).

▶ 호렙 산(추정)

하나님은 굴에서 나오라 말씀하시고는 '지나가셨다'(왕상 19:11). 하나님이 지나가시는데 강한 폭풍이 몰아쳤다. 폭풍이 잠잠해지자 큰 지진이 일어났다. 지진이 잠잠해지자 온 산에 불이 붙었다.

모세 때도 하나님이 지나가셨다(출 33:22). 그때 빽빽한 구름이 온 산을 뒤덮었다. 불길이 맹렬하게 치솟았다. 천둥번개가 쳐 댔다. 사방이 칠흑같이 어두워졌다. 온 산을 진동하는 나팔 소리가 울려 퍼졌다(출 20:18, 24:16; 신 5:22). 그 가운데 하나님의 음성이 크게 울려 퍼졌다. 이스라엘 백성은 귀를 막고 떨면서 그 소리가 그들의 귀에 들리지 않게 해 달라고 간청했다.

이런 초자연적인 현상들은 하나님이 나타나실 때 발생하는 현상들이었다. 예수님이 십자가에 달려 돌아가실 때도 이런 초자연적인 현상들이 발생했다.

엘리야가 굴속에 있을 때 강한 바람이 불어왔다. 지진이 일어났다. 불이 타올랐다. 엘리야는 두려워 밖에 나오지 못하고 굴 안에 몸을 숨기고 있었다. 그리고 한참 후에 세미한 소리가 들려왔다. 엘리야는 그제야 얼굴을 가린 채 밖으로 나왔다.

엘리야는 왜 세미한 소리를 듣고 밖으로 나온 것일까? 하나님이 엘리야에게 세미한 음성으로 '이제 다 지나갔으니 굴에서 나와라' 말씀하신 것일까? 아니다. 하나님은 그전에 이미 굴에서 나오라고 말씀하셨다. 그가 굴에서 나오려는데 이런 엄청난 현상들이 일어난 것이다. 세미한 소리가 무엇이기에 그 소리를 듣고 밖으로 나온 것일까?

'세미한 소리'에서 '소리'는 히브리어로 '콜'(qol)인데, 이는 '음성'(voice)이라는 뜻과 '소리'(sound)라는 뜻을 함께 갖고 있다. 이 구절에서는 이 단어를 '음성'으로 번역하느냐 '소리'로 번역하느냐에 따라 의미가 달라진다. 음성은 목소리를 뜻한다. 그러나 소리는 사람의 소리뿐만 아니라 우리 귀에 들리는 모든 소리를 다 포함한다. KJV는 'voice'로 옮겼다. 하나님이 작은 소리로 말씀하셨다는 뜻이다. 그러나 NASB는 'sound'로 옮겼다. 개역개정 성경에서는 '소리'로 옮겼다.

'세미한 소리'는 하나님의 음성이 아니라 어디선가 들려오는 아주 작은 소리였다. 이 소리가 들리기 전에 엄청난 일들이 일어나지 않았는가? 그런 일들이 다 지나가고 아주 조용해졌을 때 어디선가 아주 작은 소리가 들려온 것이다. 엘리야는 그 소리를 듣고서야 안심하고 나가도 되겠다고 생각해 굴 밖으로 나온 것이다. 하나님은 이렇게 굴 밖으로 나온 엘리야에게 산에서 내려가 해야 할 일들을 지시하셨다. 호렙 산에서 하나님은 엘리야에게 '세미한 음성'으로 말씀하신 것이 아니라, 엘리야와 이야기를 주고받으면서 아주 분명하고도 확실하게 그리고 상세하게 말씀하셨다.

호렙 산 이야기의 핵심은 하나님이 엘리야에게 나타나셔서 새로운 사명을 주셨다는 것이다. 그 사명은 어디선가 들려오는 세미한 소리를 듣고 굴에서 나왔을 때 하나님이 항상 그러셨듯이 말씀을 통해 주어졌다. "여호와께서 그에게 이르시되"(왕상 19:15).

하나님은 갈멜 산에서 엘리야의 기도를 응답해 주셨다. 하늘에서 불을 내려 주셨다. 하나님이 살아 계신 진짜 신이라는 것을 보여 주셨다. 우리 하나님은 갈멜 산의 하나님이시다. 우리의 기도에 불로써 응답해 주시는 하나님이시다. 기적을 통해 역사하시는 하나님이시다. 초자연적인 역사를 보여 주시는 하나님이시다.

엘리야가 광야에서 체험한 하나님은 갈멜 산의 하나님과는 다른 하나님이었다. 지치고 힘들 때 찾아와 어루만져 주시는 하나님이었다. 광야에서 쓰러질까 염려해 빵과 물을 가져다주며 자상하게 돌보시는 하나님이었다. 우리가 광야 길에서 만나는 하나님은 바로 이런 하나님이시다. 우리를 어루만져 주고, 안아 주고, 돌보아 주는 하나님이시다. 광야를 지날 때 우리에게 필요한 하나님은 홍해를 가르고 여리고를 무너뜨려 주시는 하나님이 아니라, 신발이 닳거나 의복이 상하지 않게 해 주시는 하나님이다.

그러면 엘리야가 호렙 산에서 만난 하나님은 어떤 하나님이신가? 엘리야의 간청대로 무거운 짐을 내려놓게 하신 하나님이다. 보통 생각하듯이 엘리야는 호렙 산에서 하나님을 만난 후 새 힘을 얻고 회복되어 다시 사역의 현장으로 돌아간 것이 아니었다. 하나님은 엘리야에게 배턴 체인지를 하게 하셨다. 엘리사를 그의 후계자로 지명하셔서 그의 사역을 엘리사가 이어받게 하셨다. 이렇게 해서 엘리야의 시대는 가고 엘리사의 시대가 오게 된 것이다.

우리가 광야를 지날 때 만나는 하나님은 갈멜 산의 하나님이실 때보다는 호렙 산의 하나님이실 때가 훨씬 많다. 호렙 산의 하나님은 우리에게 억지로 무거운 짐을 지도록 강요하시는 분이 아니다. 우리의 형편과 처지를 헤아려 주시는 분이다. 하나님은 죽도록 충성하라고 몰아붙이지 않으신다. 억지로 사역의 짐을 지게 하지 않으신다. 감당할 수 있을 때까지만 짐을 지고 가게 하신다.

엘리야

광야에 들어가기 전	예언자
광야에 들어가게 된 동기	이세벨에게 죽임을 당할까 두려워서 광야로 도망감
광야가 어떻게 시작되었는가?	
광야에서 무엇을 했는가?	로뎀 나무 아래서 죽기를 기도함 호렙 산으로 하나님을 만나러 감
광야를 지나는 동안 하나님이 어떤 일을 하셨는가?	천사를 보내 돌보아 주심 책망하지 않으심 다시 일어나게 하심
어떤 광야를 통과했는가?	영적인 침체 사역의 짐을 내려놓고 싶음
광야를 어떻게 살아냈는가?	로뎀 나무 아래서 기도 하나님 만나러 호렙 산으로 감
언제 광야가 끝나게 되었는가?	호렙 산에서 하나님을 만나면서
광야에서 나온 후 어떻게 되었는가?	에언자직 엘리사에게 승계 승천
왜 하나님이 광야에 들어가게 하셨는가?	(하나님이 들어가게 하신 것이 아니라 스스로 광야로 도망쳐 들어감)

바람이 매서울수록
봄은 다가온다

"네겝의 시내들에 다시 물이 흐르듯이
포로로 잡혀간 자들을 돌려보내 주십시오"

(시 126:4, 새번역).

바벨론

하나님에게 돌아오라

예레미야는 남 유다의 멸망을 선포했다. '이스라엘 백성의 죄 때문에 하나님이 북 이스라엘을 멸망시키셨듯이 이제 곧 남 유다도 멸망시키실 것이다. 예루살렘도 무너지게 될 것이다. 그리고 성전도 하나님이 허물어 버리실 것이다. 이스라엘 백성은 다 포로로 끌려가게 될 것이다. 그러나 이제라도 늦지 않았으니 회개하고 돌아오라. 하나님의 뜻대로 바르게 살아가라. 우상을 버리고 하나님만을 섬기라.'

"악인은 그의 길을, 불의한 자는 그의 생각을 버리고 여호와께로 돌아오라 그리하면 그가 긍휼히 여기시리라 우리 하나님께로 돌아오라 그가 너그럽게 용서하시리라"(사 55:7).

"너희는 각자의 악한 길과 악행을 버리고 돌아오라 그리하면 나 여호와가 너희와 너희 조상들에게 영원부터 영원까지 준 그 땅에 살리라"(렘 25:5).

'돌아오다'라는 말은 히브리어로 '슈브'(shuv)인데 이사야서에 이 단어가 50회 이상 나타난다. 예레미야서와 예레미야애가에는 110번이나 나온다. 예언자들이 이스라엘 백성에게 '돌아오라'고, 그렇지 않으면 하나님이 이스라엘 나라를 멸망시키고 포로로 끌려가게 하실 것이라고 그렇게 외쳤지만 끝내 그들은 돌아오지 않았다.

이스라엘의 마지막 등불이 깜빡거리고 있을 때에도 백성은 하나님 앞에 돌아오지 않았다. 거짓 예언자들의 말에만 귀를 기울였다(렘 27:9, 14). 거짓 예언자들은 이렇게 외쳤다. '어떻게 하나님이 세우신 나라가 망하겠느냐? 하나님이 우리나라를 치려고 하는 바벨론을 치실 것이다. 우리가 누구냐? 하나님의 백성이 아니냐? 하나님이 설마 당신의 백성을 버리시겠느냐? 그럴 일은 절대로 없다. 이 성전이 어떤 곳이냐? 하나님의 집이 아니냐? 그런 성전을 그 누가 무너뜨릴 수 있겠느냐? 절대로 그러지 못하게 하나님이 지켜 주실 것이다'. 백성은 그들의 말을 듣고 안심했다. 누가 들어도 맞는 말 아닌가?

하지만 예레미야는 이렇게 외쳤다. '하나님이 이스라엘을 바벨론의 손에 붙이실 것이다. 바벨론은 하나님이 택하신 종이다(렘 27:6). 그가 하나님을 대신해서 이스라엘을 멸망시킬 것이다. 그들이 너희를 포로로 끌어가려고 할 때 순순히 따라가라. 저항하지 말라(렘 27:12). 만일 그렇게 하지 않으면 하나님이 너희를 치실 것이다(렘 27:8, 13). 너희가 바벨론으로 끌려가게 되면 그곳에서 바벨론 왕을 잘 섬기라(렘 27:17). 그리고 그곳에서 집을 짓고 밭을 일구며 살아라. 결혼하고, 자식도 낳고, 손자 손녀들도 보면서 살아라(렘 29:5-6). 하나님이 너희를 언제 다시 돌아가게 하실지 모르기 때문이다. 10년이 걸릴지 50년이 걸릴지 100년이 걸릴지 모른다. 오직 하나님만이 아신다. 그러니 다시 돌아올 생각하지 말고 그곳에 오래오래 있을 생각으로 살아라. 그러다가 하나님이 정하신 기한이 다 차면 너희가 다시 이 땅으로 돌아오게 될 것이다(렘 27:7). 그러나 거짓 선지자들은 너희가 속히 돌아오게 될 것이라고 거짓말을 할 것이다. 그 말을 믿지 말라(렘 27:16). 너희는 그 땅에서 살면서 바벨론의 평안을 구하고 그를 위해서 여호와에게 기도하라(렘 29:7).'

거짓 예언자는 결코 고난을 당하지 않을 것이라고, 광야로 들어가게

▷ 유다와 이스라엘의 유배 여정

되지 않을 것이라고, 계속 하나님의 축복을 누리며 가나안에서 살아가게 될 것이라고 말한다. 그러나 예레미야는 죗값을 치르기 위해 포로로 끌려갈 것이라고 외친다. 거짓 예언자는 바벨론 포로에서 속히 벗어나게 될 것이라고 말한다. 그러니 돌아갈 준비를 하라고 말한다. 그러나 예레미야는 그렇게 속히 광야가 끝나지는 않을 것이니 광야가 끝날 것을 기대하지 말고 그 광야에서 열심히 살아가라고 선포한다.

우리도 하나님이 우리가 지은 죄에 대한 형벌로 광야로 들어가게 하실 때가 있다. 그때 우리는 받아들여야 한다. 하나님이 그 광야에서 나오게 하실 때까지 하나님이 들어가게 하신 광야를 겸허히 견뎌 내야 한다. 언제 이 광야에서 나가냐며 조바심을 부려서는 안 된다. 빨리 광야에서 벗어나게 해 달라고 기도해도 소용없을 것이다. 하나님이 정하신 "기한이 이르기까지"(렘 27:7) 그 광야에 남아 있어야 한다. 그 기간이 너무 길게 느껴져도 할 수 없다. 거짓 예언자들이 말하는 것처럼 모든 문제가 속히 해결되고 광야에서 속히 나오게 될 것이라는 기대를 갖지 말라. 묵묵히 참고 기다리라. 때가 되면 그곳에서 나오게 해 주실 것이다. 이스라엘 백성은 포로로 끌려가 그들의 죄의 대가를 치르고 고국으로 돌아가는 데 70년이 걸렸다(렘 29:10). 하나님이 정하신 '칠십 년'이 차면 광야에서 나오게 될 것이다. 그 '칠십 년'이 우리에게는 1년이 될 수도 있고, 3년이 될 수도 있고, 10년이 될 수도 있다. 우리가 생각하는 것보다 광야에 머물러야 하는 기간이 길어질 수도 있다.

요셉은 13년 동안 광야를 견뎌 내야 했다. 다윗도 광야에서 13년을 살아야 했다. 모세는 광야로 도망가 40년을 살았다. 그의 인생의 3분의 1을 광야에서 도망자로 살아야 했다. 이스라엘 백성 또한 출애굽할 때

40년 광야를 지나야 했다. 바벨론 포로로 끌려가서는 70년이나 되는 오랜 세월 동안 광야에서 살아야 했다. 그들이 광야로 들어가게 된 사연은 다 다르지만, 그들을 광야로 들어가게 하신 분은 하나님이셨다. 그곳으로 그들을 들어가게 하신 하나님의 뜻이 이루어지기까지 그들은 광야에 남아 있어야 했다.

우리가 어떤 이유로 지금 지나고 있는 이 광야에 들어왔든, 이 광야로 들어오게 하신 분이 하나님이시라면 이곳으로 들어오게 하신 하나님의 뜻이 이루어질 때까지 이 광야에 남아 있어야 한다. 어쩌면 우리가 생각하는 것보다 이 광야에 더 오래 머물러야 할지도 모른다. 그러니 지금 지나고 있는 이 광야에서 "집을 짓고 거기에 살며 텃밭을 만들고 … 아내를 맞이하여 자녀를 낳으며 … 그들로 자녀를 낳게"(렘 29:5-6) 하면서 살아야 한다.

위로해 주실 것이다

이사야 1-39장까지는 유다(이스라엘의 남 왕국)가 곧 멸망하고 바벨론에 포로로 끌려가게 될 것이라는 메시지를 선포하고 있다. 그러나 40장부터는 분위기가 완전히 바뀐다. 음울한 단조에서 활력이 넘치는 장조로 바뀐다. 더 이상 죄와 심판을 외치지 않는다. 이스라엘이 비록 망하고 포로로 끌려가겠지만 다시 시온으로 돌아올 것이라는 회복의 메시지가 선포되고 있다.

이사야 40장은 이렇게 시작한다.

"내 백성을 위로하라"(사 40:1).

이사야 1-39장에서는 이스라엘의 죄를 지적하고 심판을 선포했다. 그러나 40장에서는 '위로'의 메시지를 전하라는 사명이 주어진다. 예언자는 위로하는 사람이 아니다. 그런데 하나님은 이사야에게 더 이상 심판을 선포하지 말고 위로의 메시지를 전하라고 하셨다.

세례자 요한이 광야까지 와서 하나님의 말씀을 들으려 했던 사람들에게 독설을 내뱉은 이유는 그들에게 아직 구원받을 기회가 남아 있기 때문이었다. 그래서 회개하고 구원받도록 하기 위해 치는 설교를 했던 것이다. 그들에게 필요한 것은 회개와 심판에 관한 설교지 위로하는 설교가 아니었다.

반면 하나님의 심판을 받아 나라가 망하고 포로로 끌려간 백성에게 필요한 것은 하나님이 다시 한 번 그들에게 기회를 주셔서 그들이 포로에서 벗어나 시온으로 돌아와 나라를 다시 일으킬 것이라는 위로의 메시지였다. 그래서 이사야로 하여금 위로의 메시지를 선포하게 하셨던 것이다. 아직 광야에 들어가지 않은 사람들에게는 광야에 들어가지 않도록 하기 위해 회개하라는 메시지가 필요하지만, 이미 광야에 들어간 사람들에게는 회개가 아니라 희망과 용기를 주는 위로의 메시지가 필요하다. 그래서 이사야 40장부터는 위로의 메시지가 선포되고 있는 것이다.

광야에 들어가 있는 자들에게 필요한 것은 위로다. 그들에게 왜 그들이 광야에 들어갔는지, 회개해야 광야에서 빨리 나올 수 있다든지 하는 정죄의 말을 해서는 안 된다. 그들이 왜 광야에 들어갔는지는 그들 자신이 더 잘 알고 있을 것이다. 광야에 들어간 이들이 있다면 그들 옆에 잠잠히 함께 있어 주면서 그들이 그 광야에서 나오게 하는 데 힘을 보태 주라. 정죄하거나 비난하거나 바른 말로 상처 주지 말라.

엘리야가 로뎀 나무 아래서 죽기를 간구했을 때 천사가 그를 찾아왔다. 그러고는 그에게 먹을 것과 마실 것을 계속 가져다주었다. 엘리야는 그것을 먹고 힘을 얻어 일어나 호렙 산으로 가서 하나님을 만났다. 광야에 들어가 삶의 의욕을 잃고 지쳐 있는 사람들에게는 책망이 아니라 위로가 필요하다. 그래야 그들이 새 힘을 얻고 다시 일어날 수 있다.

잊지 않으실 것이다

하나님은 이스라엘 백성을 가나안 땅에서 내어 쫓으셨다. 그들은 바벨론에 포로로 끌려가서 광야를 살아야 했다.

"오직 시온이 이르기를 여호와께서 나를 버리시며 주께서 나를 잊으셨다 하였거니와"(사 49:14).

이스라엘 백성이 바벨론에 끌려갔을 때 얼마나 많은 기도를 드렸겠는가? 벌 받아서 끌려가기는 했지만 그래도 하나님이 용서해 주시고 다시 고향으로 돌아가게 해 주실 것이라 믿으며 기도했을 것이다. 그렇게 울며 1년, 3년, 5년을 기도했다. 그러나 아무런 응답이 없었다. 7년, 10년, 15년을 기도했다. 그래도 응답이 없었다. 20년을 기도했지만 그래도 응답이 없었다.

이스라엘 백성은 하나님이 그들을 잊어버리셨다고 생각했다. 하지만 하나님은 그렇지 않다고 말씀하셨다.

"여인이 어찌 그 젖 먹는 자식을 잊겠으며 자기 태에서 난 아들을 긍휼히 여기지 않겠느냐 그들은 혹시 잊을지라도 나는 너를 잊지 아니할 것이라"(사 49:15).

하나님은 이스라엘 백성을 잊지 않으셨다. 버리지 않으셨다. 다만 때를 기다리셨다. 그리고 때가 되었을 때 그들을 광야에서 이끌어 내셨다. 바벨론 포로에서 그들을 구해 주셨다. 고국으로 돌아가게 하셨다. 그리고 나라를 다시 세우게 하셨다.

어머니는 피치 못할 사정이 있으면 자식을 버릴 수도 있다. 그러나 하나님은 결코 당신의 자녀들을 버리지 않으신다. 광야에 생각보다 오래 머물고 있다고 생각될 때에도 하나님은 결코 우리를 잊어버리거나 버리신 것이 아니다. 우리가 어디에 있든 당신은 하나님의 손 안에 있다. 하나님의 시선 안에 있다. 하나님의 돌보심 안에 있다.

우리를 지켜 주실 것이다

"너는 두려워하지 말라 내가 너를 구속하였고 내가 너를 지명하여 불렀나니 너는 내 것이라 네가 물 가운데로 지날 때에 내가 너와 함께할 것이라 강을 건널 때에 물이 너를 침몰하지 못할 것이며 네가 불 가운데로 지날 때에 타지도 아니할 것이요 불꽃이 너를 사르지도 못하리니 대저 나는 여호와 네 하나님이요"(사 43:1-3).

오래지 않아 바벨론에 포로로 끌려가게 될 이스라엘 백성에게 주신 약속이다. '나라가 망하고 포로로 끌려가더라도 아직 끝은 아니다. 내가 너희와 함께 있을 것이다. 그리고 너희가 포로에서 풀려나게 될 것이다. 고국으로 돌아오게 될 것이다. 그러니 두려워하지 말라.'

광야를 지나게 될 이스라엘아!

"두려워하지 말라 내가 너와 함께함이라 놀라지 말라 나는 네 하나님이 됨이라 내가 너를 굳세게 하리라 참으로 너를 도와주리라 참으로 나의 의로운 오른손으로 너를 붙들리라"(사 41:10).

광야를 지나게 될 이스라엘아!

▶ 〈바벨론 강가에서〉(에블린 드 모건[Evelyn De Morgan, 1855-1919])

"너희는 두려워하지 말며 겁내지 말라 내가 예로부터 너희에게 듣게 하지 아니하였느냐 알리지 아니하였느냐 너희는 나의 증인이라 나 외에 신이 있겠느냐 과연 반석은 없나니 다른 신이 있음을 내가 알지 못하노라"(사 44:8).

광야를 지나게 될 이스라엘아!

"두려워하지 말라 나 여호와가 말하노니 내가 너를 도울 것이라 네 구속자는 이스라엘의 거룩한 이이니라"(사 41:13-14).

광야를 지나게 될 이스라엘아!

"두려워하지 말라 내가 너와 함께하여 네 자손을 동쪽에서부터 오게 하며 서쪽에서부터 너를 모을 것이며"(사 43:5).

'두려워하지 말라'는 말씀에 이어서 거의 항상 따라 나오는 말씀이 있다. 그것은 '내가 너와 함께하리라'는 것이다. 우리가 불 가운데로 지날 때에도, 물 가운데로 지날 때에도 하나님이 함께하실 것이다. 사망의 음침한 골짜기를 지날 때에도 하나님이 우리와 함께하실 것이다. 애굽으로 내려갈 때에도 하나님이 함께하실 것이다. 바벨론에 포로로 끌려가도 하나님이 함께하실 것이다. 어떤 상황에 처하더라도 하나님이 우리와 함께하실 것이다. 우리가 어떤 광야를 지나더라도 하나님이 함께하실 것이다.

새 힘을 주실 것이다

"너는 알지 못하였느냐 듣지 못하였느냐 영원하신 하나님 여호와, 땅 끝까지 창조하신 이는 피곤하지 않으시며 곤비하지 않으시며 명철이 한이 없으시며 피곤한 자에게는 능력을 주시며 무능한 자에게는 힘을 더하시나니 소년이라도 피곤하며 곤비하며 장정이라도 넘어지며 쓰러지되 오직 여호와를 앙망하는 자는 새 힘을 얻으리니 독수리가 날개 치며 올라감 같을 것이요 달음박질하여도 곤비하지 아니하겠고 걸어가도 피곤하지 아니하리로다"(사 40:28-30).

이 말씀은 앞으로 광야를 지나게 될 이스라엘 백성에게 주신 것이다. 이제 곧 나라가 망하게 될 것이다. 백성은 포로로 끌려가게 될 것이다. 그렇게 되면 이스라엘은 다시 한 번 광야로 들어가게 된다. 하나님은 바로 그 광야 길을 지나게 될 이스라엘 백성에게 새 힘을 주겠다고 약속하신다.

하나님은 앞으로 나라를 잃고 포로로 끌려가게 될 이스라엘 백성에게 그들이 광야를 지날 때 하나님을 앙망하라고 하신다. 그러면 새 힘을 주겠다고 약속하고 계신다. '앙망하다'의 히브리어는 '카바'(qavah)로서, '기다리다, 기대하다, 바라보다'라는 뜻이다. 광야를 지날 때 하나님에게 기대를 갖고 하나님을 바라보며 하나님을 기다리라! 그러면 하나님이 광야를 넉넉히 견뎌 낼 수 있는 새 힘을 주실 것이다.

광야에서 여호와의 길을 예비하라

"사막에서 우리 하나님의 대로를 평탄하게 하라"(사 40:3).

왜 다른 곳이 아니라 사막에 하나님이 오실 길을 만들라고 하신 것일까? 이스라엘 백성은 지금 바벨론에 포로로 끌려가 있다. 시온에서 바벨론으로 가려면 광야를 지나야 한다. 하나님이 그곳으로 오셔서 이스라엘 백성을 다시 예루살렘으로 데려가시려면 광야에 길을 내야 한다. 그 광야에 길을 내면 하나님이 그 길로 오실 것이다. 그리고 이스라엘 백성을 그 길을 통해서 고향으로 돌아가게 하실 것이다.

우리가 광야에 있다면 하나님이 우리에게 오실 길을 만들어야 한다. 그래야 그 길을 통해 광야에 있는 우리에게로 오실 것이다. 여기서 길이란 무엇인가? 회개다. 우리는 회개를 통해 하나님에게로 먼저 돌아가야 한다. 그럴 때 하나님이 우리에게 오실 것이다. 이렇게 하나님에게로 돌아가는 것이 회개. 세례자 요한이 광야에 나가서 뭐라고 외쳤는가? "회개하라 천국이 가까이 왔느니라"(마 3:2). 이것이 하나님이 오실 길을 예비하는 것이다.

지금 광야에 있는가? 하나님이 오실 수 있도록 길을 예비해야 한다. 하나님이 오시도록 하기 위해 높은 곳은 낮게 하고, 낮은 곳은 높게 하고, 굽은 것은 바르게 하고, 험한 곳은 평탄하게 해야 한다. 그렇게 하나님이 오실 길을 예비할 때 하나님이 우리에게 오실 것이다. 그리고 하나님이 오시는 날 우리의 광야도 끝날 것이다.

크고 놀라운 일을 행하실 것이다

이사야는 장차 나라를 잃고 포로로 끌려가게 될 이스라엘 백성을 위해 하나님이 크고 놀라운 일을 행하실 것이라고 선포하고 있다.

"보라 내가 새 일을 행하리니 이제 나타낼 것이라"(사 43:19).

새 일이란 어떤 일인가?

"내가 광야에 길을 사막에 강을 내리니 장차 들짐승 곧 승냥이와 타조도 나를 존경할 것은 내가 광야에 물을, 사막에 강들을 내어 내 백성, 내가 택한 자에게 마시게 할 것임이라"(사 43:19-20).

광야에도 물이 흐른다. 광야에도 강이 있다. 그런 강을 '와디'(wadi)라고 부른다. 이 강은 비가 오면 물이 흐르고, 비가 오지 않으면 말라 버린다. 대개는 1년 내내 말라 있다. 그래서 길로 사용되기도 한다. 그런데 이런 강에 물이 넘쳐흐르게 될 것이라는 것이다. 에스겔도 그런 환상을 보았다. 성전에서 흘러나온 물이 사해로 흘러들어가 사해가 살아나지 않았는가? 그때 그 강이 지나는 곳 좌우에 숲이 우거졌다고 했다. 그곳이 바로 광야다. 광야 한가운데로 나 있는 와디에 물이 차고도 넘치게 흐르는 환상을 본 것이다. 실제로 그런 일은 있을 수 없다. 그런데 이사야는 은유적으로 광야에 물이 넘쳐흐르게 될 것이라고 선포하고 있다 (사 35:1, 6-7, 41:18-19, 43:19-20, 44:3, 51:3).

▶ 에스겔이 환상 중에 성전에서 흘러나온 물이 광야 한가운데로 지나며 강물이 넘쳐흐르는 모습을 보았는데 이 강이 예루살렘에서 사해로 흘러가는 강이다

사막에는 길이 없다. 오늘 길이 있다가도 모래 폭풍이 한번 불고 지나가면 길이 없어진다. 그런데 이사야는 그런 사막에 대로가 생길 것이라고 선포했다.

"거기에 대로가 있어 그 길을 거룩한 길이라 일컫는바 되리니 깨끗하지 못한 자는 지나가지 못하겠고 오직 구속함을 입은 자들을 위하여 있게 될 것이라"(사 35:8).

이 길은 바벨론에 끌려간 이스라엘 백성이 시온으로 돌아오도록 하기 위해 만들어진 길이다. 이스라엘이 포로로 끌려갈 때는 길도 없는 광야를 지나갔지만, 돌아올 때는 광야에 생긴 시온에 이르는 대로로 오게 될 것이라는 것이다. 이 길을 통해 "여호와의 속량함을 받은 자들이 돌아오되 노래하며 시온에"(사 35:10) 이르게 될 것이다.

이사야는 광야에 백향목과 싯딤 나무와 화석류와 들감람나무를 심고, 또 잣나무와 소나무와 황양목이 자라게 될 것이라고 선포하고 있다 (사 41:19). 광야는 비가 오지 않아 황폐하게 된 땅이다. 그러나 그곳에 비가 충분히 내리면 광야가 살아나게 된다. 그리고 그곳에 나무가 우거져 숲을 이루게 될 것이다. 이스라엘도 포로로 끌려가 마치 광야와 같이 될 것이지만, 그러나 때가 되면 회복될 것이라는 것을 이사야는 광야에 숲이 우거지는 것으로 묘사하고 있다.

"광야와 메마른 땅이 기뻐하며 사막이 백합화같이 피어 즐거워하며"(사 35:1).

광야라고 해서 비가 전혀 오지 않는 것은 아니다. 우기에는 비가 온다. 그러면 광야에 꽃이 만발한다. 그러나 건기가 시작되면 다 말라 버리고 광야의 모습으로 되돌아온다. 하지만 이사야가 말하는 것은 광야에 꽃이 필 것이라는 뜻이 아니다. 광야가 꽃처럼 피어날 것이라는 뜻이다. '사막이 백합화같이 피어 즐거워하며.' 사막에 백합화가 피어날 것이라는 뜻이 아니다. 사막이 백합화처럼 활짝 피어날 것이라는 뜻이다.

죽었던 사막이 꽃처럼 활짝 피어나게 될 것이다! 그러면 그 사막이 레바논처럼, 샤론처럼, 갈멜 산처럼 아름답게 변하게 될 것이다. 그리고 그 사막들이 즐거워하며, 기쁜 노래를 부르며, 춤을 추게 될 것이다(사 35:2).

이제 이스라엘은 사막과 같은 운명에 처하게 될 것이다. 나라가 망하게 되고 포로로 끌려가게 될 것이다. 그러나 하나님은 그들을 다시 회복시키실 것이다. 광야(포로가 된 이스라엘 백성)에 강이 흘러넘치게 될 것이고,

광야(포로가 된 이스라엘 백성)에 숲이 우거지게 될 것이고, 광야(포로가 된 이스라엘 백성)가 꽃처럼 피어나게 될 것이다. 그래서 광야(포로가 된 이스라엘 백성)가 기뻐하며 노래하고 춤추게 될 것이다. 광야(포로가 된 이스라엘 백성)가 하나님의 영광을 보게 될 것이다. 이런 일이 언제 일어나는가? 하나님이 그들을 찾아오실 때다.

그렇다. 하나님이 우리를 찾아오시는 날 광야와 같은 우리의 인생이 꽃처럼 피어나고, 광야와 같은 우리 인생에 강이 흘러넘치고, 숲이 우거지게 될 것이다. 그러므로 우리는 광야에 내몰리더라도 하나님을 기다려야 한다. 하나님에게 소망을 가져야 한다. 하나님을 바라보아야 한다. 하나님이 우리에게 오실 길을 예비해야 한다. 그러면 하나님이 광야에 난 그 길로 우리를 구원하러 오실 것이다. 그때 우리는 이렇게 노래할

▶ 광야에도 비가 내리면 꽃이 만발한다(2015년 데스 벨리[Death Valley])

것이다.

"여호와께서 시온의 포로를 돌려보내실 때에 우리는 꿈꾸는 것 같았도다 그때에 우리 입에는 웃음이 가득하고 우리 혀에는 찬양이 찼었도다 그때에 뭇 나라 가운데에서 말하기를 여호와께서 그들을 위하여 큰일을 행하셨다 하였도다 여호와께서 우리를 위하여 큰일을 행하셨으니 우리는 기쁘도다"(시 126:1-3).

회복시켜 주실 것이다

포로로 끌려간 이스라엘 백성은 그들의 광야가 끝날 것을 알고 있었다. 하나님이 예언자들을 통해 이미 알려 주셨기 때문이다. 그래서 처음에는 포로에서 풀려나게 해 달라고 열심히 기도했을 것이다.

"네겝의 시내들에 다시 물이 흐르듯이 포로로 잡혀간 자들을 돌려보내 주십시오"(시 126:4, 새번역).

그러나 그런 일은 일어나지 않았다. 그들은 20년, 30년이 지난 후에도 이런 기도를 했을까? 그때에도 하나님의 약속이 이루어지리라고 믿고 기다렸을까?

"오직 시온이 이르기를 여호와께서 나를 버리시며 주께서 나를 잊으셨다 하였거니와"(사 49:14).

이스라엘 백성은 바벨론에 끌려가 50년 넘게 포로 생활을 했다. 말하자면 50년 넘게 기도한 것이다. 그러나 그 기도는 이루어지지 않았다.

똑같은 일이 우리에게도 있었다. 일제 시대에 새벽마다 무슨 기도를 드렸을까? 일본이 회개하게 해 달라고 기도했을까? 아니다. 망하게 해 달라고 기도했을 것이다. 그러나 10년, 20년, 30년이 지나도 일본은 망하지 않았다. 나라를 잃은 지 35년이 되었는데도 해방은 찾아오지 않았다. 세월이 흘러갈수록 나라를 되찾는 것이 불가능한 일처럼 보였다. 그러나 마침내 해방이 찾아왔다. 나라 잃은 지 36년 만에 일본이 망한 것이다. 36년 만에 기도가 이루어진 것이다.

이스라엘 백성이 바벨론에 포로로 끌려갔다. 그러나 하나님은 예언자들을 통해 그들이 다시 돌아올 것임을 미리 알려 주셨다. 하지만 얼마나 오래 그곳에서 광야 생활을 해야 하는지는 알려 주지 않으셨다. 이스라엘 백성은 이제나 저제나 그날을 기다리며 살았지만 50년이 넘도록 아무 일도 일어나지 않았다. 그러다가 역사의 무대에서 바벨론이 사라지고 페르시아가 등장한다. 그때 나타난 왕이 고레스였다. 하나님은 그 고레스의 마음을 감동시키셔서 이스라엘 백성이 고국으로 돌아가게 하셨다. 이렇게 해서 이스라엘 백성이 포로에서 해방되어 고국으로 돌아가게 되었다.

하나님은 바로가 죽었을 때 모세를 광야에서 나오게 하셨고, 사울이 죽었을 때 다윗을 광야에서 나오게 하셨

▶ 고레스의 실린더(The Cyrus cylinder)

으며, 헤롯이 죽었을 때 예수님을 광야에서 나오게 하셨다(애굽에서 이스라엘로 돌아오게 하셨다.). 마찬가지로 하나님은 바벨론이 무너졌을 때 이스라엘 백성이 포로 생활을 끝내고 고국으로 돌아갈 수 있게 하셨다.

하나님은 서두르지 않으신다. 악한 자라고 해서 곧바로 심판하지 않으신다. 지켜보신다. 기다리신다. 그러다 때가 되면 역사하신다. 하나님이 기다리시는 동안 우리도 기다려야 한다.

이스라엘 백성이 바벨론에서 포로 생활을 할 때 그들은 자신들이 다시 고국으로 돌아갈 수 있으리라 생각했을까? 그들은 다 끝났다고 생각했을 것이다. 아무런 희망도 없이 살아가고 있었을 것이다. 포로에서 풀려나 고국으로 돌아갈 때 그들은 꿈꾸는 것 같았다고 하지 않았는가? 꿈에도 생각하지 못했던 일이 일어났던 것이다. 다 끝난 줄로만 알았는데 끝나지 않았던 것이다.

우리도 광야에 머무는 시간이 지체되면 이러다 내 인생 이렇게 광야에서 끝나는 것 아닌가 초조해질 때가 있다. 아무리 둘러봐도 광야에서 벗어날 수 있는 가능성이 별로 없어 보인다. 그래도 아직 끝난 것이 아니다. 하나님은 언제, 누구를 통해서 우리를 지금 이 광야에서 구해 주실지 모른다.

"너희는 예루살렘의 마음에 닿도록 말하며 그것에게 외치라 그 노역의 때가 끝났고 그 죄악이 사함을 받았느니라 그의 모든 죄로 말미암아 여호와의 손에서 벌을 배나 받았느니라"(사 40:2).

우리에게도 노역의 때가 끝나는 날, 복역의 때가 끝나는 날, 죄에 대한 대가를 충분히 치르고 죄 사함을 받게 되는 날이 올 것이다. 그때 하나님은 우리를 이 광야에서 데리고 나가실 것이다.

> "주님께서 시온에서 잡혀간 포로를 시온으로 돌려보내실 때에, 우리는 꿈을 꾸는 사람들 같았다. 그때에 우리의 입은 웃음으로 가득 찼고, 우리의 혀는 찬양의 함성으로 가득 찼다. … 주님께서 우리 편이 되시어 큰일을 하셨을 때에, 우리는 얼마나 기뻤던가!"(시 126:1-3, 새번역)

때가 되면, 하나님이 우리에게 오시면, 하나님이 우리를 잊지 않고 기억하고 계시면, 하나님이 우리와 함께하시면, 하나님이 오실 길을 우리가 예비하면, 지금 지나는 이 광야가 끝나고, 이 광야에 강물이 넘쳐흐르고, 이 광야에 시온의 대로가 생기고, 이 광야에 꽃이 피고, 이 광야가 꽃처럼 피어나고, 이 광야가 노래하고, 이 광야가 춤을 추며, 이 광야가 오아시스로 변하는 날이 오게 될 것이다. 이 광야에서 우리는 하나님의 영광을 보게 될 것이다.

포로기의 광야

광야에 들어가기 전	약속의 땅 가나안에서 나라를 이루며 살고 있었음
광야에 들어가게 된 동기	하나님에 대한 불순종 바알 숭배
광야가 어떻게 시작되었는가?	예언자들의 '돌아오라'는 외침에도 귀를 기울이지 않음
광야에서 무엇을 했는가?	나라가 망하고 바벨론에 포로로 끌려감
광야를 지나는 동안 하나님이 어떤 일을 하셨는가?	70년이라는 오랜 세월 동안 포로 생활을 하게 하심
어떤 광야를 통과했는가?	나라를 잃고 포로가 됨 절망의 광야
광야를 어떻게 살아냈는가?	
언제 광야가 끝나게 되었는가?	고레스 왕을 통해 포로기가 끝나게 됨
광야에서 나온 후 어떻게 되었는가?	나라를 재건 성전 재건 하나님 앞에 돌아옴
왜 하나님이 광야에 들어가게 하셨는가?	불순종과 우상 숭배에 대한 징벌로

더 깊은 파장을 위해
고요의 자리로 나아가라

"하나님의 말씀이 빈 들에서
사가랴의 아들 요한에게 임한지라"

(눅 3:2).

여리고 유대 광야

세례자 요한은 광야에 있을 사람이 아니었다

말라기는 마지막 예언자다. 말라기를 끝으로 400여 년 동안 예언자가 나타나지 않았다. 말라기는 당시의 상황을 이렇게 전해 주고 있다.

"내 이름을 멸시하는 제사장들아 나 만군의 여호와가 너희에게 이르기를 아들은 그 아버지를, 종은 그 주인을 공경하나니 내가 아버지일진대 나를 공경함이 어디 있느냐 내가 주인일진대 나를 두려워함이 어디 있느냐 하나 너희는 이르기를 우리가 어떻게 주의 이름을 멸시하였나이까 하는도다 너희가 더러운 떡을 나의 제단에 드리고도 말하기를 우리가 어떻게 주를 더럽게 하였나이까 하는도다 이는 너희가 여호와의 식탁은 경멸히 여길 것이라 말하기 때문이라 만군의 여호와가 이르노라 너희가 눈 먼 희생제물을 바치는 것이 어찌 악하지 아니하며 저는 것, 병든 것을 드리는 것이 어찌 악하지 아니하냐 이제 그것을 너희 총독에게 드려 보라 그가 너를 기뻐하겠으며 너를 받아 주겠느냐"(말 1:6-8).

로마의 통치 아래서 대제사장직은 로마가 임명했다. 물론 그들의 입맛에 맞는 사람들을 임명했다. 그러면서 대제사장직은 하나님과 무관한 자리가 되었다. 대제사장직이 매매되기도 했다. 최고가를 제시하는 자에게 대제사장직을 판 것이다. 예수님 당시의 대제사장이었던 가야바도 돈을 주고 대제사장직을 산 사람이었다. 대제사장들은 성전을 통해 부를 축적하고 성전을 장악했다. 주전 30년 헤롯이 통치하기 시작해서 그가 지은 성전이 파괴될 때까지 100년 동안 무려 28명이 대제사장직에 임명되었는데, 그들의 평균 임기는 3-4년이었다.

예수님 당시에 그리고 1세기 후반까지 가장 큰 종교적인 운동을 벌인 이들은 엣세네 종파였다. 이들은 타락하고 세속화된 성전 종교에 반기를 들고 성전에서 예배드리기를 거부했다. 그리고 예루살렘을 떠나 사해 근처의 유대 광야로 들어가 메시아를 대망하면서 금욕적인 삶을 살았다.

엣세네 종파가 다른 곳이 아닌 광야로 간 이유는 무엇일까? 성경적인 이유로는 "외치는 자의 소리여 이르되 너희는 광야에서 여호와의 길을 예비하라 사막에서 우리 하나님의 대로를 평탄하게 하라"(사 40:3)는 말씀 때문이다. 그들은 메시아를 대망했다. 메시아가 곧 오실 것이라고 믿었다. 그리고 메시아가 예루살렘 성전이 아니라 광야로 오실 것이라고 믿었다. 그래서 메시아를 맞이할 준비를 하기 위해 광야로 나갔던 것이다.

그런데 그들은 왜 다른 곳이 아니라 사해 근처의 아라바 광야로 나갔던 것일까? 엣세네 종파가 아라바 광야로 나간 데는 이유가 있다. '광야'라는 뜻으로 사용되는 가장 일반적인 단어는 '미드바르'다. 그러나 여기서 사용된 단어는 미드바르가 아니라 '아라바'다. 아라바는 광야라는 뜻도 있지만 지명으로 사용되기도 한다. 엣세네 종파가 예루살렘을 떠나 아라바로 간 이유가 바로 여기에 있다. 이사야를 통해 '아라바'에 가서 메시아의 길을 예비하라고 했기 때문이다(사 40:3).

요한이 활동한 광야도 여리고 앞 사해 근처의 아라바 광야 지역으로 엣세네 종파의 은거지와 같은 장소다. 그렇다면 요한은 엣세네 종파에 속했던 사람이었을까?

"아이가 자라며 심령이 강하여지며 이스라엘에게 나타나는 날까지 빈 들에 있으니라"(눅 1:80).

요한의 어린 시절에 대해서는 알려진 것이 없다. 아마 요한의 부모는 요한이 어렸을 때 죽었을 것이다. 요한을 낳을 때 이미 나이가 많지 않았는가? 부모가 죽은 후 요한은 '빈 들'(광야)에서 자랐다고 했다. 예루살렘이 고향인데 어떻게 광야에서 자랐다는 것인가? 학자들은 요한이 엣세네 종파에게 맡겨졌고, 그래서 광야에서 자랐을 가능성이 있다고 말한다. 이것이 사실이라면 세례자 요한이 광야로 나간 이유에 대한 새로운 빛을 비쳐 준다. 요한은 광야에서 주의 길을 예비하는 것을 그의 사명으로 인식했을 것이다. 만일 요한이 엣세네 공동체에서 자랐다면 그의 이러한 자의식은 자연스럽고 당연한 것이었을 것이다.

요한에게 붙은 별명이 있다. 세례자 요한이다. 요한이 세례를 준 것은 맞지만 그를 세례자 요한이라고 부를 만큼 세례가 그의 사역에 있어서 큰일이었을까? 세례는 요한만 준 것이 아니었다. 이방인이 유대교로 개종할 때 세례를 받아야 했다. 그리고 엣세네 종파에서도 세례 의식은 중요하게 여겨졌다. 정결례를 중요시했던 그들은 매일 세례를 받았다. 일종의 정결례 의식이었다. 쿰란 종파가 거주했던 쿰란 유적지에 가면 큰 규모의 미크바(mikvah)들을 볼 수 있다. 이들이 행했던 세례 의식과 요한

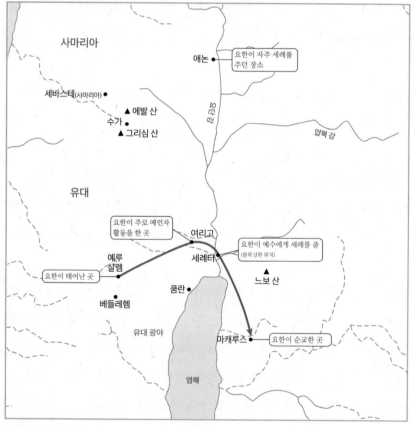

▷ 세례자 요한의 여정

▶ 〈예수 세례〉(요아힘 파티니르[Joachim Patinir, 1480-1524])

이 행한 세례 사이에는 여러 가지 차이가 있지만, 요한이 행한 세례 의식도 엣세네 종파에서 기원한 것으로 보인다.

세례자 요한이 엣세네 종파에 속해 있다가 나중에 나온 것인지 아닌지는 확실하지 않다. 그러나 요한과 엣세네 종파는 상당히 많은 점에 있어서 비슷하다. 그중 우리의 관심을 끄는 것은, 둘 다 예루살렘을 떠나 광야로 들어갔다는 것과 광야에서 메시아를 대망하고 있었다는 것, 그리고 메시아의 길을 예비하는 것을 사명으로 여겼다는 점이다.

예언자가 된 세례자 요한

"하나님의 말씀이 빈 들에서 사가랴의 아들 요한에게 임한지라"(눅 3:2).

구약의 마지막 예언자는 말라기였다. 말라기 후로 400여 년 동안 예언자가 나타나지 않았다. 그래서 말라기가 구약의 마지막 책이 되고 말았다. 랍비들은 하나님의 영이 임할 만한 사람이 없어서 예언자가 나타나지 않은 것이라고 생각한다. 그런데 400여 년 만에 다시 예언자가 나타났다. 그 사람이 바로 세례자 요한이었다.

요한은 제사장이 되어야 할 사람인데 예언자가 되었다. 어떻게 예언자가 되었는가? 예언자는 되고 싶다고 해서 될 수 있는 것이 아니었다. 어느 날 하나님의 말씀이 누군가에게 임하면 예언자가 되는 것이었다. 세례자 요한은 제사장 가문에서 태어났다. 제사장이 될 사람이었다. 그러나 그는 어렸을 때부터 광야에서 살게 되었고 그 광야에서 하나님의 말씀이 임했다. 그래서 예언자가 되었다. 바로 그런 사실을 이야기해 주기 위해 "하나님의 말씀이 빈 들에서 사가랴의 아들 요한에게 임한지라"라고 밝힌 것이다. 어디에 있을 때 하나님의 말씀이 임했는가를 말해 주기 위해서가 아니라, 어떻게 요한이 예언자가 되었는가를 말해 주기 위해서 이 구절이 기록된 것이다.

구약성경 전체를 통해서 흐르는 두 개의 전승이 있는데, 하나는 제사장 전승이고, 다른 하나는 예언자 전승이다. 제사장은 성전에서 하나님에게 제사를 드렸으며, 예언자들은 길거리에서 백성에게 하나님의 말씀을 외쳤다. 제사장은 아무나 될 수 없었다. 제사장 가문에서 태어나야

만 제사장이 될 수 있었다. 그러나 예언자는 혈통과는 전혀 관계가 없었다. 어느 날 갑자기 하나님의 말씀이 임하면 예언자가 되었다.

제사장은 엘리트 집단이었다. 그들은 부와 영광과 존귀를 누렸다. 그러나 예언자들 대부분은 누구에게도 환영받지 못했으며, 생활도 보장받지 못했다. 그들은 멸시와 천대를 받았다. 그들은 사람들이 듣기 싫어하는 말을 해야 했다. 그러니 환영받을 수 없었던 것이다. 제사장은 이스라엘 백성을 위해 하나님 앞에 축복을 빌고 용서와 자비를 구하는 일을 했다. 이스라엘과 하나님 사이에서 중보자 역할을 했던 것이다. 그러나 예언자는 이스라엘 백성에게 주시는 하나님의 말씀을 전달하는 일을 했다. 그 메시지의 대부분은 책망과 경고와 심판으로 이루어져 있다. 제사장은 평화를 이야기한다. 축복을 이야기한다. 용서를 이야기한다. 구원을 이야기한다. 그러나 예언자는 심판을 이야기한다. 멸망을 이야기한다. 전쟁을 이야기한다. 저주를 선포한다.

제사장들은 전통을 중시했다. 반면 예언자들은 개혁하는 사람들이었다. 제사장들은 의식을 중시했다. 반면 예언자들은 삶을 중시했다. 제사장들은 경건과 하나님 경외를 중시했다. 반면 예언자들은 의와 인을 중시했다. 제사장들은 살려면 하나님을 잘 섬기라고 가르쳤다. 반면 예언자들은 살기 위해서는 하나님 뜻대로 바르게 살라고 가르쳤다.

제사장들은 왕을 위해 기도했다. 축복을 빌어 주었다. 그러나 예언자들은 왕들에게 하나님이 주시는 경고를 전했다. 제사장들은 왕들이 듣고 싶어 하는 말을 해 주었다. 그러나 예언자들은 왕들이 듣고 싶어 하지 않는 말들만 해 주었다. 그러니 왕들의 눈엣가시가 아닐 수 없었다.

예언자의 길은 험난한 가시밭길이었다. 그래서 예레미야 같은 예언자도 하나님에게 속아서 예언자가 되었노라고 탄식했다. 요한은 제사장이 되어 모든 존귀, 영광, 권세를 누릴 수 있었다. 그러나 요한은 광야로 들어갔다. 그리고 광야에서 하나님의 뜻을 구했다. 광야에서 기도했다. 광야에서 하나님의 음성을 기다렸다. 그리고 마침내 하나님이 그에게 말씀하셨다. 그에게 말씀이 임했다. 이렇게

▶ 세례 요한 교회의 제단

해서 세례자 요한이 예언자가 되었다. 그가 예루살렘을 떠나 광야로 들어가면서 그의 인생과 운명이 바뀌게 된 것이다. 제사장이 되게 되어 있던 사람이 예언자가 된 것이다. 그는 광야에서 외치는 자의 소리가 되었다. 광야에서 메시아의 길을 닦는 자가 되었다.

광야가 어떤 곳이기에 세례자 요한이 광야에서 하나님의 음성을 들은 것일까? 광야가 어떤 곳이기에 세례자 요한의 인생과 운명이 광야에서 바뀐 것일까? 이제 우리도 세례자 요한이 들어갔던 광야로 들어가 보자.

고독의 광야로 들어가라

외로움과 고독은 다르다. 헨리 나우웬(Henri Nouwen)은 "외로움이 사막이라면, 고독은 동산"이라고 했다. 외로움은 고독으로 들어가는 문이다. 우리는 고독을 통해 더 깊은 묵상의 세계로 들어간다. 고독을 통해 더 깊은 기도를 하게 된다. 고독을 통해 하나님의 품에 더 깊이 안기게 된다. 고독을 통해 더 깊은 은혜의 세계로 들어가게 된다. 그리고 더 깊은 하나님의 임재 속으로 들어가게 된다. 외로움은 극복해야 할 감정이지만, 고독은 우리가 추구해야 할 영성이다.

아빌라의 테레사(Teresa)는 "당신이 홀로 있으면 하나님을 만나게 된다"고 했다. 파스칼(Blaise Pascal)은 "인간이 불행한 단 한 가지 이유는 그가 조용히 자신의 방에서 지내는 법을 모르기 때문이다"라고 했다. 헨리 나우웬은 광야의 영성을 한마디로 "하나님과 함께, 그리고 그분하고만 혼자 있을 수 있는 시간과 장소를 따로 마련하는 것"이라고 했다. 일상생활 속에서 광야와 같은 장소, 광야에 머무는 것 같은 시간을 마련하라는 것이다.

하나님을 만나기 위해, 하나님의 음성을 듣기 위해, 기도하기 위해 광야로 갈 필요는 없다. 일상적인 삶 속에 광야를 만들면 된다. 골방에 들어가 문을 닫고 기도하면 그 골방에서 기도하는 시간이 광야의 시간이 될 수 있다. 새벽 기도 시간이 광야의 시간이 될 수도 있다. 마음만 먹으면 굳이 광야나 수도원이나 기도원에 들어가지 않아도 하나님을 만나고, 하나님의 음성을 듣고, 하나님의 임재 속으로 들어갈 수 있는 광야와 같은 시간과 장소를 일상적인 삶 속에서 가질 수 있다.

우리는 홀로 있는 시간에 하나님을 만나고, 하나님의 임재를 체험하고, 하나님의 세미한 음성을 들을 수 있다. 하나님 앞에 홀로 있을 때 우리 자신을 돌아보게 되고, 하나님을 바라보게 되며, 하나님의 음성에 귀를 기울이게 된다. 홀로 있을 때 침묵을 지킬 수 있고, 생각의 실타래들을 정리할 수 있으며, 홀로 있을 때 우리의 마음이 고요해질 수 있고, 우리의 영혼이 평안해질 수 있다.

까를로 까레또(Carlo Carretto) 신부는 《도시의 광야》(분도출판사 역간)에서 "나날의 생활 속에 광야를 마련하라"고 했다. 또 "당신이 광야로 갈 수 없거든 당신의 생활 속에 광야를 만들어라"라고 했다. 그러나 일상생활 속에 광야를 만드는 것이 쉬운 일은 아니다.

침묵의 광야로 들어가라

'미드바르'(midbar)는 '다바르'(dabar)라는 동사 앞에 히브리어 '멤'(mem)이 붙어서 만들어진 단어다. 멤은 부정을 의미할 때 사용된다. 다바르가 '말하다'라는 뜻을 가지고 있으니 미드바르는 '말하지 않다, 침묵하다, 말이 없다'라는 뜻을 가지고 있는 것으로 볼 수 있다. 광야는 아무 소리도 들리지 않는다. 침묵만이 흐르고 있다. 우리가 세상 가운데서 하나님의 음성을 들을 수 없는 것은 하나님이 말씀하시지 않아서가 아니라, 소음 때문에 하나님의 음성이 들리지 않는 것이다. 그러나 광야로 나가면 소음이 없다. 조용하다. 침묵만이 흐른다. 그렇기 때문에 하나님에게 귀를 기울일 수 있다. 소음에 묻혀서 들리지 않던 하나님의 음성이 들리게 된다.

마음이 심란하면 하나님의 음성이 들리지 않는다. 우리 영혼이 고요할 때 하나님의 음성이 들려온다. 우리 마음을 고요하게 하고 침묵 가운데 하나님에게 집중할 때 하나님이 우리에게 들려주시는 세미한 음성을 들을 수 있다.

고든 맥도날드(Gordon MacDonald)는 《내면세계의 질서와 영적 성장》(IVP 역간)에서 이렇게 말한다. "내면의 정원을 가꾸려면 고독의 시간이 꼭 필요한데, 그런 시간을 갖지 못하게 방해하는 소음의 무서운 음모를 잘 아는 사람은 별로 없다. 하나님을 대적하는 사탄은 우리 삶의 매순간을 문명의 소음으로 뒤덮으려고 음모를 꾸며왔다. 그런 소음은 그냥 방치되면 하나님의 음성을 압도하기 십상이다. 하나님과 동행하는 사람은 하나님이 보통 큰소리로 말씀하지 않으신다는 것을 잘 알고 있다."

우리에게 가장 참기 어려운 것은 침묵이고, 우리에게 가장 불편한 것은 침묵이며, 우리에게 가장 낯선 것은 침묵이다. 그래서 침묵하는 것은 쉽지 않다.

예수님은 말씀하신다.

"그들은 말을 많이 하여야만 들어주시는 줄로 생각한다 … 하나님 너희 아버지께서는, 너희가 구하기 전에, 너희에게 필요한 것이 무엇인지를 알고 계신다"

(마 6:7-8, 새번역).

'침묵은 금'이라는 말도 있지만, 기도에 있어서도 침묵은 금이다. 침묵을 지키고 마음을 집중시켜야 세미한 주님의 음성을 들을 수 있기 때문이다. 부르짖는 기도도 필요하지만 때로는 침묵 기도, 마음으로 드리는 기도도 필요하다. 부르짖는 기도가 더 능력 있는 것도 아니고, 조용한 기도라고 힘이 약한 것도 아니다.

"너희는 가만히 있어 내가 하나님 됨을 알지어다 … 내가 세계 중에서 높임을 받으리라"(시 46:10).

언어는 인간에게 필요한 소통의 수단이다. 그러나 하나님에게는 언어가 필요 없다. 하나님의 임재 속에 들어가려면 침묵해야 한다. 우리가 말할 때 하나님은 들으신다. 반대로 우리가 침묵할 때 하나님은 말씀하신다. 우리가 기도할 때 하나님은 들으신다. 그러나 우리가 묵상할 때 하나님은 말씀하신다.

하나님 앞에서는 말이 필요 없다. '주님' 하며 부르기만 해도 다 아신다. 일일이 설명하지 않아도 된다. 마음으로 기도해 보라. 침묵으로 기도해 보라. 기도하는 마음으로 아무것도 구하지 말고 하나님 앞에 머물러 있어 보라. 하나님의 세미한 음성이 들려올 것이다. 골방으로 들어가라. 광야로 나아가라. 그러면 하나님의 세미한 음성이 들려올 것이다.

멈춤의 광야로 들어가라

광야에 들어가면 바쁠 것이 없다. 서두를 것도 없다. 스케줄이 필요 없다. 모든 것이 느릿느릿 움직이거나 멈추어 있다. 우리는 전력 질주하는 세상에 살고 있다. 그러나 때로는 멈춤의 광야로 들어갈 필요가 있다.

베드로와 요한이 기도 시간에 맞추어 기도하기 위해 성전에 올라가다가 성전 문에 앉아 구걸하는 앉은뱅이를 보았다. 그들은 가던 길을 멈추고 그에게 다가갔다. 그러고는 "은과 금은 내게 없거니와 내게 있는 이것을 네게 주노니 나사렛 예수 그리스도의 이름으로 일어나 걸으라"(행 3:6)고 하면서 그를 잡아 일으켰다. 그러자 그가 일어나는 기적이 일어났다. 베드로와 요한이 처음으로 기적을 행하는 순간이었다.

언제 기적이 일어났는가? 멈출 때였다. 멈출 때 놀라운 일이 일어났다. 베드로와 요한이 그 사람을 보고 멈추지 않았더라면 아무 일도 일어나지 않았을 것이다. 성령이 멈추게 하실 때 멈추라! 사실 많은 순간 성령이 멈추라고 하시는데도 우리는 멈추지 않고 계속 바쁘게 살아간다.

심장은 24시간 내내 쉬지 않고 계속 뛴다. 하지만 심장은 하루 24시간 중 9시간만 일한다고 한다. 나머지 15시간은 쉬는 것이다. 오므라들었다 폈다 하면서 그 사이에 쉬는 것이다. 이렇게 심장이 잠깐씩 쉬기 때문에 심장이 멈추지 않고 박동할 수 있는 것이다.

군대에서 사격 훈련을 받을 땐 정조준을 먼저 한다. 그런 후에 격발하면 된다. 그러나 격발 전에 하는 일이 있다. 숨을 멈추는 것이다. 멈춘 다음 격발해야 명중할 수 있다.

우리가 왜 기도하지 못하는가? 왜 하나님의 음성을 듣지 못하는가? 멈추어야 기도할 수 있는데 멈추지를 못하기 때문이다. 전력 질주로 달려가고 있기 때문에 듣지 못하는 것이다.

예수님은 세례자 요한이 죽었다는 소식을 듣고 "배를 타고 떠나사 따로 빈 들에"(마 14:13) 가셨다. 오병이어의 기적을 행하신 다음에는 제자들을 먼저 보내고 예수님 홀로 산에 올라가 기도하셨다(마 14:23).

"새벽 아직도 밝기 전에 예수께서 일어나 나가 한적한 곳으로 가사"(막 1:35).

예수님은 하나님의 아들이었지만 하나님에게 집중하기 위해서 한적한 곳으로 물러가서 기도하셨다. 우리도 분주하고 바쁜 일상 가운데서 한 걸음 뒤로 물러나야 한다. 멈춤의 광야로 물러가야 한다. 멈추어야 보이는 것이 있다. 멈추어야 들리는 것이 있다. 멈추어야 느낄 수 있는 것이 있다. 조용히 멈추어 하나님 앞에 머무르는 시간이 있어야 한다.

나무는 해걸이를 한다. 있는 힘을 다해 열매를 맺다가도 어떤 해에는 열매를 맺지 않는다. 가문 것도 아니고 병든 것도 아니고 거름을 잘 안 준 것도 아닌데 열매를 맺지 않는다. 알아서 쉬는 것이다. 그렇게 쉬지 않고 열매를 맺으면 그 나무는 병들어 버리고 만다. 그래서 과감하게 아무 열매도 맺지 않는 것이다. 스스로 알아서 안식년을 갖는 것이다. 열매를 맺지 않으면 주인이 잘라 버릴지도 모른다. 그래도 나무는 과감히 열매 맺기를 포기한다. 그래야만 살아남을 수 있기 때문이다. 이렇게 나무도 멈출 줄을 안다. 그런데 우리는 멈출 줄을 모른다. 신발 끈이 풀어진 줄도 모르고 열심히 달린다. 얼마나 가겠는가? 신발 끈을 다시 매기 위해 달리던 것을 멈출 줄 알아야 한다.

고요한 광야로 들어가라

호수에 하늘이 비친다. 산이 비친다. 나무들도 비친다. 그러나 바람이 일고 파도가 치면 산과 나무들이, 하늘이 다 일그러져 보인다. 우물에 얼굴을 비쳐 본 적이 있는가? 우물이 깊고 고요하면 얼굴이 그대로 비친다. 그러나 두레박으로 물을 저은 다음에 보면 얼굴이 찌그러져 보인다.

산더미 같은 파도가 몰려오고 있다. 바다가 완전히 뒤집힌 것처럼 보인다. 그래도 10미터만 들어가면 유리바다처럼 잔잔하고 고요하다고 한다. 태풍이 몰려오고 있다. 엄청난 위력을 발휘하고 지나간다. 그러나 이런 태풍의 한가운데를 유유히 날아가는 새들이 있다. 그들은 태풍과 함께 몇 백 킬로미터, 아니 몇 천 킬로미터를 아주 편안하게 날아간다고 한다. 어떻게 그럴 수 있는가? 태풍의 중심에는 태풍의 눈이 있는데 아주 고요하다. 바람 한 점 없다. 그 안에 들어가면 태풍의 영향을 받지 않고 새들이 어렵지 않게 날아갈 수 있는 것이다. 그렇다. 세상이 아무리 시끄러워도 우리 안에는 고요함이 깃들 수 있다.

제자들이 예수님과 함께 갈릴리 바다를 건너다가 큰 광풍을 만나게 되었다. 배가 거의 다 깨어지게 될 판이었다. 제자들은 죽는다고 야단법석이었는데 예수님은 아무런 걱정 없이 곤하게 주무시고 계셨다. 제자들은 주무시는 예수님을 흔들어 깨웠다. 그러자 예수님이 '왜 두려워하느냐? 이 믿음이 적은 자들아' 하며 책망하셨다.

우리 인생의 하늘에 먹구름이 몰려오고, 천둥 번개가 치고, 태풍이 불어 닥치고, 우리가 항해하는 인생의 바다에 파도가 흉용하게 일지라도, 전쟁과 난리 소문이 들려올지라도 제자들처럼 호들갑 떨지 말고 잠잠히 하나님만 바라보라.

"내 영혼아 네가 어찌하여 낙심하며 어찌하여 내 속에서 불안해하는가 너는 하나님께 소망을 두라 … 나는 그가 나타나 도우심으로 말미암아 내 하나님을 여전히 찬송하리로다"(시 42:5, 11, 43:5)

"주님, 이제 내가 교만한 마음을 버렸습니다. 오만한 길에서 돌아섰습니다. 너무 큰 것을 가지려고 나서지 않으며, 분에 넘치는 놀라운 일을 이루려고도 하지 않습니다. 오히려, 내 마음은 고요하고 평온합니다. 젖 뗀 아이가 어머니 품에 안겨 있듯이, 내 영혼도 젖 뗀 아이와 같습니다"(시 131:1-2, 새번역).

고요한 호수만이 하늘을 품는다. 고요한 영혼만이 하나님을 품는다. 마음이 심란하고 속에 생각이 많으면 하나님이 태풍 가운데 말씀하시고, 천둥 번개 가운데 말씀하시고, 지진 가운데 말씀하셔도 듣지 못한다. 그러나 마음이 고요하고 우리의 영혼이 평안하면 부드럽게 불어오는 바람결에서도 하나님의 음성을 들을 수 있고, 바람에 살랑이는 나뭇잎에서도 하나님의 음성을 들을 수 있다.

마음이 심란할 때 기도하라. 마음이 흔들릴 때 주님을 바라보라. 고요한 새벽에 기도하라. 골방에 들어가 기도하라. 엄마 품에 안겨 있는 어린아이처럼 하나님의 품에 안기라. 고독의 광야에 들어가서 침묵을 지킬 때 아침이 밝아 오는 숲속처럼, 깊은 산속의 호수처럼, 우리 안에 그런 고요가 찾아올 것이다. 그러면 세미한 하나님의 음성이 들릴 것이다.

세례자 요한

광야에 들어가기 전	제사장의 가문에서 태어남
광야에 들어가게 된 동기	정확한 이유는 알 수 없으나 어렸을 때부터 광야에서 살았음
광야가 어떻게 시작되었는가?	.
광야에서 무엇을 했는가?	예언자로 활동 회개의 세례를 베풂 메시아의 길을 예비함 (얼마나 오래 광야에서 살았는지 알 수 없다)
광야를 지나는 동안 하나님이 어떤 일을 하셨는가?	하나님의 음성을 들려주심
어떤 광야를 통과했는가?	자기 부정(self-denial) 고독과 침묵으로의 광야
광야를 어떻게 살아냈는가?	기도에 전념 금욕 생활 굴속에서 지냄
언제 광야가 끝나게 되었는가?	헤롯에 의해 투옥
광야에서 나온 후 어떻게 되었는가?	2년 정도 갇혀 있다가 순교 광야(말케누스)에 묻힘
왜 하나님이 광야에 들어가게 하셨는가?	제사장이 될 요한을 예언자로 만드시기 위해 주의 길을 예비하도록 하기 위해

고통의 밤이 지나면
회복의 아침이 열린다

"성령이 곧 예수를 광야로 몰아내신지라"
(막 1:12).

예루살렘 유대 광야

구원의 메시아

예수님은 하늘에서 이 세상으로 내려오셨다. 이 땅에 오신 예수님은 태어나자마자 애굽으로 피신을 가셔야 했다. 애굽보다 훨씬 가까운 지금의 요르단이나 레바논으로 가실 수도 있었는데 왜 그 먼 애굽까지 가셨던 것일까? 하나님이 그곳으로 가라고 하셨기 때문이다.

"그들이 떠난 후에 주의 사자가 요셉에게 현몽하여 이르되 헤롯이 아기를 찾아 죽이려 하니 일어나 아기와 그의 어머니를 데리고 애굽으로 피하여 내가 네게 이르기까지 거기 있으라 하시니 "(마 2:13).

애굽은 히브리인들이 종살이하던 곳이다. 모세가 히브리인들을 구출해 낸 곳이기도 하다. 세상을 구원하기 위해 이 땅에 오신 예수님의 생애는 바로 이런 애굽에서 시작된다. 예수님의 탄생 스토리를 듣노라면 모세가 떠오른다. 모세나 예수님 둘 다 요람에 눕지 못하고 갈대 상자와 구유에 누워야 했다. 모세가 태어날 때 바로가 히브리 사내아이들을 다 죽였던 것처럼, 예수님이 태어나실 때 헤롯도 두 살 이하의 베들레헴 사내아이들을 다 죽였다. 모세가 바로의 칼날에서 극적으로 살아남았던 것처럼, 예수님도 헤롯의 칼날에서 극적으로 목숨을 구하셨다.

요셉과 마리아의 가족은 '밤에' 급히 서둘러 베들레헴을 떠났다. 애굽으로 피신 갈 때 무엇을 타고 가셨을까? 낙타일까? 그런데 그 밤에 어디에서 낙타를 구한단 말인가? 동방 박사들은 이미 떠났고, 낙타를 구할 곳도 없지만, 돈도 없었을 것이다. 초대 교회 성화 속에서 우리는 아기 예수가 나귀를 타고 애굽으로 피신 가는 모습을 많이 볼 수 있다.

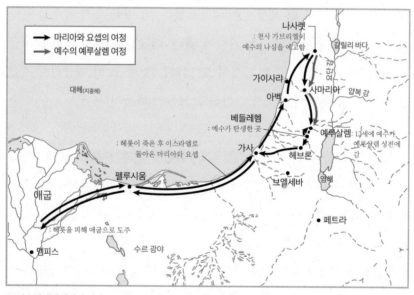

▷ 예수님의 탄생과 유년기

나귀를 타고 어떻게 광야를 지날 수 있을까? 나귀는 강인한 짐승이라 광야에서 낙타 대신 운송 수단으로 사용하기도 했다. 요셉이 형제들에게 양식을 실어서 보낼 때도 낙타가 아니라 나귀에 실어 보냈다. 야곱의 가족이 애굽으로 이민 갈 때도 나귀를 타고 갔다. 마리아는 임신했기 때문에 나사렛에서 베들레헴으로 올 때 나귀를 타고 왔을 것이다. 그런데 신기한 것은 모세도 미디안 광야를 청산하고 바로를 만나러 갈 때 나귀를 타고 갔다는 것이다(출 4:20). 예수님의 가족이 애굽으로 급하게 피신 갈 때도 바로 그 나귀를 타고 가셨을 것이다.

모세는 바로를 피해 도망가 숨어 살아야 했다. 예수님도 그를 찾는 헤롯을 피해 애굽으로 피신 가서 숨어 살아야 했다. 모세는 그를 찾던 바로가 죽은 후에야 애굽으로 돌아갔다. 예수님도 그를 찾던 헤롯이 죽은 후에야 고향으로 돌아가셨다. 예수님이 애굽으로 피신 가는 모습과 모세가 애굽으로 돌아가는 장면을 그려 보라. 둘 다 광야가 배경이다. 나귀를 타고 가고 있다. 그리고 가족이 함께 돌아가고 있다. 두 그림이 너무 흡사하지 않은가?

'모세'와 '예수'는 구원과 연관되어 있는 이름이다. 모세는 이스라엘 백성을 애굽의 노예에서 구원하기 위해 하나님이 보내신 사람이다. 예수님은 하나님의 백성을 구원하기 위해 온 세상의 구세주로 하나님이 보내신 분이다. 모세는 자기 백성을 애굽의 노예에서 해방시켜 주었지만, 예수님은 죄와 죽음과 사탄에게 종노릇하던 모든 인류를 구원하기 위해 오셨다. 모세는 이스라엘 백성에게 정치적인 해방과 자유를 얻게 해 주었지만, 예수님은 우리에게 진짜 구원, 진짜 해방, 진짜 자유를 얻게 하셨다. 이스라엘 백성은 모세의 인도를 따라 가나안에 들어갔다. 그들이 들어간 가나안은 진짜 가나안인 하나님 나라의 그림자에 지나지 않는다. 그러나 예수님은 우리가 죄와 죽음과 사탄으로부터의 진짜 출애굽을 해서 진짜 가나안에 들어가게 하기 위해 이 땅에 오셨다.

나사렛 예수

예수님은 베들레헴에서 태어나셨다. 그러나 '베들레헴 예수'라고 부르지 않는다. 예수님은 공생애 기간 동안 가버나움에서 사셨다. 그러나 '가버나움 예수'라고 부르지 않는다. 예수님이 십자가에 달려 돌아가시고, 다시 부활하고 승천하신 곳이 예루살렘이다. 그리고 교회가 시작된 곳이 예루살렘이다. 그러나 '예루살렘 예수'라고 부르지 않고 '나사렛 예수'라고 부른다(요 19:19; 막 16:6; 행 3:6, 22:8). 예수님의 사역에 있어서의 중요성을 따진다면 나사렛 예수보다는 가버나움 예수나 예루살렘 예수라고 부르는 것이 맞다. 그런데도 나사렛 예수라고 부르는 까닭은 무엇일까?

예수님 당시에 나사렛은 인구 300-400명 정도 규모의 작은 마을이었다. 나사렛에서 선한 것이 나올 수 있겠느냐고 나다나엘이 비아냥댔듯이 나사렛은 사람들에게 알려지지 않은 곳이었다. 정치, 문화, 경제, 종교의 중심지인 예루살렘에서 가장 멀리 떨어져 있었다. 그만큼 외진 곳이고 변방이었다. 예루살렘 사람들은 나사렛을 잘 알지도 못했을 뿐만 아니라 갈릴리 사람들을 촌뜨기라고 무시했다. 그리고 이방인 취급했다. 갈릴리는 문화나 문명에 있어서도 예루살렘과는 비교가 안 되게 뒤떨어져 있었다. 갈릴리 사람들은 예루살렘 사람들에 비해 훨씬 가난하게 살았다.

"옛적에는 여호와께서 스불론 땅과 납달리 땅이 멸시를 당하게 하셨더니"(사 9:1).

스불론과 납달리는 갈릴리 지역을 말한다. 그곳에 있는 사람들이 멸시를 받고 살았다는 것이다. 앗수르에 의해 북 이스라엘이 무너지고 앗수르의 혼혈 정책에 따라 많은 이방인들이 갈릴리 지방에 이주해 와서 살면서 유대인들과 혼인 관계를 맺었다. 그래서 그곳은 '이방의 갈릴리'라고도 불리게 되었다(사 9:1). 그곳에 사는 사람들은 이방인 취급을 당했다. 이사야는 계속해서 갈릴리 사람들에 대해 이렇게 말하고 있다.

"흑암에 행하던 백성이 큰 빛을 보고 사망의 그늘진 땅에 거주하던 자에게 빛이 비치도다"(사 9:2).

이렇게 갈릴리 사람들은 동족에게도 이방인 취급을 받으면서 멸시와 무시를 당하고 살았다. 힘없고 가난하고 소외당한 채 살아가는 사람들이 바로 갈릴리 사람들이었다. 예수님이 사셨던 갈릴리는 바로 이런 곳이었다.

나사렛은 예루살렘에 비교하면 광야와도 같은 곳이었다. 그런데 예수님은 그런 나사렛에서 평생을 사셨다. 왜 그분은 그런 곳에서 사셨던 것일까? 그곳에 가족이 다 살았기 때문에? 그랬다면 10년 정도는 나사렛에서 살고 그다음에 예루살렘으로 가셨어도 되었을 텐데 그러지 않으셨다. 공생애를 시작하면서 예수님은 처음 집을 떠나 가버나움으로 가셨다. 가버나움은 나사렛에서 그리 멀지 않다. 예수님은 원한다면 얼마든지 예루살렘으로 가실 수도 있었는데, 끝까지 갈릴리를 떠나지 않으셨다. 그 이유가 무엇일까? 더군다나 예루살렘은 그분의 도성이고 거기에 있는 성전은 그분의 집이 아닌가? 그런데 왜 그곳에서 살지 않고 나사렛에서 사셨던 것일까?

무명의 광야

나사렛은 '네체르'(netzer)라는 단어에서 나온 말로서 '가지, 순'이라는 뜻을 갖고 있다. 나사렛의 또 다른 의미는 '숨다'이다. 예수님이 자라신 동네에 나사렛이라는 이름이 붙은 것은 그곳이 숨겨져서 잘 드러나지 않는 곳이었기 때문인 것으로 보인다.

예수님의 나사렛에서의 30년의 삶은 알려져 있지 않다. 예수님은 30년 동안 숨겨진 동네에서 자신을 세상에 드러내지 않고 숨어서 사셨다. 메시아 비밀을 홀로 간직하고 이름 없는 동네에서 사셨던 것이다. 말하자면 하나님이 예수님을 나사렛 시골에 꼭꼭 숨겨 두셨던 것이다. 그러다가 하나님의 때가 이르렀을 때 그분이 세상으로 나오게 하셨다.

누구나 다 인생의 무대에서 1인자가 되고 싶어 한다. 조연 역할을 하거나 지나가는 행인 역할을 맡고 싶어 하는 사람은 없다. 그러나 예수님은 스스로 드러내려 하지 않으셨다. 나사렛이라는 동네도 이름 없는 동네였고, 부모인 요셉과 마리아도 이름 없는 사람들이었고, 예수님도 무명으로 30년을 사셨다.

▶ 예수님 당시 1세기 나사렛의 모습(Ilustration from Crossan and Reed, Excavating Jesus[2003])

한때 WWJD가 유행했었다. What would Jesus Do?(예수님이라면 어떻게 하셨을까?) 예수님을 본받는 삶은 기도하고 성경 보고 예배드리고 경건 생활에 힘쓰고 사랑하고 용서하는 것만이 아니다. 실제로 예수님이 어떻게 사셨는가를 생각하고 그대로 사는 것이 예수님을 본받는 삶이다. 공생애 기간 동안의 예수님은 우리와 같은 인간이 아니라 하나님의 아들로서 활동하셨다. 그렇기 때문에 우리가 공생애 기간 동안의 예수님의 삶을 본받는다는 것은 불가능한 일이다. 그러나 공생에 이전에 나사렛에서 예수님은 우리와 똑같은 인간이셨다. 우리와 똑같이 사셨다. 우리는 바로 나사렛에서의 예수님의 삶을 본받아 살아야 한다. 나사렛에서 이름도 없이 빛도 없이 무명으로 사신 예수님을 본받아야 한다.

헨리 나우웬이 어느 날 하버드대학교 교수직을 버리고 지적 장애아를 돌보는 요양원으로 들어갔다. 그곳에서 그는 지적 장애아들의 용변을 치우고, 그들을 목욕시키고 식사를 도우며 그들을 돌보아 주는 일을 했다. 예수님을 본받아 예루살렘을 떠나 나사렛에서 살았던 것이다.

알버트 슈바이처(Albert Schweitzer)는 박사 학위가 세 개였다. 그러나 그것을 다 버리고 아프리카 밀림에 들어가 평생을 살았다. 문명 세계 예루살렘을 떠나 나사렛에서 드러나지 않는 삶을 산 것이다. 우리는 다 나사렛을 떠나 예루살렘으로 가고 싶고, 유명해지고 싶고, 드러나고 싶은데, 슈바이처는 예루살렘을 떠나 나사렛으로 가서 살았다.

성경에 나오는 '유명한 무명씨'가 있다. 동방 박사들이다. 산 넘고 물 건너는 정도가 아니라 광야를 지나 목숨 걸고 아기 예수님에게 경배하기 위해 온 사람들이 아닌가? 오가는 데 1년은 족히 걸렸을 것이다. 경비는 또 얼마나 많이 들었겠는가? 아기 예수님에게 경배하기 위해 엄청난 희생의 대가를 치른 사람들이다. 이 정도면 성경에 그들의 이름이 나올 만도 하지 않은가? 그런데 성경은 그들의 이름을 기록하지 않고 있다. 다만 그들이 한 일만을 기록하고 있다. 나중에 그들이 복음서에 자신들의 이야기가 나온 것을 보게 되었다고 하자. 그들이 자신들의 이름이 나오지 않는 것을 보고는 서운해 할까? 시험에 들게 될까?

예수님은 나사렛에서 무명의 사람으로 만족해하며 사셨다. 결코 유명해지려고 노력하지 않으셨다. 자신을 세상이 알아주지 않는다고 한탄하지 않으셨다. 자신을 드러내려고 하지 않으셨다. 예수님은 무명의 광야를 지나면서 힘들어하지 않으셨다. 아니, 스스로 무명으로 사는 길을 선택하셨다. 우리는 드러내고 싶어 한다. 뜨고 싶어 한다. 무명의 광야에서 벗어나고 싶어 한다. 그러나 예수님은 스스로 자원하셔서 무명의 세월을 30년이나 지내셨다.

가난과 불편의 광야

예수님은 고단한 인생을 사셨다. 우리보다 더 힘들게 사셨고, 우리보다 훨씬 가난하게 사셨다.

> "여우도 굴이 있고 공중의 새도 거처가 있으되 인자는 머리 둘 곳이 없다"(마 8:20).
> "우리 주 예수 그리스도의 은혜를 너희가 알거니와 부요하신 이로서 너희를 위
> 하여 가난하게 되심은 그의 가난함으로 말미암아 너희를 부요하게 하려 하심이
> 라"(고후 8:9).

예수님은 먹고살기 위해 하루 종일 힘에 겨운 노동을 하셔야 했다. 무엇을 먹을까, 무엇을 마실까, 무엇을 입을까 염려하는 다른 갈릴리 사람들처럼 예수님도 먹고사는 걱정을 하며 사셔야 했다.

예수님이 예루살렘의 대제사장 가문에 태어나셨더라면 그렇게 고생하지 않으셨어도 되었을 것이다. 막노동을 하면서 그 귀한 시간을 허비하는 대신 더 많은 시간을 기도하는 일과 성경 연구하는 일에 쓰실 수 있었을 것이다. 먹고사는 문제로 세월을 허비하지 않으셔도 되었을 것이다. 그러나 하나님은 예수님으로 하여금 이 땅에서 살아갈 때 목수(오늘날의 석수)로 살게 하셨다. 그것이 하나님의 방식이었다.

'나도 의미 있는 일을 하며 살고 싶은데, 보람 있는 일을 하며 살고 싶

은데 언제까지 이런 일이나 하면서 살아가야 하나?' 하면서 자신이 하는 일에 대해 자존심 상할 때가 있는가? 그러나 예수님이라고 특별한 일을 하신 것은 아니었다. 예수님도 목수로 사셨다. 때로는 먹고살기 위해 일하는 자신이 초라하게 느껴질 때가 있다. 그러나 먹고살기 위해 일하는 것이 부끄러운 것은 아니다. 예수님도 먹고살기 위해 일하지 않으셨는가? 먹고살기 위해 일하는 것은 치사한 것도, 구차한 것도 아니다. 자존심 상하는 일도 아니다.

예수님 당시에 예루살렘에는 5만여 명 정도가 모여 살았다. 당시에 5만 명이면 상당히 큰 도시에 속한다. 그곳에는 학교도 있고 시장도 있고 상점도 많이 있었다. 살아가는 데는 나사렛 같은 시골보다 백배 천배 편리한 곳이었다. 또 예루살렘에는 내로라하는 랍비들도 많았다. 성전에도 수시로 갈 수 있었다. 그러나 나사렛에서 성전에 한 번 올라가려면 몇 년을 준비해야 한다. 예수님이 예루살렘에 사셨더라면 매일 성전에 올라가셨을 텐데, 나사렛 시골에 사셨기 때문에 그러실 수가 없었다.

100여 년 전, 루비 켄드릭(Ruby R. Kendrik)이라는 선교사가 한국에 왔다. 미국 달라스 지역의 감리교회에서 파송한 선교사였다. 양화진에 있는 그녀의 묘비에는 "나에게 일천 개의 목숨이 주어진다 할지라도 그것을 다 사랑하는 한국 사람을 위해 바치겠다"고 새겨져 있다. 그녀는 한국에 도착해서 열심히 언어를 배우던 중 열 달도 채 안 되어 맹장염으로 쓰러졌다. 그 당시 한국에서는 맹장염을 치료할 수 없었다. 그래서 죽고 말았다. 미국에 있었으면 쉽게 고쳤을 텐데 한국에 왔기 때문에 죽고 만 것이다. 그녀도 예수님처럼 자원해서 예루살렘에 살지 않고 나사렛에 가서 살려고 한국에 선교사로 왔다가 목숨을 잃고 만 것이다. 나사렛에 산다는 것은 바로 이런 것이다. '나사렛'에서는 맹장염에 걸려도 죽을 수 있다. 그럼에도 많은 선교사들이 '나사렛'에 들어가서 불편하게 살고 있다.

평범의 광야

예수님은 지극히 평범한 한 가정에서 태어나 지극히 평범하게 자라셨다. 지극히 평범하게 사셨다. 슈퍼스타로 살거나 세상을 위해 큰일을 하며 살지 않으셨다. 예수님은 동네에서 형, 동생 또는 아저씨로 불리며 사셨다. 예수님은 누구보다 뛰어난 랍비가 될 수 있었고 또 어느 누구보다 뛰어난 분이셨지만, 회당에 가서 예배드릴 때는 회중석에 앉아서 동네 사람들과 함께 예배를 드리셨다.

맨 처음 복음이 전파된 곳은 예루살렘이 아니라 갈릴리 시골이었다. 하나님 나라가 시작된 곳은 예루살렘이 아니라 갈릴리 시골이었다. 하나님이 당신의 나라를 이루기 위해서 부르신 사람들은 예루살렘 사람들이 아니라 갈릴리 시골 사람들이었다.

우리는 평범한 것의 가치를 너무 인정하지 않는 것 같다. 우리가 매일 매스컴에서 듣고 보는 사람들은 다 유명한 사람들이다. 성공한 사람들이다. 평범한 사람들이 아니다. 그런데 늘 그 사람들을 보고 듣고 살아가다 보니 우리도 모르는 사이에 그들이 우리의 기준이 되어 버리고 말았다. 그들에 비하면 우리는 너무 초라하게 보인다. 사실은 평범한 것인데, 그리고 평범한 것도 대단한 것인데, 우리는 그들처럼 비범한 사람이 되지 못한 것에 대해 자존심 상해한다. 그러나 예수님도 지극히 평범하게 사셨다. 평범한 것은 부족한 것이 아니다. 시시한 것이 아니다. 평범하게 사는 것에 대해 열등의식을 갖지 말라. 다른 사람들처럼 평범하게 사는 것이 소원인 사람들이 얼마나 많은지 모른다. 평범하게 살아가는 것은 결코 쉬운 것이 아니다.

"오히려 자기를 비워 종의 형체를 가지사"(빌 2:7).

예수님은 하나님이면서도 하나님이기를 포기하고 이 땅에 인간의 몸을 입고 오셨다. 자신을 비우셨기 때문에 그러실 수 있었던 것이다. 예수님은 갖은 모욕과 멸시와 천대를 다 받으셨음에도 묵묵히 끝까지 참으셨다. 자신을 비우셨기 때문이다. 예수님은 십자가에서 죽기까지 순종하셨다.

예수님은 얼마든지 유명한 자가 될 수 있었으나 무명씨로 사셨다. 부요하게 살 수 있었으나 가난하게 사셨다. 안락하게 살 수 있었으나 불편하게 사셨다. 비범하게 살 수 있었으나 평범하게 사셨다. 어떻게 그러실 수 있었을까? 자신을 비우셨기 때문이다. 어떻게 하면 예수님처럼 원망하지 않고, 불평하지 않고, 감사하며 행복하게 무명의 광야, 가난의 광야, 불편의 광야, 평범함의 광야를 통과할 수 있을까? 자신을 비워야 한다. 예수님처럼 우리 자신을 비우는 것이 예수님을 본받는 것이다. 그럴 때 우리도 낙심하거나 원망하지 않고 감사한 마음으로 무명의 광야, 가난의 광야, 불편의 광야, 평범함의 광야를 지날 수 있을 것이다.

광야에서 사탄의 왕관을 벗기시다

"성령이 곧 예수를 광야로 몰아내신지라"(막 1:12).

예수님에게는 광야가 낯선 곳이었다. 갈릴리는 광야와 전혀 다른 세계였다. 그런 곳에서 예수님은 40일 동안 금식하며 기도하셨다. 그리고 마귀에게 시험을 받으셨다.

40일간 금식 기도하는 사람들이 있다. 예수님이 40일 동안 금식 기도를 하셨기 때문에 예수님처럼 40일 동안 금식 기도를 하는 것이다. 그러나 예수님이 하신 기도는 그냥 40일 금식 기도가 아니었다. 예수님은 기도원에서 40일 금식 기도를 하신 것이 아니라 광야에서 40일 금식 기도

▶ 〈겟세마네 동산의 예수〉(조반니 벨리니[Giovanni Bellini, 1430-1516])

를 하셨다. 정말 예수님처럼 기도하기를 원한다면 기도원이 아니라 광야에 들어가서 40일 금식 기도를 해야 할 것이다. 기도원에서 40일 금식 기도하는 것과 광야에서 40일 금식 기도하는 것은 하늘과 땅 차이일 것이다. 40일간 금식 기도하고는 예수님처럼 기도했다고 생각하면 오산이다.

예수님은 40일 금식 기도를 어떻게 광야에서 하실 수 있었을까? 예수님은 우리가 상상하듯이 뜨거운 태양이 내리쬐는 광활한 모래 벌판에서 40일 금식 기도를 하신 것이 아니다. 그렇게 기도할 수 있는 사람은 아무도 없다.

광야에 들어가면 맨 먼저 하는 일이 그늘을 찾아가는 것이다. 그러나 광야에서 그늘을 찾는 것이 결코 쉬운 일은 아니다. 또 낮에는 덥지만 밤에는 춥다. 그렇다면 야영 준비가 되지 않았는데 광야에서 밤을 보내야 할 경우 어디를 찾아야 할까? 굴이다. 굴에 들어가면 낮에는 시원하고 밤에는 비와 이슬을 피할 수 있다. 그래서 다윗도 사울을 피해 다니면서 광야 굴속에서 살았던 것이고, 엘리야도 호렙 산에 올라가 굴속에서 지내면서 하나님을 기다렸던 것이다(왕상 19:9). 광야에서 메뚜기와 석청을 먹으며 낙타 털옷을 입고 산 세례자 요한도 굴에서 살았을 것이다. 예수님도 광야에서 40일 금식 기도를 하실 때 굴속에 들어가서 하셨을 것이다.

"성령이 곧 예수를 광야로 몰아내신지라 광야에서 사십 일을 계시면서 사탄에게 시험을 받으시며 들짐승과 함께 계시니 천사들이 수종들더라"(막 1:12-13).

여우나 늑대, 뱀, 전갈과 같은 들짐승들은 낮에는 더위를 피해, 밤에는 추위를 피해 굴로 모여든다. 예수님이 기도하실 때 들짐승들이 옆에 있었다고 했는데, 그것은 예수님이 기도하시는 곳이 굴이었기 때문이다.

초대 교회 때부터 굴에서 기도하는 전통이 있었다. 가장 오래된 수도원 가운데 하나가 여리고 근처 와디 켈트에 있는 성 조지 수도원이다. 또 하나는 베들레헴 근처에 있는 마르사바 수도원이다. 예수님이 기도하신 여리고 시험 산에도 수도원이 있다 이 수도원들은 광야의 절벽에 아슬아슬하게 붙어 있다. 그리고 그 주변에는 수천 개의 기도 굴이 있다.

성령님은 예수님이 사탄과 대결하도록 하시기 위해 광야로 몰아넣으셨다. 그곳에 가면 사탄이 기다리고 있기 때문이다. 사탄이 끊임없이 공격하는 곳, 사탄이 끊임없이 역사하는 곳, 유혹하는 곳, 시험하는 곳, 따라붙는 곳, 치열한 영적인 전쟁이 벌어지는 곳이 바로 광야다.

광야는 치열한 영적인 전쟁터다. 예수님이 성령 충만한 다음 어디로 들어가셨는가? 광야로 가셨다! 성령님이 예수님을 어디로 인도하셨는가? 광야로 인도하셨다! 어디에서 40일간 금식하며 기도하셨는가? 광야에서 기도하셨다. 어디에서 사탄에게 시험을 받으셨는가? 광야에서 시험을 받으셨다. 예수님이 어디에서 사탄을 굴복시키고 승리하셨는가? 광야에서 승리하셨다!

왜 예수님은 공생애를 시작하기 직전에 광야로 들어가셨던 것일까? 그것은 사탄과 맞대결하기 위해서, 사탄에게서 왕관을 벗기기 위해서, 그래서 사탄에게 빼앗긴 나라와 권세와 영광을 다시 되찾으시기 위해서였다.

예수님은 이 세상에 하나님 나라를 세우기 위해 오셨다. 그러려면 사

▶ 예수님이 사탄에게 시험 받으신 곳에 세워진 여리고 시험 산 수도원

▶ 예수님이 사탄의 시험을 받으며 기도하시던 곳으로 여리고 뒤편 유대 광야

탄과의 맞대결을 통해 사탄을 굴복시키고 하나님의 승리를 만방에 알리셔야 했다. 바로 이런 일을 하기 위해 예수님이 광야로 들어가셨던 것이다. 사탄이 예수님을 유혹한 이유가 무엇인가? 하나님 나라를 세우지 못하도록 하기 위해서였다. 사탄이 자기 나라를 지키기 위해서 그랬던 것이다.

사탄은 예수님이 하나님의 아들인 것을 알고 있었다. 사탄은 하나님의 아들이 유혹에 넘어갈 것이라고 생각하지는 않았을 것이다. 그렇다면 왜 사탄은 세 번씩이나 예수님을 유혹했던 것일까? 사탄은 예수님에게 자신의 왕국이 빼앗길 것을 잘 알고 있었다. 게임은 보나마나였다. 그러나 사탄은 가만히 앉아서 자기 나라를 빼앗길 수는 없었다. 그래서 말하자면 최후의 발악을 했던 것이다. 결국 사탄은 예수님에게 패배하고 만다.

에덴동산에는 생명나무 실과만 있었던 것이 아니다. 사탄도 같이 있었다. 사탄의 유혹에 넘어간 아담과 하와는 결국 에덴동산에서 쫓겨나게 되었다. 이렇게 인류는 사탄에게 넘어가 에덴동산을 잃어버리게 되었는데, 예수님이 오셔서 그 사탄의 왕관을 벗기기 위해 광야로 쫓겨 들어가셨다. 광야로 쫓겨 들어가신 예수님은 사탄을 발아래 짓밟고 그를 쫓아내셨다. 그렇게 하심으로 사탄의 왕국이 무너지고 하나님 나라가 세워지기 시작한 것이다. 에덴동산에서의 사탄의 유혹을 통해 실낙원했으나 광야에서 사탄을 굴복시키심으로 다시 복낙원할 수 있게 해 주신 것이다.

광야에서 시험받으신 이야기는 사탄이 우리를 어떻게 시험하는가, 우리가 어떻게 사탄의 유혹을 이길 수 있는가를 보여 주기 위해 기록된 것이 아니다. 이 기사는 단순히 사탄의 유혹에 관한 이야기가 아니라, 하나님 나라와 사탄의 왕국의 전쟁에 관한 이야기다. 하나님의 아들과 이 세상 임금인 사탄의 영적 전쟁 이야기다.

로마가 기독교를 국교로 공인하면서 수많은 사람들이 교회로 몰려오기 시작했다. 그러면서 기독교의 순수성을 점차 잃어버리게 되고, 교회가 세속 권력과 결탁하게 되었다. 이에 실망을 느낀 많은 사람들이 박해시대 때의 순수성을 회복하기 위해 찾아간 곳이 광야였다.

그들은 또한 교회를 위해 중보기도하려고 사막으로 들어갔다. 그들은 기도하는 일을 가장 중요하게 여겼으며, 사탄과의 영적인 전쟁을 통해 교회를 보호하는 일에 일생을 바쳤다.

여리고 근처의 와디 켈트라는 곳에 위치한 성 조지 수도원은 예루살렘에서 여리고로 내려가는 광야 한가운데 위치해 있는데, 5세기경부터 수도사들이 모여서 수도원을 짓고 기도하기 시작했다. 주변에는 수천 개의 기도 굴들이 산재해 있다. 주일에는 이 수도원에 모여서 예배드리고, 월요일부터 토요일까지는 기도 굴에 들어가 나오지 않고 기도만 했다고 한다. 이 수도원에 들어가면 천장 위로 밧줄이 하나 내려와 있고, 거기에 바구니가 달려 있다. 굴속에 들어가 기도하는 수도사들의 먹을 빵을 올려 주기 위해 만들어 놓은 것이다.

여리고 근처에 마르사바라는 또 하나의 유명한 수도원이 있다. 성 조지 수도원과 더불어 가장 오래된 수도원인데, 이 수도원은 수도사들이 수도하는 데 방해가 된다고 해서 여자들은 들어오지 못하게 한다. 이 수도원도 한때는 1천 명이나 되는 수도사들이 있었는데, 지금은 열다섯 명만이 수도원을 지키고 있다.

▶ 유대 광야 와디 켈트에 세워진 최초의 수도원 - 성 조지 수도원

　유대 광야에는 이런 수도원들이 500여 개나 있었으며, 중세 시대에는 유대 광야에 3만 명의 수도사들이 살았다고 한다. 그런데 왜 이렇게 유대 광야 주변으로 수도원들이 많았던 것일까? 예루살렘은 광야로 둘러싸여 있다. 감람 산만 넘으면 유대 광야가 펼쳐진다. 그런데 광야에는 사탄이 우글거린다고 생각했다. 광야를 사탄의 본거지로 생각했던 것이다. 그래서 이런 사탄으로부터 예루살렘을 지키기 위해 예루살렘에 올라가는 입구마다 수도원들을 세워 놓고 그곳에서 예루살렘을 지키기 위해 평생 기도했던 것이다. 이렇게 초대 교회 수도사들은 사탄의 영적인 어둠의 세력과 싸우기 위해 일부러 광야를 찾아 들어갔다.

"근신하라 깨어라 너희 대적 마귀가 우는 사자같이 두루 다니며 삼킬 자를 찾나니 너희는 믿음을 굳건하게 하여 그를 대적하라"(벧전 5:8-9).

갈멜 산꼭대기에는 바알의 선지자 450명과 대결해서 승리한 엘리야를 기념하는 수도원이 세워져 있다. 이 수도원 뜰에는 엘리야가 바알의 선지자들을 처단하는 동상이 세워져 있다. 엘리야가 땅에 엎드려 있는 바알 선지자의 목을 발로 밟고 칼로 그를 내리치려는 자세를 취하고 있다.

▶ 엘리야가 바알 선지자의 목을 발로 밟고 있다

여호수아가 기브온을 정복할 때의 일이다. 가나안의 다섯 왕이 합세해서 이스라엘과 싸웠으나 패배하고 말았다. 그 왕들은 여호수아 앞에 끌려와 땅에 엎드렸다. 여호수아는 지휘관들에게 그들의 목을 밟게 했다.

"이 왕들의 목을 발로 밟으라 하매 그들이 가까이 가서 그들의 목을 밟으매"(수 10:24).

이렇게 고대 이스라엘과 근동 지방에서는 전쟁에서 이긴 왕은 패배한 왕을 끌어다 땅에 엎드리게 하고 발로 그의 목을 밟는 관습이 있었다.

"여호와께서 내 주에게 말씀하시기를 내가 네 원수들로 네 발판이 되게 하기까지 너는 내 오른쪽에 앉아 있으라 하셨도다"(시 110:1).

예수님도 이 구절을 인용하면서 이 말씀은 바로 예수님을 가리키는 것이라고 하셨다(마 22:44). 사도행전에서 베드로도 설교할 때 이 구절을 인용하면서 예수님이 원수인 사탄 마귀를 짓밟으셨다고 선포했다(행 2:35).

예수님의 원수는 사탄이다. 이 말씀대로 사탄이 예수님의 발등상이 되었다. 예수님의 발아래 짓밟혔다. 사탄이 예수님에게 굴복한 것이다. 사탄이 예수님에게 무릎 꿇고 무장 해제된 이후 그는 더 이상 힘을 쓰지 못하게 되었다. 사탄의 왕국이 무너지고 하나님 나라가 세워지기 시작했다. 사탄은 더 이상 하나님의 백성에게 왕 노릇을 할 수 없게 되었다. 그는 이미 무장 해제되었다. 그리고 요한계시록의 말씀처럼 영원한 무저갱에 던져지게 되었다.

그러나 사탄은 한시적으로 그리고 제한적으로 활동하고 있다. 지렁이도 밟으면 꿈틀한다고 사탄도 완전히 멸망당하지 않았기 때문에 '최후의 발악'을 하고 있다. 그러나 두려워할 필요는 없다.

전에는 우리가 사탄의 지배 아래 있었다. 그가 우리의 목을 죄고 있었다. 그런데 이제는 예수님으로 말미암아 우리가 그의 목을 밟고 있다. 그의 목을 죄고 있다. 우리에게 사탄의 권세를 짓밟을 수 있는 권세를 주신 것이다. 광야에서 사탄이 예수님을 넘어뜨리기 위해 유혹했듯이, 사탄은 이미 패배했음에도 불구하고 계속해서 우리를 유혹한다. 그러나 우리는 영적인 전쟁에서 능히 이기고도 남을 것이다.

"평강의 하나님께서 속히 사탄을 너희 발아래에서 상하게 하시리라"(롬 16:20).

광야를 건너는 십자가의 은혜

복음서는 두 부분으로 이루어져 있다. 앞부분에는 예수님이 천국 복음을 전파하시고, 가르치시고, 병든 자들을 치유하시는 사건으로 가득 차 있다. 수많은 기적을 행하시고 수많은 사람들이 예수님을 따른다. 예수님은 눈코 뜰 새 없이 바쁘게 움직이신다. 하나님 나라가 왕성하게 확장되어 나간다.

그런데 어느 한 시점에 이르러서부터는 예수님이 전혀 달라지신다. 복음서의 분위기가 완전히 바뀐다. 장조에서 단조로 바뀐다. 어디인가? 예수님의 수난이 시작되는 곳이다.

"열둘 중의 하나인 가룟 유다가 예수를 넘겨주려고 대제사장들에게 가매 그들이 듣고 기뻐하여 돈을 주기로 약속하니 유다가 예수를 어떻게 넘겨줄까 하고 그 기회를 찾더라"(막 14:10-11).

예수님은 가룟 유다의 배신을 통해서 광야로 들어서시게 된다. 겟세마네 동산에서 밤을 새워 가며 두려움과 공포에 떨며 기도하신다.

"내 마음이 심히 고민하여 죽게 되었으니"(막 14:34).

두로
예수가 수로보니게 여인의
딸을 고침

가이사랴
: 베드로가 그리스도라고 고백함

대해(지중해)

가울라니티스

팔복 산 : 예수가 제자들에게 산상수훈을 가르침

가버나움
게네사렛
타리케아에(막달라)
가나

벳세다 : 예수가 오병이어의
기적을 일으킴

갈릴리
바다 : 예수가 풍랑을
잔잔케 함

거라사 : 예수가 귀신 들린 사람을 고침

디베랴

▲ 갈멜 산

게바
벧 세아림

나사렛
다볼 ● ▲ 다볼 산

가다라

● 나인

요단 강

데가볼리

▲ 갈보아 산

지네(예닌) ●

펠라 : 로마가 예루살렘을 파괴하기
직전인 A.D. 66년에 예루살렘의
그리스도의 사람들이 도망간 지역

사마리아

애논
살림

● 세바스테(사마리아) : 예수가 사마리아를 방문했지만 거부당함

▲ 에발 산
● 수가 : 예수가 야곱의 우물에서 사마리아 여인과 이야기를 나눈 곳
▲ 그리심 산

얍복 강

르보나 ●

에브라임(오브라) ●

그돌(가다라) ●

베레아

엠마오 ●

여리고 ●

에스부스(헤스본) ●

요단 강

예루살렘
: 중풍병 환자를 고치심

베다니 : 나사로를 살리고
나병 환자 시몬의
집에 머묾

▲ 느보 산

베들레헴

유대

염해

마캐루스 ●

▷ 예수님의 공생애 사역

이때부터 예수님은 버려짐의 광야, 배신의 광야, 모욕의 광야, 굴욕의 광야, 고난의 광야, 두려움의 광야, 죽음의 광야를 지나셨다. 예수님은 이런 광야들을 어떻게 이겨 내셨는가?

예수님은 가룟 유다에 의해 넘겨지신 후에는 전과는 전혀 다른 방식으로 행동하신다. 때리면 맞고, 끌고 가면 끌려가고, 물으면 대답하면서 시키는 대로 다 하셨다. 갖은 치욕과 굴욕을 다 당하셨다. 부끄러움을 다 당하셨다. 그러나 한 번도 항변하거나 거부하지 않고 다 받아들이셨다. 침을 뱉을 때도 가만히 계셨고, 모욕을 할 때도 가만히 계셨다. 끌고 갈 때도 가만히 계셨고, 십자가에 못 박을 때도 가만히 계셨다. 저항하지 않으셨다. 뿌리치지 않으셨다.

"그가 곤욕을 당하여 괴로울 때에도 그의 입을 열지 아니하였음이여 마치 도수장으로 끌려가는 어린 양과 털 깎는 자 앞에서 잠잠한 양같이 그의 입을 열지 아니하였도다"(사 53:7).

예수님은 이렇게 멸시 천대를 받았지만 한마디 말씀도 하지 않으셨다. 저항하지 않으셨다. 그들이 하는 대로 그대로 내버려 두셨다. 그들에게 완전히 자신을 맡기셨다. 마치 모든 것을 포기하신 듯 인간들이 자신을 어떻게 대하든 그대로 내버려 두셨다.

그러나 놀랍게도 예수님의 구원 사역은 이런 식으로 완성되었다. 가만히 계심으로, 자신에게 주어지는 모든 고난을 받아들이심으로 구원의 사역을 완성하셨다. 무엇을 새롭게 뒤집어엎어 놓음으로 완성하신 것이 아니라, 자신에게 주어지는 멸시, 천대, 굴욕, 십자가 고난과 죽음을 그대로 다 받아들임으로 구원을 완성하셨다. 다 받아들이고 끝까지 참고 견디심으로 구원의 사역을 완성하셨던 것이다.

누구든지 예수님을 따라가고자 하는 자는 자기 십자가를 져야 한다. 예수님처럼 우리가 낮아질 때, 우리를 비우고 우리를 십자가에 못 박을 때, 그래서 이제 더 이상 우리 안에 우리가 살아 있는 것이 아니라 예수님이 살아 계실 때, 그때 비로소 우리도 십자가를 지고 주님을 끝까지 따라갈 수 있다. 우리를 십자가에 못 박을 때, 우리가 십자가에서 죽을 때, 그때 우리도 십자가를 지고 주님을 따라갈 때 겪어야 하는 버려짐의 광야, 배신의 광야, 굴욕의 광야, 고독의 광야, 침묵의 광야, 고난의 광야, 두려움의 광야, 죽음의 광야를 이겨 낼 수 있다.

어떻게 하면 나를 비우고, 나를 내려놓고, 나를 죽일 수 있을까?

"내가 그리스도와 함께 십자가에 못 박혔나니"(갈 2:20).

예수님이 우리의 죄를 대신 짊어지셨다. 예수님이 죄인이 되신 것이다. 죄인이 되셨으니 죽어야 한다. 그래서 예수님이 죽으셨다. 예수님은 십자가에 못 박혀 돌아가실 때 단지 우리의 죄만을 대신 짊어지고 돌아가신 것이 아니다. 우리도 죽은 것이다. 예수님만 죽은 것이 아니라 예수님 안에서 우리도 함께 죽은 것이다. 예수님이 우리 죄를 위해 십자가에 달려 돌아가실 때 나도 같이 죽은 것이다.

"무릇 그리스도 예수와 합하여 세례를 받은 우리는 그의 죽으심과 합하여 세례를 받은 줄을 알지 못하느냐 그러므로 우리가 그의 죽으심과 합하여 세례를 받음으로 그와 함께 장사되었나니"(롬 6:3-4).

우리는 예수님과 함께 죽고 함께 장사되었다. 그 표식으로 우리가 세례를 받는 것이다.

"우리의 옛 사람이 예수와 함께 십자가에 못 박힌 것은 죄의 몸이 죽어 다시는 우리가 죄에게 종노릇하지 아니하려 함이니"(롬 6:6).

예수님이 십자가에 달려 돌아가실 때 우리의 옛 사람이 '예수와 함께' 십자가에 못 박혔다.

▶ 〈예수의 십자가형〉(시몽 부에[Simon Vouet, 1590-1649])

"그리스도로 말미암아 세상이 나를 대하여 십자가에 못 박히고 내가 또한 세상을 대하여 그러하니라"(갈 6:14).

예수님의 십자가에서 우리는 이미 세상에 대해서 죽은 자가 되었고, 세상도 나에 대해서 죽은 자가 되었다.

"우리가 알거니와 우리의 옛 사람이 예수와 함께 십자가에 못 박힌 것은 죄의 몸이 죽어 다시는 우리가 죄에게 종노릇하지 아니하려 함이니 이는 죽은 자가 죄에서 벗어나 의롭다 하심을 얻었음이라"(롬 6:6-7).

'우리가 알거니와'라고 했다. 바울 개인의 이야기가 아니라 우리 모두의 이야기다. 우리 모두가 이미 십자가에 못 박힌 사람들이라는 것이다.

"그가 죽으심은 죄에 대하여 단번에 죽으심이요 그가 살아 계심은 하나님께 대하여 살아 계심이니 이와 같이 너희도 너희 자신을 죄에 대하여는 죽은 자요 그리스도 예수 안에서 하나님께 대하여는 살아 있는 자로 여길지어다"(롬 6:10-11).

'여길지어다'라고 했다. 이루어진 사실을 사실로 인정하라는 말이다.
"그리스도 예수의 사람들은 육체와 함께 그 정욕과 탐심을 십자가에 못 박았느니라"(갈 5:24).

우리의 정욕과 욕심을 십자가에 못 박아야 한다는 것이 아니라 이미 십자가에 못 박혔다는 것이다.

자신을 십자가에 못 박으려고 발버둥 칠 것이 아니라, 이미 예수님의 십자가에서 죽었다는 사실을 믿음으로 받아들이기만 하면 된다. 사탄이 우리의 옛 사람을 건드릴 때 사탄에게 선포하라. "사탄아, 나는 이미 죽은 사람이다. 예수님과 함께 죽었단 말이다." 그러면 사탄이 이렇게 말할 것이다. "죽긴 뭘 죽어. 봐, 아직 너 안 죽었잖아." 그러면 이렇게 선포하라. "하나님이 내가 죽었다고 선언하셨는데 무슨 소리냐? 나는 세상에 대해서 죽었다. 나는 죄에 대해서 죽었다. 나는 육체에 대해서 죽었다. 오직 내 안에는 예수님만이 살아 계신다!"

이미 나는 죽었다. 나는 죽었고 내 안에 예수님만이 살아 계신다.

"그런즉 이제는 내가 사는 것이 아니요 오직 내 안에 그리스도께서 사시는 것이
라"(갈 2:20).

내가 주님과 함께 십자가에 못 박혔을 때, 그때 이미 예수님은 내 안
에 들어와서 살기 시작하셨다.

"너희는 믿음 안에 있는가 너희 자신을 시험하고 너희 자신을 확증하라 예수 그
리스도께서 너희 안에 계신 줄을 너희가 스스로 알지 못하느냐 그렇지 않으면 너
희는 버림받은 자니라"(고후 13:5).

우리가 해야 할 일은 '나는 죽고 예수로 사는 사람'으로서 살아가는
것이다. 이렇게 예수님과 함께 자신을 십자가에 못 박은 사람만이, 아니
예수님과 함께 십자가에 이미 못 박힌 사람만이 하나님 나라를 위해서
십자가를 질 수 있다. 그리고 하나님 나라를 위해 겪어야 하는 모든 멸
시와 천대와 고난과 시련의 광야를 이겨 낼 수 있다.

"But Sunday is Coming."

금요일
예루살렘 성에 입성하실 때 호산나, 호산나 외치던 군중들이 돌변해서

예수님을 향해 십자가에 못 박으라고 소리쳤다. 본디오 빌라도는 예수님이 무죄임을 알고 있었지만 군중들의 요구에 할 수 없이 사형 선고를 내리고 예수님을 십자가에 못 박도록 내주었다. 그날은 금요일 이른 아침이었다.

갖은 수모와 모욕을 다 당하시고, 침 뱉음을 당하시며, 가시 면류관을 쓰시고, 채찍이 한 번 내리쳐질 때마다 살점이 떨어져 나왔다. 예수님은 멸시 천대 십자가를 지고 골고다 언덕에 올라가셨다. 로마 군병들은 장대 못으로 예수님의 손과 발에 못을 박았다. 그 망치 소리가 예수님의 비명 소리와 함께 온 세상에 울려 퍼졌다. 금요일 점심이었다. 예수님은 "다 이루었다"고 말씀하신 후 고개를 떨어뜨리셨다. 로마 군병은 긴 창으로 옆구리를 푹 찔렀다. 마지막 남은 피 한 방울, 물 한 방울까지 다 쏟아져 나왔다. 예수님이 운명하시는 시간에는 해도 빛을 잃어 온 세상이 어둠에 휩싸였다. 예수님을 장사지냈다. 돌무덤 안에 시신을 안치하고 돌문을 굴려 닫아 버렸다. 그리고 로마 군병들이 그 무덤을 굳게 지키고 있었다. 금요일 오후였다.

사탄이 음흉하게 웃으며 승리를 자축했다. 대제사장들과 바리새인들은 할 일을 다했다 생각하고 집으로 돌아가서 유월절을 준비하고 있었다. 제자들은 스승을 잃은 슬픔에 잠겨 다락방에 숨어 불을 끄고 문을 걸어 잠갔다. 깊은 슬픔과 절망의 어두움 가운데 침묵만이 흐르고 있었다. 사탄이 승리했다. 죄가 승리했다. 죽음이 승리했다. 희망은 사라졌다. 그날은 금요일 밤이었다. 그렇게 금요일의 밤은 깊어만 갔다.

예수님을 모른다고 세 번씩이나 부인했던 베드로도, 예수님을 죽여 달라고 요구한 대제사장도, 예수님을 죽이라고 외쳐 대던 무리들도, 예수님을 십자가에 내어 준 본디오 빌라도도, 예수님을 십자가에 못 박은 로마 군인들도, 예수님이 십자가를 지고 골고다 언덕을 향해 올라가실 때 주변에 얼씬거리지도 않았던 예수님의 제자들도, 예수님의 십자가를 대신 짊어지고 올라간 구레네 시몬도, 예수님에게 자신의 무덤을 내어 준 아리마대 요셉도 금요일에 모든 것이 다 끝났다고만 생각했다.

골고다 언덕 위에 빨간불 전광판이 켜졌다. 'Jesus Defeated'(예수님이 패배를 당하셨다.).

토요일

금요일이 지나고 토요일이 되었다. 예수님이 무덤에 계신다. 돌문이 굳게 닫혀 있다. 모든 것이 정말 다 끝났다. 오직 침묵만이 있을 뿐이다. 캄캄한 어둠의 날이다.

제자들에게는 가장 긴 하루였다. 하루 종일 문 닫아 잠그고 숨소리도 크게 내지 못한 채 실의와 좌절과 절망에 빠져 있었다.

주일

골고다 언덕 위 전광판 글자가 바뀌었다. 어제까지는 'Jesus Defeated'라고 되어 있던 전광판에 'the Enemy'라는 글자 하나가 더해졌다. 'Jesus Defeated the Enemy!' 예수님이 원수를 무찌르셨다!

사탄은 영원히 예수님에게 패배를 당하게 되고 말았다. 항복의 백기를 들었다. 골고다 언덕 위에 예수님의 승리의 깃발이 휘날리게 된 것이다. 예수님이 죽음을 죽이고 다시 살아나신 것이다. 십자가에서 죽임당한 예수님을 하나님이 다시 살리신 것이다.

예수님이 십자가에 달려 돌아가셨을 때 세상 모든 사람들은 다 끝난 줄로만 알았다. 그런데 끝난 것이 아니었다. 예수님이 죽음을 죽이고 다시 부활하심으로 사탄의 세력을 무너뜨리고, 죽음의 권세를 쳐부수고, 영원한 승리를 거두신 것이다.

인생을 살다 보면 절망의 날, 모욕과 수치와 멸시와 천대와 수모를 당하는 날, 사탄이 승리한 것처럼 보이는 날, 하나님에게 버림받았다는 느낌을 받게 되는 날, 모든 것이 끝난 것처럼 보이는 때가 있다. 금요일을 지나고 있는 것이다.

우리에게 감당하기 어려운 일이 일어날 때도 있다. 이제 정말 다 끝났구나 생각되는 그런 일이 일어날 때가 있다. 그런데도 하나님은 아무런 일도 하시지 않는 것처럼 보인다. 기도를 해도 응답이 없다. 사태가 좋아질 기미가 보이지 않는다. 문제가 해결될 기미가 보이지 않는다. 아무런 희망도 없는 것처럼 보인다. 토요일을 지나고 있는 것이다.

그러나 토요일이 지나고 주일이 되면 무덤 문이 열릴 것이다. 절망이 희망으로, 어둠이 빛으로, 원망이 감사로, 애곡이 찬송으로, 죽음이 생명으로, 장송곡이 환희의 송가로 바뀌게 될 것이다.

아브라함은 이삭을, 그리고 이삭은 자신을 하나님 앞에 제물로 바치기 위해 모리아 산을 향해서 사흘 길을 걸어갔다. 그런데 하나님이 이삭 대신에 양을 제물로 바치라고 하지 않으셨는가? 그래서 이삭은 살아서 집으로 돌아갈 수 있었다. 그는 자신을 제물로 바치기 위해 집을 떠났을 때 이미 죽은 것이나 다름없었다. 그런데 사흘 후에 이삭은 살아서 돌아왔다. 부활을 경험한 것이다. 며칠 만에? 사흘 만에! 성경에서 최초로 부활을 경험한 사람은 바로 이삭이었다. 예수님도 이삭처럼 자신을 하나님 앞에 제물로 바쳤다. 그런데 사흘 만에 다시 살아나지 않으셨는가?

요나는 물고기 배 속에 들어가 죽음을 경험했다. 지옥을 경험했다. 그러나 사흘 만에 물고기 배 속에서 살아나왔다. 사흘 만에 하나님이 다시 살려 주신 것이다.

모세가 시내 산에 하나님의 부르심을 받아 올라갔는데 말씀하시기를, 이스라엘 백성에게 돌아가서 그들로 하여금 이틀 동안 성결하게 하고, 옷을 빨게 하고, 하나님 만날 준비를 하게 하라고 하셨다. 하나님이 이스라엘 백성에게 말씀하시기 위해 언제 나타나셨다고 했는가? 제3일이다. The Third Day! 제3일에 하나님이 이스라엘 백성에게 나타나셨다. 이틀 동안 준비하게 하시고 사흘째 되는 날 그들에게 나타나신 것이었다.

"오라 우리가 여호와께로 돌아가자 여호와께서 우리를 찢으셨으나 도로 낫게 하실 것이요 우리를 치셨으나 싸매어 주실 것임이라 여호와께서 이틀 후에 우리를 살리시며 셋째 날에 우리를 일으키시리니 우리가 그의 앞에서 살리라"(호 6:1-2).

제3일은 회복의 날이다. 치유의 날이다. 다시 사는 날이다. 승리의 날이다. 하나님이 우리를 살리시는 것도 제3일이고, 하나님이 우리를 다시 회복시켜 주시는 것도 제3일이다. 예수님도 죽으신 지 사흘 만에 다시 부활하셨다.

지금 우리가 사망의 음침한 골짜기를 지나고 있다 할지라도, 요나처럼 물고기 배 속에서 몸부림치고 있다 할지라도, 아브라함과 이삭처럼 죽음을 향해 길고 긴 사흘 길을 걸어가고 있다 할지라도, 그리고 예수님처럼 무덤에 갇힌 것 같은 시간들을 보내고 있다 할지라도, 하루가 지나고 이틀이 지나고 사흘이 되면, 금요일이 지나고 토요일이 지나고 주일이 되면, 하나님은 우리의 무덤 문을 열어 주실 것이다. 우리를 다시 살려 주실 것이다. 우리를 다시 일으켜 주실 것이다. 십자가의 광야를 잘 통과하면 부활의 아침을 맞이하게 될 것이다.

예수님

	첫 번째 광야	두 번째 광야	세 번째 광야
광야에 들어가기 전	이 세상에 오심	나사렛에서 30년 동안 사셨음	공생애
광야에 들어가게 된 동기	헤롯을 피해 애굽으로 피신 - 사탄의 1차 공격	성령에 이끌려 사탄과의 대결을 위해 - 사탄의 2차 공격	십자가를 (스스로) 지시기 위해 - 사탄의 마지막 공격(?)
광야가 어떻게 시작되었는가?	헤롯을 피해 애굽으로 피신(모세처럼)	성령이 광야로 몰아 내심	가롯 유다의 배신(요 13:2)
광야에서 무엇을 했는가?	애굽에서 피신 생활(모세의 광야 40년처럼)	광야에서 40일 금식	고난 십자가
광야를 지나는 동안 하나님이 어떤 일을 하셨는가?	애굽에서 돌봐 주심 무사히 돌아올 수 있게 하심(모세도 무사히 애굽으로 돌아감)	천사가 수종	광야를 견뎌 낼 수 있는 힘을 주심
어떤 광야를 통과했는가?		영적 전쟁	배신/사명/십자가 고난/죽음
광야를 어떻게 살아냈는가?		기도와 금식과 성령의 능력으로 영적 전쟁	침묵/수용/용서/인내 죽기까지 순종하심으로 수동태 모드
언제 광야가 끝나게 되었는가?	헤롯의 죽음(모세 - 바로가 죽음)	사탄을 굴복시킴	십자가에서 죽으심으로 부활
광야에서 나온 후 어떻게 되었는가?	나사렛으로 돌아가심	공생애 시작	승천 하나님 나라 시작
왜 하나님이 광야에 들어가게 하셨는가?		사탄을 굴복시키고 하나님 나라를 이루시기 위해	하나님 나라를 이루고 구원 사역을 완성하시기 위해

예수님처럼 우리 자신을 비우는 것이 예수님을 본받는 것이다.
그럴 때 우리도 낙심하거나 원망하지 않고
감사한 마음으로 무명의 광야, 가난의 광야, 불편의 광야,
평범함의 광야를 지날 수 있을 것이다.

깊이 뿌리내린 나무가
열매를 맺는다

"가이사랴로 데리고 내려가서
다소로 보내니라"

(행 9:30).

다소

바울에게 다소는 광야였다

바울은 율법의 전문가였다. 그리고 예수님을 만나 그리스도인이 되었다. 바울은 유대교와 기독교를 잘 연결해 줄 수 있는 사람이었다. 예루살렘 교회가 스카우트할 만한 사람이었다. 그러나 회심한 바울이 3년 후에 예루살렘 교회를 찾아갔을 때 사도들은 그를 환영하지 않았다. 사도들 가운데 그를 만나 준 사람은 베드로와 야고보뿐이었다. 바울은 예루살렘에 머물면서 사도들과 교제하며 좋은 관계를 갖고 사역을 하다 적당한 시기에 선교사로 파송을 받고 싶었을 것이다. 그러나 예루살렘 교회는 그를 받아 주지 않았다.

그를 받아 주지 않은 결정적인 이유가 하나 있다. 바울은 사도들에게 하나님이 자신을 이방인을 위한 사도로 부르셨다고 말했을 것이다. 자신은 이방인 선교에 관심이 있다고 말했을 것이다. 그리고 그 이야기를 들은 베드로나 야고보는 이해가 되지 않았을 것이다. '이방인에게 복음을 전하고 싶다고요? 왜 이방인들에게 복음을 전한단 말입니까?' 당시 예루살렘 교회는 이방인들에게는 복음을 전하지 않았다. 이방인들은 하나님의 자녀가 될 수 없다고 생각했기 때문이다.

바울은 하는 수 없이 다시 고향으로 내려가게 되었다. 달리 갈 곳이 없었기 때문이다. 금의환향이 아니었다. 낙향하는 것이었다. 아마도 유배지로 가는 심정이었을지 모른다. 그는 청운의 꿈을 안고 아마누스(Amanus) 산맥을 넘어왔지만 지금은 아무것도 이룬 것 없이 그 산을 다시 넘어 고향으로 돌아가고 있다.

고향에서도 누구 하나 바울을 환영해 주는 사람이 없었다. 랍비가 되어 돌아온 것도 아니고, 성공한 사람이 되어 방문차 온 것도 아니었다. 특별히 바울의 부모가 얼마나 실망했겠는가? 서울로 올라간 아들이 판사가 되어 돌아올 줄 알았는데 목사가 되어 돌아왔으니 말이다. 그것도 유명한 목사가 되어 돌아온 것이 아니라 교회가 없는 목사가 되어 돌아왔으니 얼마나 상심했겠는가?

그곳 유대인들도 바울이 배교하고 기독교로 전향했다는 소문을 들어 알고 있었다. 회당에 가도 아는 척하지 않았다. 회당에서도 배척을 당했던 것이다. 그랬으니 바울의 마음고생이 얼마나 심했겠는가? 예루살렘에서 거절을 당해 고향으로 내려갔는데 고향에서도 거절을 당했으니 말이다. 바울에게 있어서 다소로의 귀향은 낙향이었으며 유배나 다름 없었다. 바울은 그렇게 다소에서 13년의 세월을 보내야 했다.

바울은 유대교에서는 배신자로, 기독교에서는 핍박자로 낙인이 찍혔다. 어느 누구도 그를 받아 주지 않았다. 교회도 그를 환영하지 않았고,

회당도 그를 받아 주지 않았다. 예루살렘도 그를 받아 주지 않았고, 고향도 그를 받아 주지 않았다. 바울은 다소에서 13년 동안 광야를 살아야 했다. 바울에게 있어서 진짜 광야는 아라비아가 아니라 다소였던 것이다. 모세가 바로에게 쫓겨 광야로 들어가 40년을 보냈듯이, 다윗이 사울에게 쫓겨 광야로 들어가 13년을 지냈듯이, 바울도 다소로 내려가 그곳에서 13년 동안 광야를 지내야 했다.

예루살렘에서 베드로가 바울의 진가를 알아보고 그를 받아 주었더라면 바울의 인생은 달라졌을 것이다. 바울은 예루살렘 교회에 꼭 필요한 사람이었다. 그는 율법의 전문가였다. 랍비였다. 유대교에 훤한 사람이었다. 그쪽으로 발이 넓은 사람이었다. 그러나 사도들 가운데는 그런 사람이 없었다. 바울처럼 학식에 뛰어난 사람이 없었다. 기독교와 유대교를 연결해 줄 사람이 없었다. 성경 전문가도 없었다. 사실 예루살렘 교회에는 그런 사람이 절대적으로 필요했다. 그러나 베드로는 그의 가치를 알아보지 못하고 그를 고향으로 내려보냈다. 바울은 다소에서 13년 동안 무명의 삶을 살면서 자기를 알아보지 못하고 거절한 베드로를 얼마나 원망했겠는가?

세상이 나를 알아주지 않는다고 생각하며 원통한 마음으로 세상을 원망하며 살고 있는가? 그렇다면 당신은 지금 바울처럼 다소에 내려가 있는 것이다. 다소에서 광야를 지나고 있는 것이다.

바울에게 다소는 유배지였다

백발이 성성한 사도 요한이 밧모 섬에 갇혀 있다. 아무도 찾아와 주는 사람이 없다. 아무도 만날 수 없다. 아무도 도와주는 사람이 없다. 이 세상에 혼자다. 얼마나 외롭고 고독했겠는가? 하루 종일 지나도 말할 사람이 없다. 바라보이는 것은 망망대해뿐이다. 살아서는 그곳에서 나갈 수 없다. 보고 싶은 사람들도 만날 수 없다. 아무것도 할 수 있는 일이 없다. 그 섬에 평생 갇혀 살다가 죽어야 한다.

밧모 섬은 에게 해에 떠 있는 3천여 개의 섬들 가운데 하나로 둘레가 40마일(약 65킬로미터) 정도인 작은 섬이다. 섬 전체가 돌산으로 이루어져서 죄인들은 채석장에서 일을 해야 했다. 요한이 이런 섬에 유배를 가게 된 것이다. 요한은 밧모 섬에 자기를 내려놓고 떠나는 배를 보며 '저 배를 다시 볼 수 있을까?' 생각했을 것이다.

며칠 후 주일을 맞이해서 그는 유배지에서 홀로 예배를 드렸다. 그런데 그날 오후 기도하는 가운데 하늘 문이 열리고 천상의 세계가 그 앞에 펼쳐졌다. 그것을 기록한 것이 요한계시록이다. 하나님이 종말에 일어나게 될 일들을 다 보여 주신 것이다. 그것도 유배지에서 말이다. 요한계시록은 이렇게 유배지에서 기록된 성경이다.

다소는 바울에게 있어서 밧모 섬과 같은 곳이었다. 그에게 다소는 유배지나 다름없었다. 베드로와 사도들에게 거절당하고 다소로 내려간 바울은 그곳에서 기도하며 때를 기다리고 있었다. 그렇게 1년, 3년, 5년, 세월이 흘러갔다.

그러던 어느 날, 하나님은 그에게 환상을 보여 주셨다. 삼층천에 다녀

오는 경험을 하게 해 주신 것이었다. 어쩌면 유배 생활을 하고 있는 바울을 위로하고 격려하기 위해서 보여 주신 것인지도 모른다. '바울아, 낙심하지 마라. 내가 너와 함께하고 있다.' 삼층천의 경험 때문에 바울은 다소에서의 유배 아닌 유배 생활을 견뎌 낼 수 있었을 것이다.

바울은 육체의 가시를 갖고 있었다. 그것이 간질이었다고 하는 설도 있으나 바울이 어떤 질병에 시달렸는지는 아무도 모른다. 그가 어떻게 그런 질병을 평생 짊어지고 살아갈 수 있었을까? 삼층천의 경험 때문이었을 것이다. 힘들고 지칠 때마다 그가 보았던 천국의 모습이 그에게 새로운 힘과 용기와 소망을 주었을 것이다.

바울은 이런 영적인 체험이 있었기에 유대인들에게 40에 하나 감한 매를 다섯 번 맞고, 세 번 태장으로 맞고, 한 번 돌로 맞고, 세 번 파선하고, 강의 위험, 강도의 위험, 동족의 위험, 이방인의 위험, 시내의 위험, 광야의 위험, 바다의 위험, 거짓 형제의 위험과 굶주림과 추위의 고통을 당하면서도 목숨 걸고 선교를 할 수 있었던 것이다.

이런 천국을 어디에 있을 때 보여 주셨는가? 다

▶ 다메섹에서 극적으로 구출되는 바울(이탈리아 코르나의 산타마리아 누오바 성당 소재[16세기])

소에 내려가 있을 때 보여 주셨다! 그곳에서 유배와도 같은 세월을 보내고 있을 때 보여 주셨다! 사도 요한과 바울이 광야로 들어가게 되었을 때, 하나님은 그들과 함께하신다는 것을 보여 주시기 위해 그리고 그들이 그 광야를 견뎌 낼 수 있는 힘을 주시기 위해 그들에게 특별한 은혜를 주셨던 것이다.

하나님이 우리를 광야로 들어가게 하실 때는 그 광야를 견뎌 낼 수 있는 특별한 은혜도 함께 주신다. 요한처럼 밧모 섬을 견딜 수 있는 힘을 주신다! 바울처럼 다소에서의 시간을, 광야를 견딜 수 있는 힘을 주신다!

루터가 종교 개혁을 하다가 독일에서 추방을 당하게 되었다. 추방을 당한다는 것은 법적으로 어떤 보호도 받지 못한다는 것을 의미한다. 추방당한 사람은 죽여도 아무런 문제가 되지 않았다. 루터를 추종하는 사람들이 그를 몰래 바르트부르크(Wartburg)라는 성에 숨어 지내게 했다. 그 성에서 가족과 친지들에게 보낸 편지에서 그는 "높은 성에 둘린 나의 밧모 섬(계 1:9)에서, 광야로부터, 새들의 나라에서, 하늘이 열려 있는 땅에서"라고 썼다. 그곳은 루터에게 있어서 광야였고, 밧모 섬이었고, 동시에 더할 나위 없이 안전한 천국이었다.

루터는 유배 아닌 유배 생활을 하면서 그의 밧모 섬에서 무엇을 했는가? 독일어 성경을 번역했다. 그때까지는 교인들이 성경을 읽지 못했다. 라틴어 성경밖에 없었기 때문이다. 그리고 가톨릭교회에서는 교인들이 성경 자체를 읽지 못하게 했다. 성경을 번역하면 사형을 당하게 되어 있었다. 그런데 루터가 독일어 성경을 번역해서 사람들 손에 성경이 처음 들려지게 된 것이다. 역사적인 사건이 아닐 수 없다.

기독교는 예수님과 사도 바울에 의해서 세워졌다고 할 정도로 그는 기독교에 지대한 영향을 미쳤다. 그의 서신서들에는 기독교 신학과 교리가 모두 들어 있다. 1차, 2차, 3차 전도 여행을 하면서 그 바쁜 와중에도 깊은 신학과 교리가 담긴 서신들을 많이 쓸 수 있었던 것은 그의 신학적 사상 체계가 다소에 있는 동안 정립되었기 때문일 것이다. 바울의 신앙이 무르익어 가고 신학이 형성된 곳은 예루살렘이 아닌 다소였다. 예루살렘 교회에서 베드로와 동역하다가 그곳에서 선교사로 파송받고 선교지를 다니면서 복음을 전했다면 오늘 우리가 갖고 있는 로마서나 갈라디아서, 에베소서나 골로새서 같은 주옥같은 서신들은 기록하지 못했을 것이다. 사실상 바울의 신학적 서신들은 다소에서 나온 것이라 해도 과언이 아닐 것이다. 기독교에 있어서 그의 신학과 사상이 형성되어진 다소는 예루살렘 못지않게 중요한 곳이다. 이렇게 바울로 하여금 다소로 가게 한 데는 다 하나님의 뜻과 섭리와 목적과 계획이 있었던 것이다.

우리가 지금 하나님의 섭리와 뜻과 계획 가운데 살아가고 있다면, 우리를 지금 이 다소에 들어오게 하신 목적도 있을 것이다. 다소에서 벗어날 날만을 기다리지 말고, 내가 이 다소에 머무는 동안 해야 할 일이 무엇일까를 생각해 보라.

다윗은 물매 실력이 뛰어났다. 그래서 골리앗을 넘어뜨리고 이스라엘을 위기에서 구해 낼 수 있었다. 그것 때문에 사울의 눈에 띄게 되면서 그의 사위가 되었다. 목동이었던 다윗은 양을 더 잘 지키기 위해 양들이 쉴 때에도 쉬지 않고 물매 실력을 갈고닦았다. 물매는 멀리서 양을 노리는 이리나 늑대가 어슬렁거릴 때 쫓아내기 위해 사용하던 도구였다. 다윗은 언젠가 나라를 구하는 데 쓰임받기 위해 물매 실력을 갈고닦은 것이 아니었다. 자기 양들을 사랑하고 그 양들을 더 잘 지키기 위해서 물매 실력을 연마했던 것이다. 그런데 생각지도 않게 그 실력을 나라를 구하는 데 사용하게 된 것이다.

바울은 어땠을까? 13년 넘게 다소 광야에 묻혀 살면서 언젠가 때가 오기만을 기다리며 하루하루를 살았을까? 다시 예루살렘에 올라가 베드로 앞에 보란 듯이 설 날이 오기만을 기다리며 하루하루를 살았을까? 아니면 왜 자신에게는 기회가 오지 않는 것인지, 언제까지 기다려야 하는지 불평하며 조급한 마음으로 광야를 지냈을까?

왜 바울은 고향으로 내려간 것일까? 이방인 선교로 부름 받은 바울은 사실 굳이 예루살렘 교회에 머물러 있어야 할 필요가 없었다. 바울은 그곳에서 사도들에게 신뢰를 쌓고 그들을 통해 예수님에 대한 더 많은 지식과 목회를 배울 생각이었을 것이다. 그렇게 2-3년 시간을 가진 다음 예루살렘 교회를 통해 정식으로 선교사 파송을 받아 활동하고 싶었을 것이다. 그러나 그런 계획들은 무산되고 말았다. 하지만 바울은 이방인 선교를 포기할 수 없었다. 언제까지나 미룰 수도 없었다. 그는 이방인 선교를 고향에서 시작하기로 마음먹었을 것이다. 그에게는 다소가 이방인 선교를 하기에 최적의 장소였던 것이다. 그는 그곳에서 텐트 만드는 일을 하면서 그곳에 살고 있는 이방인들에게 자연스럽게 복음을 전할 수 있었을 것이다. 그는 고향에서부터 천국 복음을 전하기 시작했다. 그는 자신이 있는 곳에서부터 하나님 나라를 확장시켜 나가기 시작했다. 사도들이 불러 줄 때까지 막연히 기다리고 있지만은 않았던 것이다.

바울은 유대인들에게 40에 하나 감한 매를 다섯 번 맞고, 세 번 태장으로 맞았다. 한 번 돌로 맞아 죽을 뻔한 일도 있었고, 바다에서 세 번 파선하는 경험을 하기도 했다. 유대인들에게 40에 하나 감한 매를 다섯 번 맞았다고 했는데, 사도행전에는 그런 사건이 한 번도 나오지 않는다. 그렇다면 언제, 어디서 맞았던 것일까? 세 번 태장으로 맞았다고 했는데 한 번은 빌립보 감옥에서 맞았다. 그러면 나머지 두 번은 언제 맞은 것일까? 한 번 돌로 맞았다고 했는데, 이 사건은 루스드라에서 돌에 맞아서 거의 죽다 살아난 사건을 가리키는 것이 확실하다. 세 번 파선을 했다고 했는데 언제 파선을 한 것일까? 바울이 죄수의 신분으로 로마로 가다가 파선한 적이 있다. 그러나 이 사건은 고린도전서를 쓸 당시에는 아직 일어나지 않았다. 그러면 언제 세 번씩이나 바다에서 파선한 것일까?

바울의 생애에 있어서 세 차례에 걸친 선교 여행에 대해서는 사도행전에 비교적 자세하게 알려져 있다. 그러나 앞의 고난 목록 중 사도행전에 나와 있지 않은 사건들은 언제 일어난 것일까? 바울이 다소에 내려가 있는 10여 년의 세월에 대해서는 알려진 것이 거의 없는데, 이때 일어난 일들임에 확실하다.

▶ 사도 바울이 재판을 받았던 고린도 비마(Bema)

예루살렘 회의 결과를 이방인 교회에 보냈는데, 수신인이 수리아(시리아)와 길리기아에 있는 이방인 형제들이었다(행 15:23). 그쪽 지방에 복음을 전한 기록은 어디에도 나오지 않는다. 그런데 거기에 있는 교인들에게 편지를 보냈다. 이것은 바울이 이미 그쪽에서 복음을 전했다는 이야기일 수 있다. 바울이 그쪽을 방문했다는 사실을 우리는 갈라디아서를 통해 알 수 있다.

"그 후에 내가 수리아와 길리기아 지방에 이르렀으나"(갈 1:21).

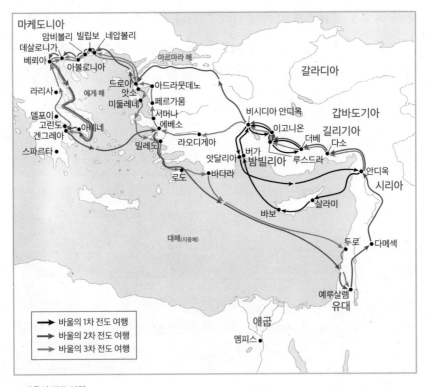

▷ 바울의 전도 여행

유대 그리스도인들이 박해로 인해 안디옥까지 흩어졌다. 그런데 구브로와 구레네 사람들이 와서 안디옥에서 헬라인에게 복음을 전하는 것이었다. 그래서 많은 헬라인들이 예수님을 믿게 되었다. 예루살렘 교회는 이 소식을 듣고 바나바를 파송해서 그들을 돌보도록 했다(행 11장).

그때까지는 유대인에게만 말씀을 전했는데(행 11:19) 이방인들에게 복음을 전하는 사람들이 있었던 것이다. 그들이 누구였을까? 그리스도인들이었다. 그런데 왜 이방인들에게 복음을 전했을까? 누구에게 영향을 받은 것일까? 당연히 바울에게서 복음을 받은 자들이었을 것이다. 구브로는 바울이 10년 넘게 머물렀던 다소 근처에 위치한 지역이었다.

안디옥 교회에 사역자가 필요하게 되었을 때 왜 바울을 불러왔는가? 누가 불렀겠는가? 바로 그에게 복음을 전해 듣고 이곳에 와서 이방인들에게 복음을 전하던 사람들이었다.

바울이 다소에 내려가서 무엇을 하고 있었을지 감이 잡히지 않는가? 그는 성격상 가만히 앉아서 기다리고 있을 사람이 아니었다. 회심하자마자 아라비아로 가서 복음을 전했다. 예루살렘에서 거부당했을 때도 바울은 다소로 내려갔다. '당신들이 나를 받아 주지 않아도 괜찮습니다. 나는 나대로 복음을 전할 겁니다. 당신들 허락이 필요해서 온 것이 아닙니다. 하나님이 나를 사도로 부르셨는데 당신들 허락을 받을 필요는 없습니다. 나는 다만 당신들과 교제를 나누려고 온 것입니다. 나를 받아 주지 않고 인정해 주지 않아도 괜찮습니다. 나는 나대로 나의 길을 가겠습니다. 당신들은 유대인들에게 복음을 전하십시오. 나는 이방인들에게 가서 복음을 전하겠습니다.'

이렇게 바울은 비록 예루살렘 교회의 인정이나 후원은 받지 못했으나 고향 다소로 내려가 그곳에서 복음을 전하기 시작했다. 바울이 이방인을 위한 사도로 인정받고 공식적으로 사도단의 일원으로서 선교 사역에 전념할 수 있었던 것은 그로부터 10년도 더 지난 후의 일이었다. 그러나 바울은 그 긴 세월 동안 마냥 기다리고 있지만은 않았다. 할 수 있는 일들을 했다. 하나님의 부르심에 대한 확신이 있었기 때문이다.

바울은 예루살렘 교회에서 거절을 당한 후 다른 곳으로 가지 않고 다소로 내려갔다. 로마로 가지 않고 다소로 내려갔다. 그는 그의 삶의 자리에서부터 복음을 전하기 시작했다. 내가 아는 사람들이 있는 곳, 그곳이 나의 다소다. 그곳이 우리의 땅 끝이고, 우리의 로마고, 우리의 예루살렘이다. 다른 데 가서 다른 어떤 위대한 일을 할 것을 꿈꾸지 말고 있는 자리에서 신실하게 살아가라. 주변 사람들에게 복음을 전하라. 다소도 가지 않으면서 안디옥에 가서 세계 선교 여행을 하려고 하지 말라.

다소에서 장하(長夏)의 계절을 보낸 바울

봄, 여름, 가을, 겨울 그리고 한 계절이 더 있다. 늦여름과 초가을 사이에 있는 장하(長夏)다. 무더운 여름이 빨리 끝나고 가을이 다가왔으면 좋겠는데 여름은 쉽게 끝나지 않는다. 끝날 듯 끝날 듯하면서 끝나지 않는다. 이때를 장하라고 부른다. 봄에는 씨를 뿌리고 여름에는 무성하게 자라고 가을에는 열매를 맺고 겨울에는 거둬들인 것을 곳간에 보관한다. 그러면 장하는 뭐 하는 계절인가? 여름에 맺힌 열매가 무르익어 가는 계절이다. 덜 익은 열매가 익어 가는 계절이다. 감이 무르익어 가는 계절, 청포도가 무르익어 가는 계절, 벼가 무르익어 가는 계절, 사과가 무르익어 가는 계절이 바로 장하의 계절이다.

장하에는 열매가 더 많이 열리거나 더 커지지는 않는다. 이미 맺힌 열매들이 안으로 익어 갈 뿐이다. 사람도 마찬가지다. 겉으로 커져 가는 것이 아니라 속으로 익어 가는 장하의 계절이 필요하다.

모세가 미디안 광야로 도망가 보낸 40년이 모세에게는 장하의 계절이었고, 다윗이 사울에게 쫓겨 광야로 들어가 지낸 13년이 다윗에게는 장하의 계절이었다. 이들은 장하의 계절을 지나면서 다듬어지고 준비되어서 그 광야에서 나올 때 하나님을 위해 귀하게 쓰임 받는 인물들이 되었다.

성경의 인물들 중 준비되지 않은 채 쓰임 받은 사람은 없다. 그들이 어디에서 준비하게 하셨는가? 광야다. 광야에 들어갔다 나온 사람들만이 하나님에게 쓰임 받았다. 이 사람들에게는 광야에서의 시간이 장하의 계절이었다.

예루살렘 교회에서 바울을 받아 주지 않았다. 그러나 그것은 하나님의 은혜였다. 만일 바울이 바로 예루살렘 교회에서 받아들여져 그곳에서 사역을 하다가 복음을 전하기 위해 이방인에게로 나갔다면 어떻게 되었을까? 바울이 교회를 더 많이 세웠을지는 몰라도 기독교 교리와 신조가 정립되지 않은 채 교회들이 세워졌을 것이고, 교회는 모래 위에 지은 집과 같이 허약했을 것이다. 바울이 다소에서 보낸 13년의 시간은 결코 허비하는 시간이 아니었다. 다소에서 머물렀던 13년 동안 바울의 신앙이 깊어져 갔고, 복음에 대한 이해가 깊어져 갔고, 그의 신학과 사상이 무르익어 갔다. 다소에서의 13년이 바울에게는 장하의 계절이었다.

필립스 브룩스는 "사람은 늙어 가는 것이 아니라 좋은 포도주처럼 익어 가는 것이다"라고 말했다. 우리는 그냥 나이만 먹어 가서는 안 된다. 무르익어 가야 한다. 우리에게도 장하의 계절이 필요한 것이다.

고추장, 된장, 간장이 잘 익으면 깊은 맛을 낸다. 이들은 어떻게 맛있게 익어 가는 것일까? 항아리에 담겨 모든 빛을 차단당한 채 캄캄하고 답답한 세월들을 견뎌 내다 보면 1년, 2년, 5년, 시간이 지나면서 깊은 맛이 우러나온다.

저게 저절로 붉어질 리는 없다.
저 안에 태풍 몇 개
저 안에 천둥 몇 개
저 안에 벼락 몇 개

저게 저 혼자 둥글어질 리는 없다.
저 안에 무서리 내리는 몇 밤
저 안에 땡볕 두어 달
저 안에 초승달 몇 날

- 장석주, 〈대추 한 알〉

대추 한 알도 저절로 영글지 않는다. 기다림, 인내, 인고의 세월이 빚어 낸 열매인 것이다. 하나님은 '장하의 계절'을 통해 우리를 익어 가게 하신다. 잘 익었을 때 비로소 세상에 드러나게 된다.

오늘날은 너무 인스턴트 시대다. 설익은 사람들이 판친다. 조급하게 무대에 오르려고 안달이다. '어떻게 하면 빨리 뜰 수 있을까? 어떻게 하면 빨리 이곳 다소를 벗어날 수 있을까? 어떻게 하면 예루살렘에 올라갈 수 있을까? 어떻게 하면 유명하다는 이들과 교제를 나눌 수 있을까? 어떻게 하면 그들과 줄을 댈 수 있을까?'

우리에게 필요한 곳은 예루살렘이 아니라 다소다. 우리가 가야 할 곳은 예루살렘이 아니라 다소다. 다소에서 장하의 계절을 보내라. 다소에 머물러 속으로 익어 가라. 영글어 가라. 깊어 가라.

광야에서 나오다

바울은 고향 다소에 돌아가서 10년 넘게 초야에 묻혀 지냈다. 그는 베드로가 찾아 줄 때까지 기다렸다. 마침내 기다리고 기다리던 끝에 바나바가 그를 부르러 왔다. 그렇게 해서 바울의 광야가 끝나게 되었다. 이제껏 무대 뒤에서 기다리고 있던 바울이 본격적으로 무대에 등장하게 된 것이다. 그 10여 년의 세월 동안 얼마나 힘들었겠는가? 끝을 알 수 없는 기다림 속에 살아야 했기에 그의 기다림의 광야가 더 힘들고 고통스러웠을 것이다.

하나님이 베드로에게 환상을 보여 주셨다. 부정한 짐승을 보여 주시며 먹으라고 하셨다. 베드로는 못 먹는다고 했지만 하나님은 계속 먹으라고 하셨다. 동시에, 하나님은 가이사랴에 살고 있던 백부장 고넬료에게 환상을 통해서 욥바에 있는 베드로를 청해 말씀을 들으라고 지시하셨다. 그래서 그는 베드로를 청해서 말씀을 들었다. 그리고 그날 거기에 모여 있던 사람들에게 성령이 임했다. 그들은 방언으로 말하기 시작했다.

이것을 본 베드로는 놀랐다. 왜 놀란 것일까? 그들이 누구인가? 이방인이다. 예수의 '예'자밖에 모르는 사람들이다. 말하자면 교회라고는 그날 처음 나와 본 사람들이다. 그런데 말씀을 듣다가 성령을 받았다. 그는 이방인들은 하나님의 자녀가 될 수 없다고 믿고 있었는데 이방인들에게 성령이 임한 것이다. 베드로는 그제야 이방인들도 구원받을 수 있음을 깨닫고 그 자리에 있던 사람들에게 세례를 주었다.

그날 베드로가 말씀을 전했기 때문에 성령이 임하신 것이 아니었다. 거기 모여 있던 사람들의 믿음이 좋아서 성령을 부어 주신 것도 아니었다. 하나님은 이미 그들에게 성령을 부어 주기로 작정하셨다. 베드로의 선입견을 깨고 이방인들도 구원받는다는 사실을 깨닫게 하시어 이방인들에게도 복음이 전해지도록 하나님이 이 일을 계획하신 것이다.

이 일 후에 예루살렘

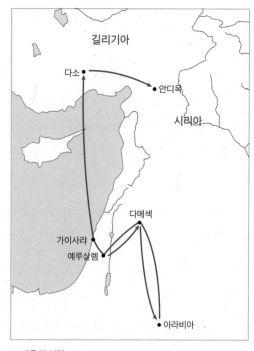

▷ 바울의 여정

교회에서도 이 사건을 논의한 후 이렇게 결정을 내렸다.

"그들이 이 말을 듣고 잠잠하여 하나님께 영광을 돌려 이르되 그러면 하나님께서 이방인에게도 생명 얻는 회개를 주셨도다 하니라"(행 11:18).

교회에서 공식적으로 이방인도 구원받을 수 있고 하나님의 백성이 될 수 있다는 사실을 선포한 것이다. 이 일로 가장 큰 혜택을 입은 사람은 바로 바울이다. 가이사랴 고넬료의 집에서 있었던 사건으로 인해 베드로는 그동안 까마득하게 잊고 있었던 바울을 떠올린다. 그리고 안디옥 교회를 통해서 바울을 부른다. 이렇게 해서 바울이 무대에 올라가게 된 것이다.

이미 충분히 기다렸다고 생각할지 모른다. 그랬을 수도 있다. 그러나 어쩌면 우리는 더 기다려야 할지도 모른다. 그것이 광야에서의 기다림이다. 기다리고 있는데 아무 일도 일어나지 않는다고 낙심하지 말라. 말라기서와 마태복음 1장 사이에는 400여 년간의 역사적인 공백이 있다. 그동안에는 예언자도 없었고 제사장도 없었고, 하나님이 아무 말씀도 하지 않으셨다. 영적인 암흑기였던 것이다. 이러한 영적인 암흑기가 절정에 도달하게 되었을 때 하나님이 예수님을 이 땅에 보내 주셨다.

"때가 차매 하나님이 그 아들을 보내사"(갈 4:4).

어느 날 밤에 비바람이 무섭게 불어 닥쳤다. 천둥과 번개가 밤새도록 쳐 댔다. 밤새 잠을 설치고 일어난 어린 딸이 아버지에게 물었다.

"아빠! 하나님이 어젯밤 무엇을 하셨을까요?"

그때 아버지는 딸을 품에 꼭 안으며 이렇게 대답했다.

"아침을 만들고 계셨을 거야!"

그렇다. 우리가 인생의 어두운 밤을 지나는 동안에 하나님은 우리를 위해 아침을 만들고 계신다. 우리가 광야를 지나는 동안에 우리가 들어갈 가나안을 준비하고 계신다.

바울

광야에 들어가기 전	아라비아/다메섹 3년
광야에 들어가게 된 동기	베드로와 사도들이 그를 받아들이지 않음
광야가 어떻게 시작되었는가?	고향으로 내려감
광야에서 무엇을 했는가?	13년 동안 전도? 신학/교리 체계를 세움
광야를 지나는 동안 하나님이 어떤 일을 하셨는가?	많은 계시와 환상을 보여 주심
어떤 광야를 통과했는가?	은둔 잊힘/버려짐 기다림
광야를 어떻게 살아냈는가?	하나님의 때를 기다리며 준비함
언제 광야가 끝나게 되었는가?	안디옥 교회에서 부름 받음
광야에서 나온 후 어떻게 되었는가?	세 차례에 걸친 전도 여행
왜 하나님이 광야에 들어가게 하셨는가?	준비할 시간이 더 필요함 신학 확립 기독교 변증